美团点评

平台酒店商家运营攻略

陈亮 郭庆／主编

美酒学院／著

人 民 邮 电 出 版 社

北 京

图书在版编目（CIP）数据

美团点评平台酒店商家运营攻略 / 陈亮，郭庆主编；
美酒学院著. -- 北京：人民邮电出版社，2017.8（2023.11重印）
ISBN 978-7-115-46067-7

Ⅰ.①美… Ⅱ.①陈… ②郭… ③美… Ⅲ.①饭店—
网络营销 Ⅳ.①F719.2

中国版本图书馆CIP数据核字(2017)第125793号

内　容　提　要

本书结合美团点评酒店平台的产品及工具，从"系统操作＋酒店运营"两条主线出发，以互联网营销视角来阐述酒店执行层人员的必备营销技能，帮助读者从提高后台运营效率到玩转平台资源，逐步提升酒店的经营效率。

横向系统操作线，内容涉及平台模块、账号管理、预留房、预订订单、财务结算、商家APP、消息频道、HOS 指数、自促活动、推广通、房惠业务、生意参谋、美团点评酒店管理系统及硬件等，帮助读者彻底认识酒店管理。

纵向酒店运营线，内容包括O2O消费场景闭环、高效运营酒店管理、使用美团酒店商家APP管理酒店、遵守平台规则实现公平公正共赢、用好HOS指数提升酒店经营水平、参与平台活动低成本提高销量、美团点评酒店管理系统及硬件、在线教育打造专业的酒店营销人才等，对读者进行系统化的指导。

本书结构清晰，实战性强，不仅可以作为美团点评酒店移动互联网营销师认证考试的专用教材，也可以作为美团点评酒店平台商家运营的基础操作指南。

◆ 主　　编　陈　亮　郭　庆
　　著　　　美酒学院
　　责任编辑　恭竟平
　　责任印制　周昇亮

◆ 人民邮电出版社出版发行　　北京市丰台区成寿寺路 11 号
　　邮编　100164　　电子邮件　315@ptpress.com.cn
　　网址　https://www.ptpress.com.cn
　　涿州市般润文化传播有限公司印刷

◆ 开本：700×1000　1/16
　　印张：18.25　　　　　　　　　　　　2017 年 8 月第 1 版
　　字数：357 千字　　　　　　　2023 年 11 月河北第 15 次印刷

定价：68.00 元

读者服务热线：(010)81055296　印装质量热线：(010)81055316
反盗版热线：(010)81055315
广告经营许可证：京东市监广登字 20170147 号

互联网化对酒店业的影响

互联网引发了现代商业模式的重构。传统的酒店行业在传统的商业模式下，亦步亦趋地慢慢发展，凭借成本控制、高效运转、提高服务可以获得不错的投资回报率。但是，互联网时代来了，由于消费者行为的互联网化，传统的酒店商业模式已经不能适应消费者快速变化的个性化需求，于是传统酒店的互联网化重构就被提上了日程。这种来自互联网的冲击是不以酒店意志为转移的，也就是说，对于酒店方面，不管你改或者不改，消费者行为的互联网化已经到来，环境变化了，如果抱残守缺，最终的命运一定是灭亡。

这种互联网化到底将怎样改变酒店业呢？要从以下两个角度来看这种影响。

第一个角度，互联网的价值与意义。互联网对今天整个社会的影响，堪比 19 世纪电力革命对整个社会的影响。今天，几乎所有的社会运转，都依赖于电力的支持。在未来，整个社会的运转，也将建立在互联网的支持之上。互联网将像电力一样，渗透到我们社会的方方面面，万事万物都需要联网。在今天这个时点，也许还有人在问，传统行业如酒店业需要互联网化吗？如果不互联网化难道就不能发展，甚至不能生存了吗？回顾电力发展的历史，就可以看到，当电灯初次使用的时候，煤油灯仍然是社会照明的绝对主流，但是短短几十年后，几乎所有的煤油灯都被电灯所替代，而相同的事情，今天也正在不断地发生着。那些没有积极互联网化的企业，也许还能生存一段时间，但是，不去拥抱网络社会，等待这些企业的必将是不断地衰亡直至淘汰。

因此，一定要明白，互联网绝对不仅仅是一种工具，而是一种社会的基础设施。不是联不联网的问题，而是如何更好地利用网络的问题。

第二个角度，企业的价值创造与边界。本书的主要受众是酒店业的经营者，那么我们就来谈谈酒店业的价值创造与边界的问题。传统酒店业通过提供房屋、餐饮、服务等为消费者提供住宿的解决方案。如果想更好地提供相应的产品，需要在整个住宿解决方案的全过程掌握大量的信息，以提高整体服务质量。但是，在获取消费者信息这个领域，酒店业并不是行家里手。酒店业的从业人员关注更多的是客房服务、餐饮质量、服务流程等内视化的管理内容，对于消费者的主观感受以及便利程度等外在因素的关注度要差很多。企业的价值创造聚焦在内部管理规范和流程上，而非消费者实际感受和满意度上。因此，我们经常会看到，酒店每天要消费者去前台对房卡进行充磁，否则消费者将无法进入自己的房间。这就是典型的以卖方思想为核心的价值创造模式。提供标准化的管理，并要求消费者服从公司管理模式。但是互联网来了，当消费者的信息更容易被收集的时候，企业的价值创造就不再仅仅是内部管理这么简单了，更多的要把基于消费者的需求加入到企业价值产生的环节当中。如何获取消费者的有效信息，并将之融合到企业内部流程与管理呢？互联网背景下，这个问题的解决来自企业的外部，而非内部。本书所阐述的内容正是借助美团点评的酒店管理和营销推广系统，帮助酒店业企业完成消费者信息整合的工作。

因此，互联网背景下的企业，不再完全依靠自己的力量进行价值创造，而是要打开企业的边界，引入更多的资源与帮助，企业的边界会不断泛化。

应该说，美团点评的出现，是整个互联网大潮中的一个小小的水滴。但是，正是有千千万万个像美团点评这样的企业，互联网对整个传统企业的赋能才得以汇聚成江河湖海。

对于酒店业的经营者，不要仅仅把这本书看成是一本操作手册。这本书带给大家的，更多的是互联网的全新思维。所以，拥抱互联网，从本书开始吧。

是为序！

骆欣庆
丁酉年孟夏 于北京二外

骆欣庆

北京第二外国语学院 MTA/MBA 教育中心主任、副教授、管理学博士、研究生导师，是国内著名的战略和市场研究专家，曾任职于鲁能集团、方正集团、普天集团等大型企业，担任过营销总监、战略部负责人、集团总经理助理等职务。骆欣庆博士现担任多家公司的战略咨询顾问，为企业提供战略规划、战略转型、营销推广等方面的咨询服务。

写作驱动

在"互联网+"时代，生活方式、商业逻辑、行业格局均在被重构。

在以往的技术革命、社会革命中，酒店行业的格局、生态以及酒店从业者的境遇没有发生过颠覆性的变革，但随着移动互联网时代的到来，O2O模式的"诞生"，令酒店行业、酒店企业管理者以及行业相关者开始面临"重大挑战"。

"互联网+"时代的全面开启，给酒店行业的转型带来了前所未有的契机，不断冲击着酒店行业，甚至推动了营销思维的革命。据悉，2016年美团点评的大数据已经覆盖2800个城市和县区，每日订单数达1200万。尤其是在酒店住宿方面，2016年8月和10月均超过1300万入住间夜，其中十一期间的日间夜量超80万，预订比例达到90%，合作的酒店商家超过32万家。从这些数据可以看出，美团点评的住宿业务正处于飞速发展的阶段，其中高星酒店的单日消费间夜增长超过300%。

美团点评为酒店打造了一条独立的生态发展链路，不取代或干涉酒店原有的经营方式，而是基于美团点评大数据为酒店提供更加科学、更具前瞻性的决策依据。

本书的核心是帮助酒店商家学会入驻和经营美团点评平台，由美团点评官方结合平台操作技巧与酒店营销推广案例，打造美团点评酒店营销的实战型宝典，帮助酒店企业经营者在快速发展的移动互联大潮中了解、认识、应用新的商业模式，建立具有开放、互联、融合气质的思维方式，提升酒店的生态质量和酒店从业者的素质，以适应酒店企业转型的发展需要。

机会总是留给有准备的人，酒店住宿行业正在经历"互联网+"影响下的深度变革，如何看清趋势，理清思路，沿着正确的道路升级转变，成为每个行业人的诉求，美团点评以互联网思维提供的经验与借鉴，给酒店住宿行业带来了差异化的新转变思路。

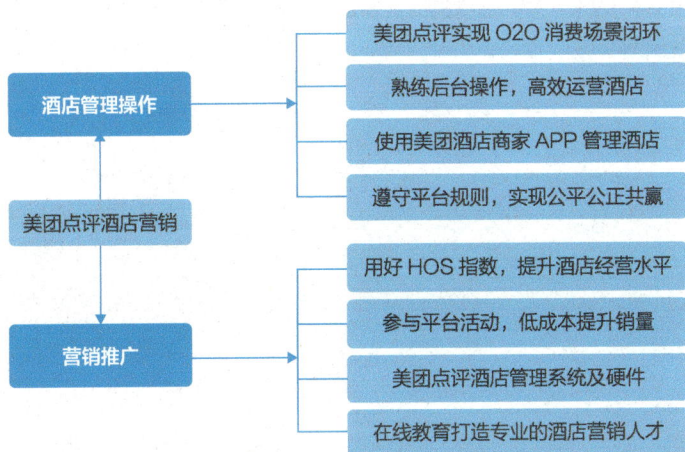

美团点评酒店营销		
酒店管理操作		美团点评实现O2O消费场景闭环
		熟练后台操作，高效运营酒店
		使用美团酒店商家APP管理酒店
		遵守平台规则，实现公平公正共赢
营销推广		用好HOS指数，提升酒店经营水平
		参与平台活动，低成本提升销量
		美团点评酒店管理系统及硬件
		在线教育打造专业的酒店营销人才

📖 本书特色

本书主要特色：全面为主+技巧称王。

一、内容全面，通俗易懂，针对性强：本书体系完整，从酒店管理操作、营销推广两条线进行，以美团点评平台为核心贯穿全书，以酒店运营为根本出发点进行了8章专题内容的详解，包括美团点评、后台操作、商家APP、平台规则、HOS指数、平台活动、系统硬件、在线教育，帮助酒店商家彻底掌握美团点评平台的运营方式。

二、突出实用，技巧称王，快速传播：去除了大量的基础内容，直接从干货技巧入手，同时增加了营销工具、行业案例，通过美团酒店商家PC端+移动APP端，将账号管理、上传信息、预留房、预订订单、财务结算、指标优化、积分商城、自促活动、推广通、房惠、生意参谋、别样红、智能POS机、智能门锁、美酒学院以及行业案例全都囊括其中，立体、全方位地深入剖析美团点评平台的酒店运营专业技巧。

📖 本书内容

本书共分为8章，具体内容包括："美团点评实现O2O消费场景闭环""熟练后台操作，高效运营酒店""使用美团酒店商家APP管理酒店""遵守平台规则，实现公平公正共赢""用好HOS指数，提升酒店经营水平""参与平台活动，低成本提高销量""美团点评酒店管理系统及硬件""在线教育打造专业的酒店营销人才"。

💡 读者定位

本书在编写时注重阐述美团点评酒店运营与管理中的基础内容、工作程序、服务技能、方法和标准等，又力求理论联系实践，具有较强的可操作性，在内容和形式上更突出能力本位和职业特色。因此，本书既可作为美团点评酒店移动互联网营销师认证考试的专用教材，以及酒店员工的培训教材或酒店从业人员的自学读物，也可作为高职、高专酒店管理及相关专业学生的辅助教材。

由于业务变化迅速，书中最新的业务策略未及时更新，如与现平台政策有偏差，请咨询美团业务经理为准。

目录 | Contents

第 4 章　遵守平台规则，实现公平公正共赢

第 5 章　用好 HOS 指数，提升酒店经营水平

5.1　HOS 指数的 9 项指标 / 146

5.2　HOS 指数的作用 / 150

5.3　HOS 指数的优化技巧 / 155

5.4　使用积分，获得更多的流量 / 165

第 6 章　参与平台活动，低成本提高销量

6.1　参加自促活动提高销量 / 179

第 7 章　美团点评酒店管理系统及硬件

第8章 在线教育打造专业的酒店营销人才

第1章

美团点评实现 O2O 消费场景闭环

学前提示

美团点评的口号是让用户"Eat Better、Live Better"（吃得更好、住得更好），为消费者发现值得信赖的商家，让消费者享受性价比高的优质服务。同时，平台通过消费行为的大数据分析，为商家找到最精准的目标消费群，给商家提供优质的技术支持服务，美团点评多业务一站式平台可以帮助商家挖掘更多的增量收益。

要点展示

≫ 了解美团点评平台
≫ 美团点评：高效的住宿服务平台

1.1 了解美团点评平台

在 2016 年的中国"互联网 +"峰会上，美团点评 CEO 王兴表示："'互联网 +'目前仅仅是一个开始，未来在帮助和改善民众生活的方方面面，都会有更深入的应用和服务在拓展。'互联网 +'着重要看 '+' 什么，各行各业都会因为这个 '+' 而产生高速裂变。"

互联网首先改变了社交通信领域，让人们享受随时随地的社交互动需求。而接下来，服务行业则是互联网继续延伸的领域，"互联网 + 服务"为人们的旅游、餐饮等生活需求带来了更多的方便，同时也进一步刺激了 O2O 市场的发展。

与此同时，美团点评也在餐饮、外卖、酒店旅游等领域积极展开布局，为商家和用户推出一系列服务，打造吃喝玩乐一站式的服务平台，如图 1-1 所示。

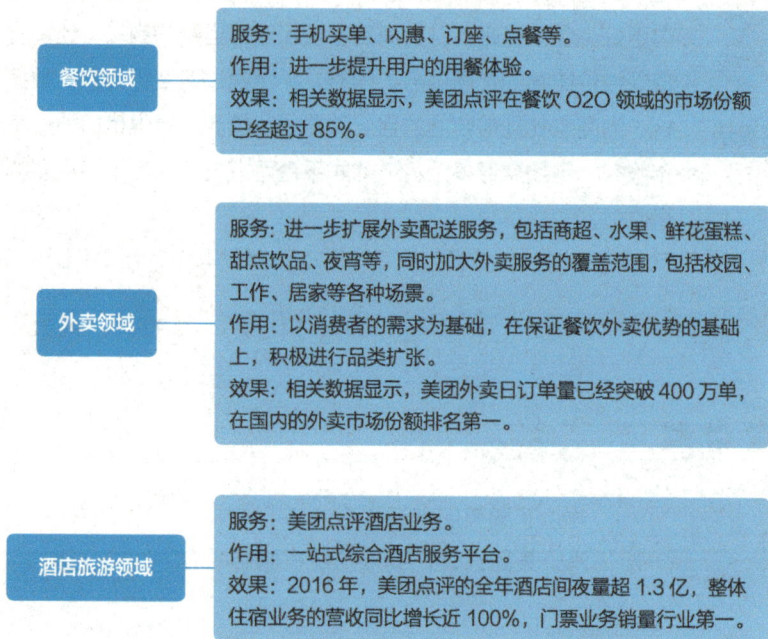

餐饮领域
服务：手机买单、闪惠、订座、点餐等。
作用：进一步提升用户的用餐体验。
效果：相关数据显示，美团点评在餐饮 O2O 领域的市场份额已经超过 85%。

外卖领域
服务：进一步扩展外卖配送服务，包括商超、水果、鲜花蛋糕、甜点饮品、夜宵等，同时加大外卖服务的覆盖范围，包括校园、工作、居家等各种场景。
作用：以消费者的需求为基础，在保证餐饮外卖优势的基础上，积极进行品类扩张。
效果：相关数据显示，美团外卖日订单量已经突破 400 万单，在国内的外卖市场份额排名第一。

酒店旅游领域
服务：美团点评酒店业务。
作用：一站式综合酒店服务平台。
效果：2016 年，美团点评的全年酒店间夜量超 1.3 亿，整体住宿业务的营收同比增长近 100%，门票业务销量行业第一。

▲ 图 1-1　美团点评积极布局餐饮、外卖、酒店旅游等 O2O 领域

美团点评 CEO 王兴表示，"不管手机 APP 的运行速度多么快，菜好吃才是关键。我们不会去开餐厅和酒店，但是我们希望跟最好的餐厅、最好的电影院、最好的酒店合作，它们就可以少操心互联网的事情，我们可以服务于它们，它们只要把主业做好，把饭菜做好就行。"

在"互联网 +"时代，美团点评的最终目的就是为用户带来更多高品质的服务，并成为一站式的吃喝玩乐服务平台。

1.1.1 美团点评平台介绍

2015 年 10 月 8 日，美团网与大众点评网宣布成立新公司，美团点评成为中国最大的生活服务类电商平台，如图 1-2 所示。

▲ 图 1-2　美团网与大众点评网达成战略合作

图 1-3 所示为美团点评的发展历程。

▲ 图 1-3　美团点评的发展历程

美团点评合力构建完整的 O2O 生态，打造全品类超级平台。截至 2016 年年底美团点评共有 450 万家合作商家，超过 200 种服务品类，覆盖全国超过 2800 个市区县。一站式满足消费者的生活服务需求，成为中国最大的生活服务电商平台，如图 1-4 所示。

美团点评的海外影响力已经覆盖了 213 个国家 / 地区，拥有 1481 万个境外商户，广大消费者可以在线购买 15 个国家或地区、6 大类目的境外当地商品，如图 1-5 所示。在日韩，中国自由行用户的渗透率已超过 10%。

▲ 图 1-4　美团点评的 O2O 业务闭环

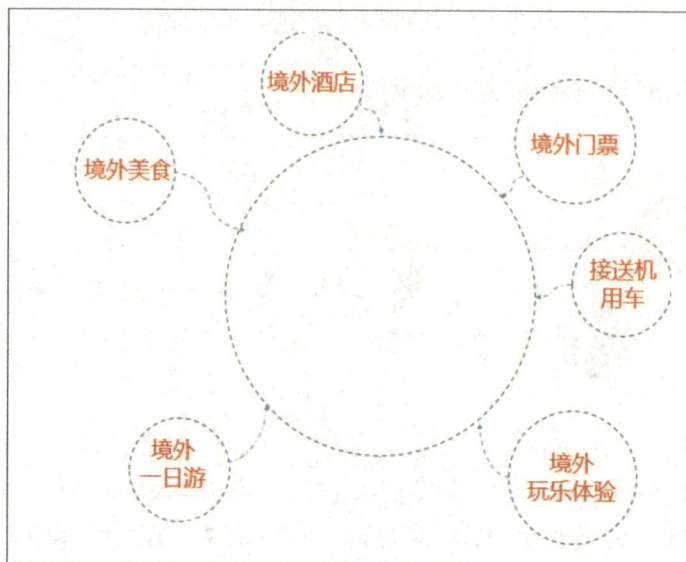

▲ 图 1-5　美团点评的境外影响力

　　美团点评构成了完整的产品链条，从吸引消费者到店消费到成熟的支付场景，再到消费后会员数据的积累和沉淀，美团点评围绕商家、消费者的应用场景打造了一套全方位的解决方案，实现了 O2O 消费场景闭环，如图 1-6 所示。

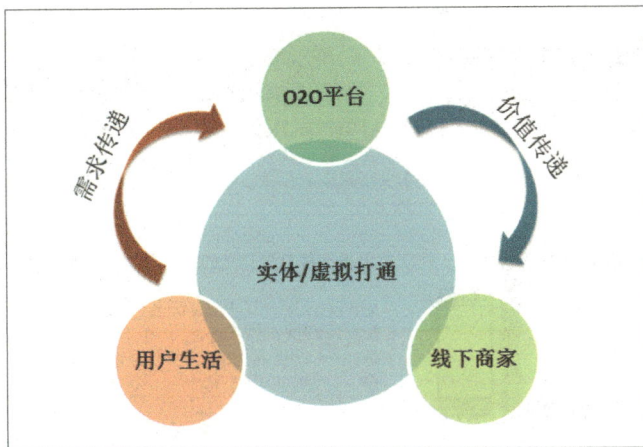

▲ 图 1-6　O2O 消费场景闭环

1.1.2　美团点评的发展历史

下面简单介绍一下美团点评的发展历史，帮助商家了解其背后的形成过程。

（1）大众点评的成立：2003 年 4 月，全球首创的独立第三方消费点评网站——大众点评在上海成立。大众点评借助移动互联网、信息技术和线下服务能力，为用户带来全面的本地商家、消费评价和优惠服务等信息资讯，涵盖了团购、预约预订、外送、电子会员卡等 O2O 闭环交易服务，其奋斗目标如图 1-7 所示。

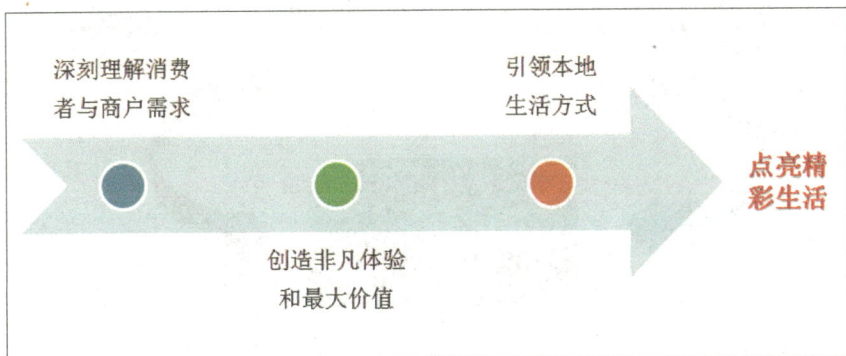

▲ 图 1-7　大众点评的奋斗目标

（2）美团的上线：2010 年 3 月，中国最早的独立团购网站——美团网在北京正式上线，为广大商户带来显著的营销推广效果，成为了商家到达消费者的桥梁，其营销效果如图 1-8 所示。

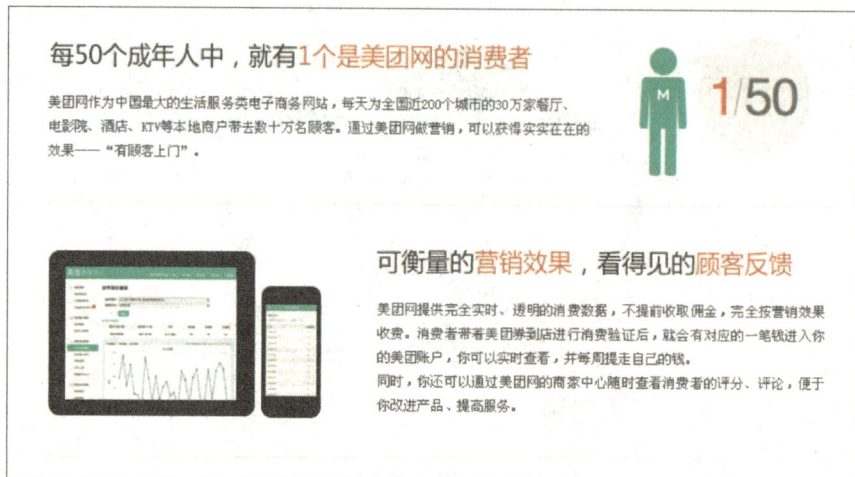

▲ 图1-8 美团的营销效果

（3）巨头强强联合，打造美团点评：2015年10月，美团与大众点评正式宣布成立新公司，美团点评成为中国最大的生活服务类电商平台，完成了中国互联网历史性的战略合作，如图1-9所示。

▲ 图1-9 巨头强强联合，打造美团点评

王兴表示，新的美团和大众点评将以连接人与商户为使命，秉持开放合作的理念，坚持建平台、建生态的发展战略，与各行各业持续深入合作。

1.1.3 美团点评的大数据

图1-10所示为合并后的美团点评的相关数据。

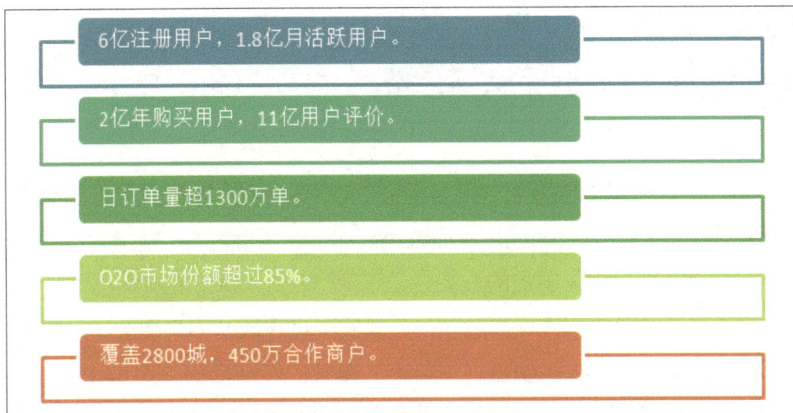

6亿注册用户，1.8亿月活跃用户。

2亿年购买用户，11亿用户评价。

日订单量超1300万单。

O2O市场份额超过85%。

覆盖2800城，450万合作商户。

▲ 图 1-10　合并后的美团点评的相关数据

根据"2016 年中国互联网企业 100 强排行榜"显示，美团点评位于团购网站第 1 名，位列 100 强第 11 位，如图 1-11 所示。

排名	公司名称	主要品牌
1	阿里巴巴集团	阿里巴巴、淘宝、天猫
2	腾讯公司	腾讯、QQ、微信
3	百度公司	百度
4	京东集团	京东
5	奇虎360科技有限公司	360安全卫士
6	搜狐公司	搜狐、搜狗、畅游
7	网易公司	网易、有道
8	携程计算机技术（上海）有限公司	携程旅行网、去哪旅行网
9	广州唯品会信息科技有限公司	唯品会、乐蜂网
10	苏宁云商集团股份有限公司	苏宁易购、苏宁红孩子、PPTV
11	北京新美大科技有限公司	美团、大众点评
12	网宿科技股份有限公司	网宿CDN、网宿科技云分发平台
13	小米科技有限责任公司	小米、MIUI、多看
14	新浪公司	新浪网、新浪微博
15	乐视网信息技术（北京）股份有限公司	乐视网、乐视TV、乐视商城
16	北京搜房科技发展有限公司	房天下
17	北京五八信息技术有限公司	58同城
18	三七互娱（上海）科技有限公司	37游戏
19	东方财富信息股份有限公司	东方财富网、天天基金网
20	新华网股份有限公司	新华网

▲ 图 1-11　"2016 年中国互联网企业 100 强排行榜"部分榜单

1.1.4 美团点评的平台优势

美团点评的平台优势如下所示。

1. 双流量平台

美团点评平台的商家可以通过美团网与大众点评网两个平台共同为店铺引流，其双平台的平均日活跃量达 3500 万，效果显著。

例如，在韩国具有悠久历史的食品企业 SPC 集团，旗下的烘焙品牌——巴黎贝甜通过与美团点评的团购合作，产生了千万次的曝光次数，大大增加了品牌曝光度，同时数十万的真实消费者评价也将产生巨大的参考价值。图 1-12 所示为大众点评网中的部分巴黎贝甜店铺团购。根据美团点评的数据显示，其进店消费人次达 199646人次，消费评分次数达 17657 次。

▲ 图 1-12 巴黎贝甜店铺团购

2. 庞大的用户群体

目前，美团点评已经积累了近 6 亿名用户，占全国总人口比重的 42.8%。每天为全国 2800 个市县区的 450 万家餐厅、电影院、酒店、KTV 等本地商户带去数十万名顾客。

3. 多个业务线鼎力支持

除了餐饮之外，美团点评还涉猎外卖、酒店、电影、旅游、商超、金融、云技术等 10 余个领域，各业务线鼎力支持，是商家的强大后盾。从提交合作信息，到项目上线，再到款项结算，美团点评为商家提供完善的服务流程，如图 1-13 所示。

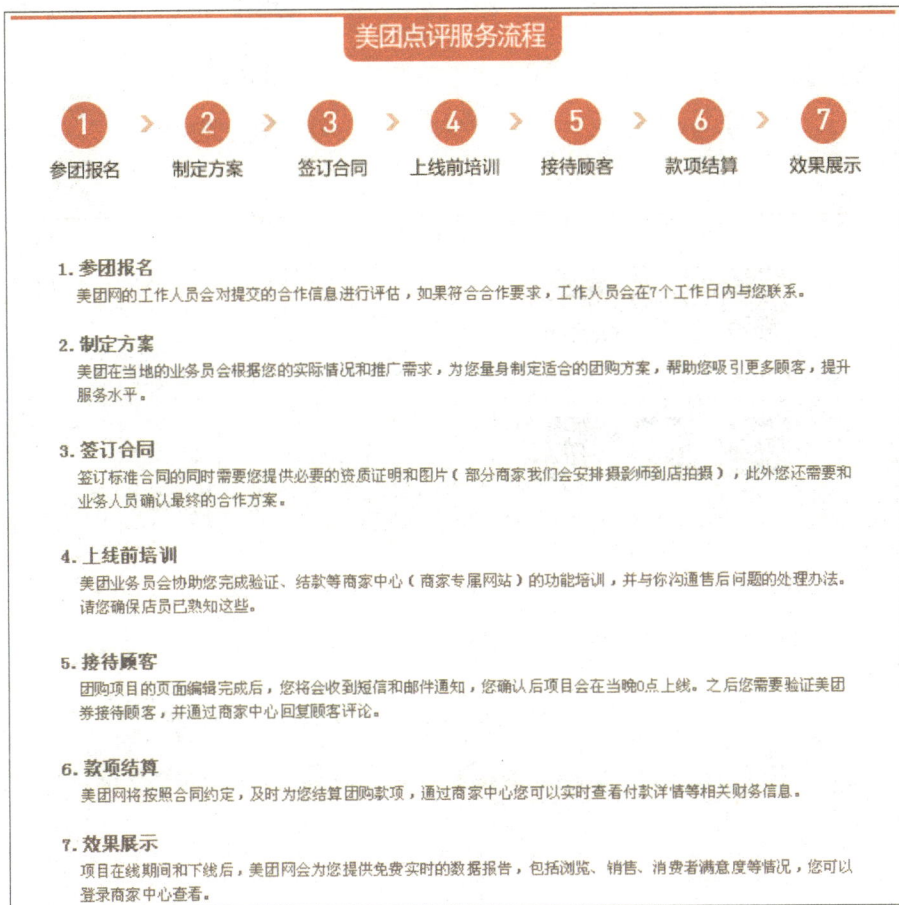

▲ 图 1-13　美团点评服务流程

4. 多种营销产品

会员营销系统、预订、点菜等营销产品，促销、红包、数据等数 10 种营销功能。

5. 便捷的支付系统

商家平均每天结款和验券需要大约 4 小时，如果使用买单支付，平均每年可为商家节省近 30000 元的人员开支。

6. 完善的评价系统

优质商家平均每月可收到 200 条优质评论和 450 张晒图，如图 1-14 所示。

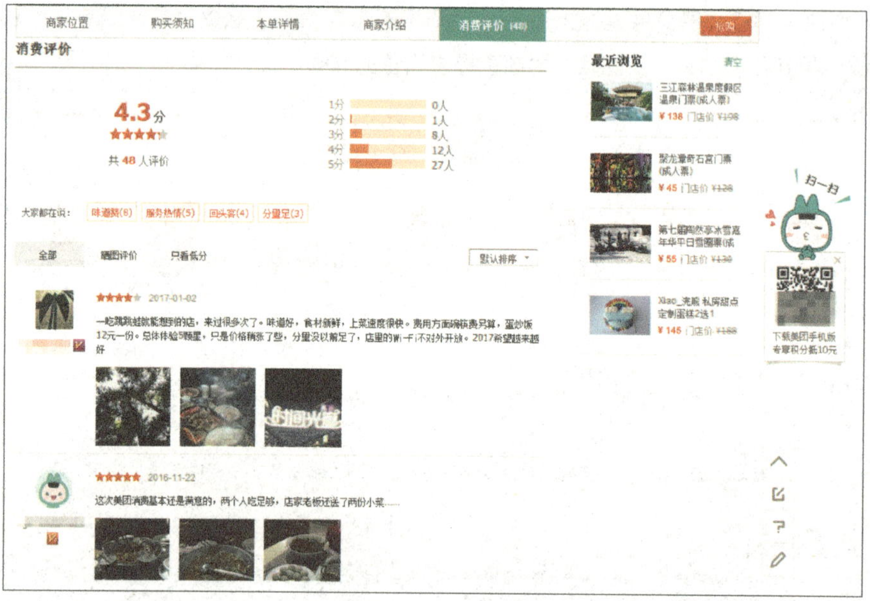

▲ 图 1-14　店铺评价

当用户消费团购产品后，不仅可以进行文字评价，也可以在手机端点击"上传视频""上传图片"来上传视频和照片，如图 1-15 所示。

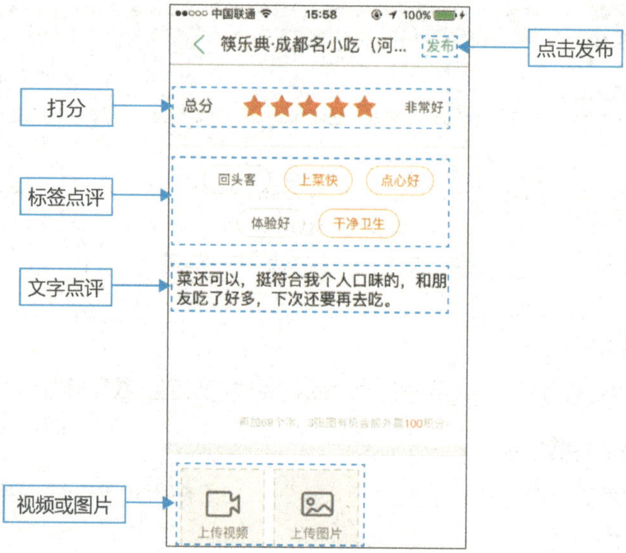

▲ 图 1-15　手机评价界面

另外，美团网针对晒视频和照片的用户，还推出了一系列的奖励机制。例如，有3 张以上图片并发表 200 字以上的评价，将有机会被审核成为优质评价，额外获得

100 积分的奖励。晒视频和照片评价不仅可以为其他用户带来更加直观、真实的消费决策参考，还也可以从侧面反映商家的消费环境和服务体验，同时更好地帮助商家改进服务质量。

1.2 美团点评：高效的住宿服务平台

2016 年，美团点评的全年酒店间夜数（即每间客房的过夜数）预计突破 1.3 亿，为消费者提供了高效的住宿服务平台。

1.2.1 大数据分析，住宿趋向品质化

美团点评酒店业务是美团点评旗下的一站式综合酒店服务平台，如图 1-16 所示。美团点评拥有超过 6 亿名用户，截至 2016 年 9 月有超过 2.2 亿名的消费用户，平均每月的访问用户超过 2 亿名。

▲ 图 1-16 美团点评酒店平台的页面

美团点评酒店平台拥有国内外超过 30 万家酒店可供预定，连续 5 个月超过每月 1000 万的消费间夜数，美团点评酒店的愿景是成为中国最大的酒店服务平台。

> 💡 **专家提醒**
>
> 美团点评酒店类型包括经济型酒店、主题酒店、商务酒店、公寓、豪华酒店、客栈、青年旅社、度假酒店、别墅、农家院等多种住宿方式，为用户提供更加丰富的入住体验。

2017 年 1 月 10 日，美团点评发布了 2016 年度酒旅消费趋势报告，该报告基于美团点评的 6 亿海量用户数据和双平台本异地住宿旅游等消费行为，深度探索了国内年轻消费者的酒店旅行消费观，如图 1-17 所示。

▲ 图 1-17　美团点评的 2016 年度酒旅消费趋势报告

报告显示，2016 年，美团点评的在线酒店商家已经达到了 32 万家，覆盖 2800 个城市、区县，如图 1-18 所示。

▲ 图 1-18　2016 年美团点评酒店的覆盖量与间夜量

　　尤其在节假日期间，美团点评的在线酒店更是迎来入住高峰。例如，2016 年 10 月 1 日和 12 月 31 日这两天，美团点评的酒店单日入住间夜分别突破 80 万、100 万，如图 1-19 所示。在"互联网＋"带动与美团点评 CD（Cross-Direct）模式的帮助下，酒店的交易量更为活跃，给商家带来了更多的收益。

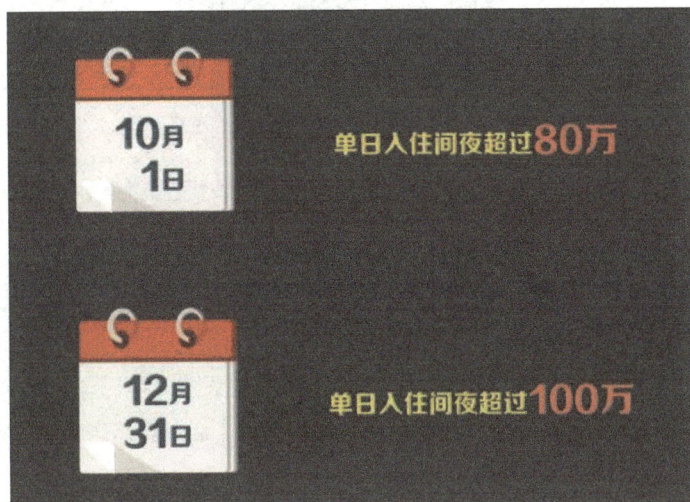

▲ 图 1-19　节假日期间的单日入住间夜数据

　　通过对 7000 万酒旅产品用户的数据分析显示，他们的住宿需求呈现出追求品质化的趋势，同时更多具有高消费能力的年轻消费群体已经迅速转化为高星用户，而且高星酒店间夜单月增速最高达 300%。

　　通过大数据的分析，美团点评将高星用户作为新的战略目标，进一步加快高星酒店的布局，以更好地满足消费者品质住宿的需求。

1.2.2　美团点评独创酒店 CD 模式

　　美团点评酒店平台创新推出并运用 CD 模式，连接酒店商户与消费者，以客户为中心，与酒店商家合作。

1. C（Cross）开源

　　C（Cross）开源可以解读为淡季和旺季的交叉互补，其意义如图 1-20 所示。针对连锁酒店集团，充分发挥美团点评在一、二、三、四线城市广袤覆盖的优势，帮助酒店集团实现全国性收益提升。

旺季		淡季
消费者通过平台提前预定，提前做好库存、价格、收益等的商家管理。		通过美团点评的高速增长，带给酒店商家更多的销售量。

美团点评能够实现本异地客源互补。综合考虑本地客人和异地客人的不同消费特点，形成互补。

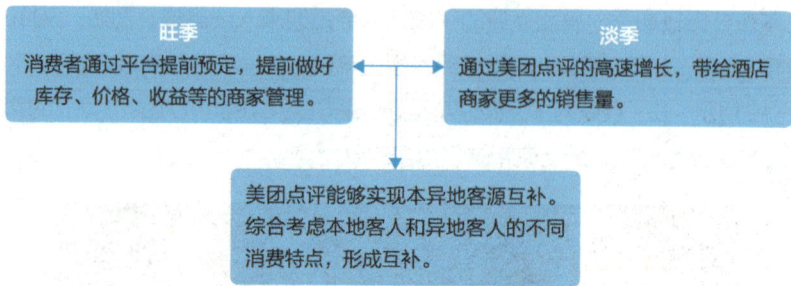

▲ 图 1-20　C（Cross）开源的意义

同时，美团点评为消费者提供一站式服务平台。消费者入住酒店的同时，能够给用户带来酒店其他的增值服务，从而提升酒店商家的综合收益。

2. D（Direct）节流

D（Direct）节流可以解读为"自主"和"高效"两个方面。

- "自主"是指商家可以自主上单、自主变价、自主设定库存、自主发布营销活动。
- "高效"是指通过美团点评自身生产方式的优化，从商家运营系统和内部管理系统着手，以此提升库存效率、提升资金费用效率、提升人员工作效率。

3. CD 模式带来与众不同的增量市场

（1）增量用户

美团点评用户特性：年轻化、消费潜力高。2015～2016 年，美团点评的住宿用户年龄分布如图 1-21 所示。

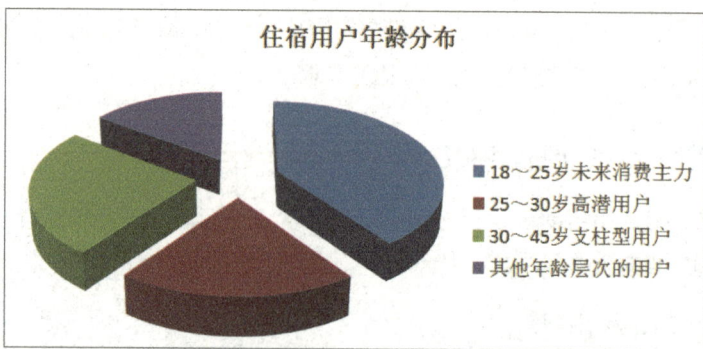

住宿用户年龄分布

- 18～25岁未来消费主力
- 25～30岁高潜用户
- 30～45岁支柱型用户
- 其他年龄层次的用户

▲ 图 1-21　2015～2016 年，美团点评的住宿用户年龄分布

据行业报告，18～25 岁用户代表了未来的消费主力；30～45 岁是中国"支柱型"消费群体，而消费习惯和品牌认知需要大概 3～5 年的培育时间。因此，25～30 岁是培养高潜力用户的黄金介入时期。

美团点评早在 3 ～ 5 年前便开始对这群年轻、具有高潜消费能力的用户进行了营销植入，抢先把握住未来市场的核心购买力。如今，这群 25 ～ 30 岁的用户，早已成为美团点评的主力用户群，品牌忠诚度极高。

此外，在用户地域来源上，美团点评也针对不同类型城市，进行广度与深度结合策略，如图 1-22 所示。

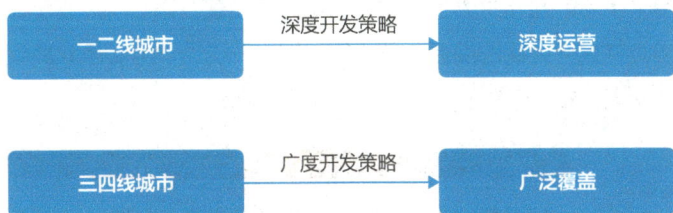

▲ 图 1-22 广度与深度结合策略

（2）增量消费

增量消费主要体现在以下两个方面。

- 一是本异地结合的住宿场景。

美团点评的本地住宿场景与异地住宿场景分别占比 48% 与 52%。从本地生活服务起家的美团点评，用户使用黏度极高。当一个用户在本地习惯了使用美团和大众点评进行消费，他自然而然地在异地旅行时也会使用这两个平台。这形成了美团点评独特的价值，实现本异地客源互相补充。图 1-23 所示为使用美团网搜索异地的酒店住宿信息。

▲ 图 1-23 使用美团网搜索异地的酒店住宿信息

● 二是多品类需求，一站式提升酒店综合收益。

无论是本异地消费场景，用户需求都不仅限于住宿。据了解，在美团点评预订酒店的用户中，有 72% 的用户会在美团点评中同时购买美食，37% 的用户还会享受休闲娱乐项目。

在全域旅游的今天，美团点评作为吃喝玩乐的综合性生活服务平台，其先天优势为住宿市场带来了新的增量潜力。通过跨品类打包套餐，满足用户在不同消费场景下的多样化需求，并提升商家的综合收益。图 1-24 所示为"上海凯宾斯基大酒店 1 晚 + 双人上海科技馆 + 立体电影 + 双早"跨品类打包套餐。

将酒店住宿、景点门票、电影票、早餐美食等服务作为打包套餐来捆绑销售，增加商家的综合收益。

▲ 图 1-24　跨品类打包套餐

第 2 章

熟练后台操作，高效运营酒店

学前提示

对于在美团和大众点评上开店和推广的酒店商家来说，必须熟练美团点评系统的后台操作技巧，才能更好、更快地运营与管理线上业务。本章主要介绍美团点评酒店商家管理的平台模块、账号管理、上传酒店静态信息、预留房管理、订单管理、财务结算等操作方法。

要点展示

>> 了解美团点评酒店商家管理的平台模块
>> 美团点评酒店商家的账号管理
>> 上传酒店静态信息
>> 预留房：协助商家销售库存
>> 轻松处理预订订单
>> 财务结算：了解规则与流程

2.1　了解美团点评酒店商家管理的平台模块

本节主要介绍登录美团点评酒店商家管理后台系统的操作方法，以及各个平台模块的基本功能，帮助酒店商家了解美团点评酒店商家后台的界面操作。

2.1.1　登录美团点评酒店商家管理后台

美团点评酒店商家管理后台系统统称为酒店商家 E-Booking 后台（后简称为 EB 后台）。下面介绍登录美团点评酒店商家管理后台的具体操作方法。

步骤 ① 打开浏览器，在地址栏中输入美团点评酒店商家管理后台的登录地址（http://eb.meituan.com），如图 2-1 所示。

▲ 图 2-1　输入美团点评酒店商家管理后台的登录地址

步骤 ② 按【Enter】键确认进入登录页面，如图 2-2 所示，输入酒店商家账号和密码（合作后方可登录），单击"登录"按钮即可。

▲ 图 2-2　进入登录页面

步骤 3 如果商家忘记密码，可以单击登录框左下方的"忘记账号 / 密码"链接，进入"忘记密码"页面，按照步骤指导重设密码即可，如图 2-3 所示。

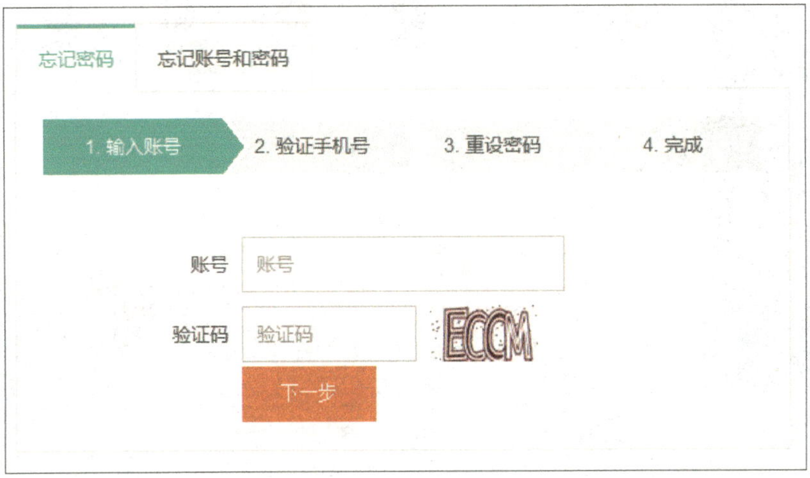

▲ 图 2-3 "忘记密码"页面

步骤 4 如果商家同时忘记了账号和密码，可以切换至"忘记账号和密码"选项卡，按照步骤指导重设账号和密码即可，如图 2-4 所示。

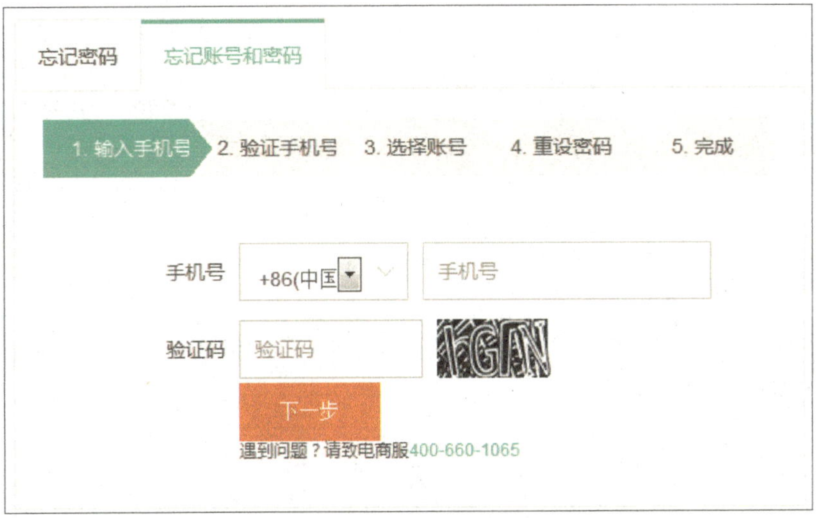

▲ 图 2-4 "忘记账号和密码"选项卡

步骤 5 输入正确的账号和密码，即可登录商家后台，包括基本信息区、功能导航栏、导航详情区、右侧服务区等模块，如图 2-5 所示。

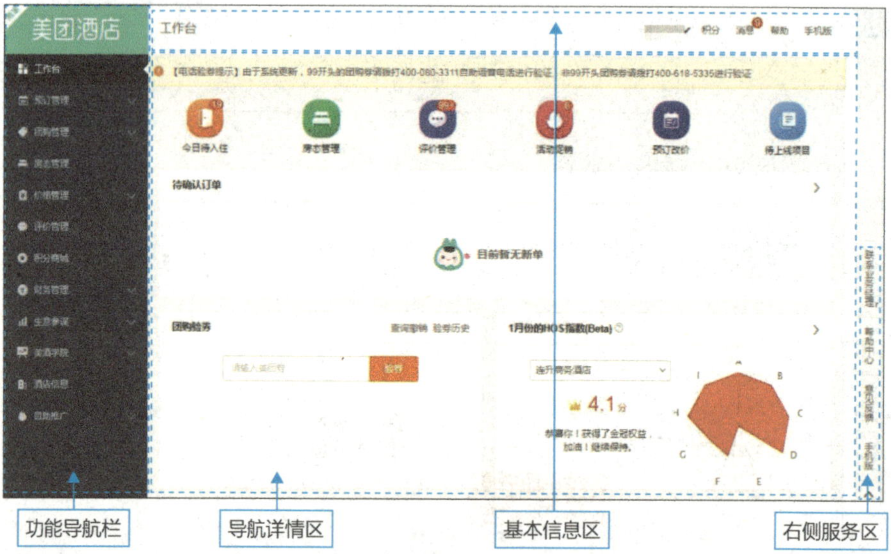

▲ 图2-5 商家后台

2.1.2 了解基本信息区

基本信息区主要包括"商家账号""积分""消息""帮助""手机版"5个功能链接，如图2-6所示。

▲ 图2-6 基本信息区

1. 商家账号

将鼠标指针移动到商家账号上，可以弹出一个菜单，包括"修改密码"和"退出"两个功能，如图2-7所示。

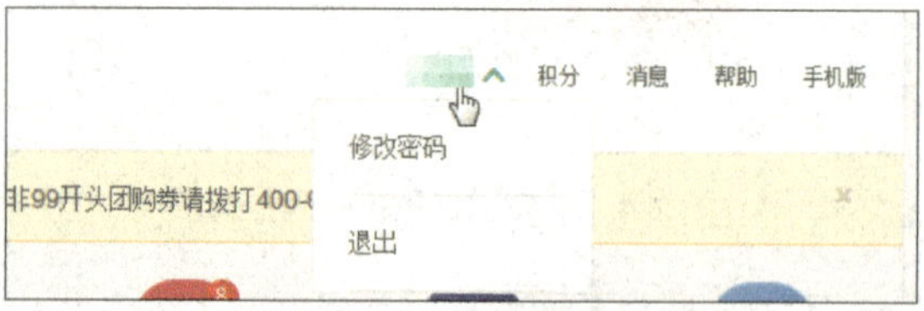

▲ 图2-7 商家账号菜单

选择"修改密码"选项进入其页面，依次输入"原密码""新密码"和"确认密码"

信息，单击"完成"按钮即可，如图 2-8 所示。

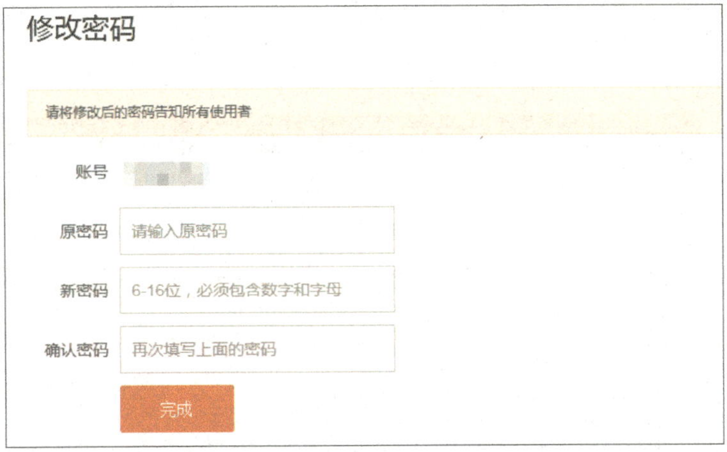

▲ 图 2-8 "修改密码"页面

2. 积分

在基本信息区单击"积分"链接进入"积分商城"页面，可以了解商家的积分情况进行积分兑换，查询兑换记录和查看积分明细，如图 2-9 所示。

▲ 图 2-9 "积分商城"页面

3. 消息

在基本信息区单击"消息"链接进入"消息频道"页面，可以查看"美团商讯""项目助手""美团酒店商学院""业务提醒""违规违约通知""积分商城""HOS 指数公告"模块，如图 2-10 所示。

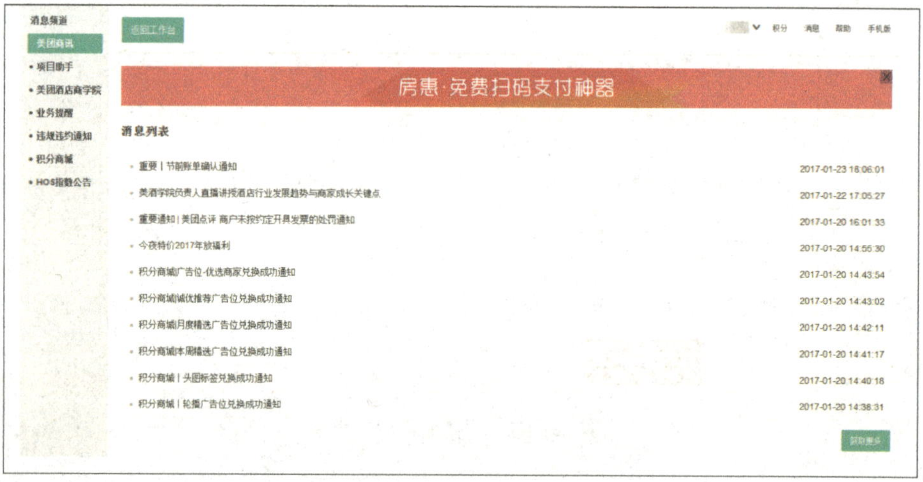

▲ 图 2-10　"积分商城"页面

进入"美团商讯"或"美团商学院"页面，可以了解其消息详情。图 2-11 所示为"美团商学院"的消息页面。

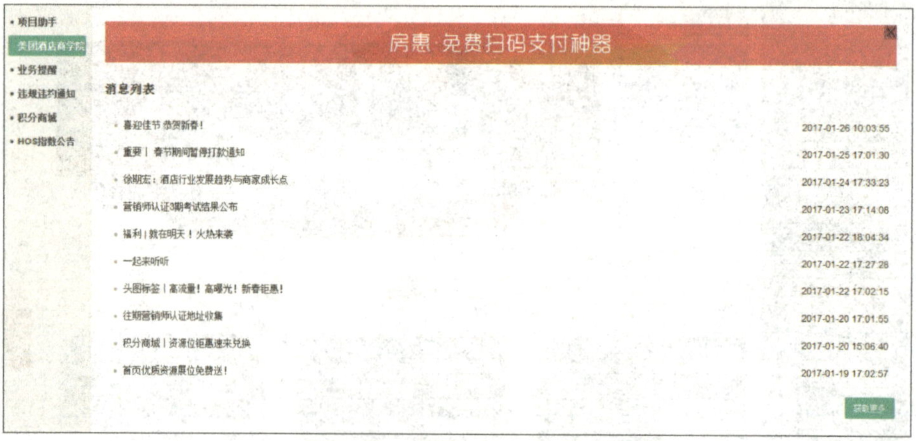

▲ 图 2-11　"美团商学院"的消息页面

单击"获取更多"按钮，还可以查看更多的"美团商学院"消息，如图 2-12 所示。单击相应的消息标题，即可查看具体的消息内容，如图 2-13 所示。

另外，"项目助手"及"违规违约通知"页面会发送相关的操作提醒给商家，"业务提醒"页面会经常通知一些平台的新活动。

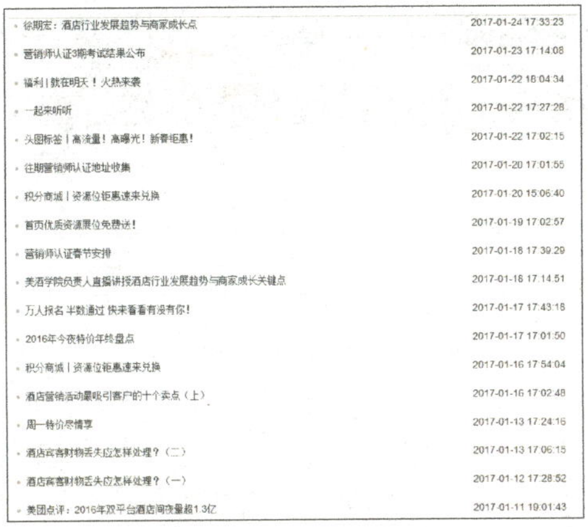

▲ 图 2-12　查看更多消息

▲ 图 2-13　查看具体的消息内容

4. 帮助

在基本信息区单击"帮助"链接进入"美团酒店商家｜帮助中心"页面，商家可以在此自助解决使用商家后台过程中遇到的问题，如图 2-14 所示。

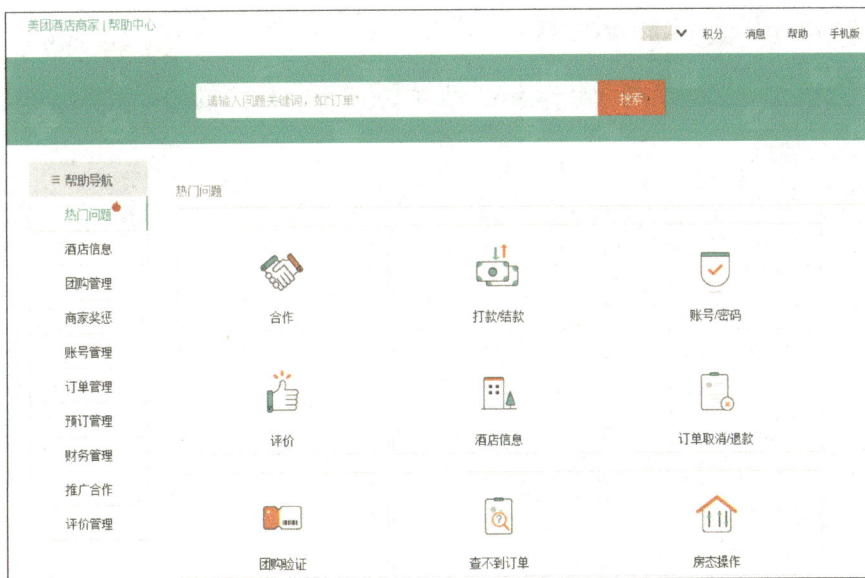

▲ 图 2-14　"美团酒店商家｜帮助中心"页面

例如，在搜索框中输入"订单"，单击"搜索"按钮，即可查看相关的订单问题，如图 2-15 所示。

在"订单"搜索结果中，商家如果碰到类似的问题，可以单击相应的标题，查看具体的解决方法，如图 2-16 所示。

▲ 图 2-15　搜索相关问题

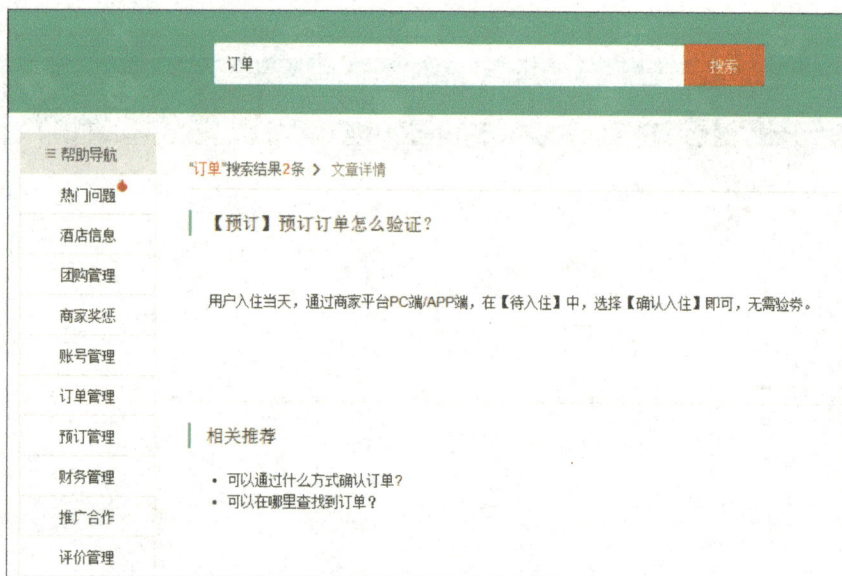

▲ 图 2-16　查看具体解决方法

　　另外，商家也可以在左侧的"帮助导航"中找到相应的问题类别，包括热门问题、酒店信息、团购管理、商家奖惩、账号管理、订单管理、预订管理、财务管理、推广合作、评价管理等。

　　例如，单击"推广合作"按钮进入其页面，就会在右侧列出很多与推广合作相关

的问题，如图 2-17 所示。商家可以找到相应的问题标题，点开后即可查看具体的解
决方法，如图 2-18 所示。

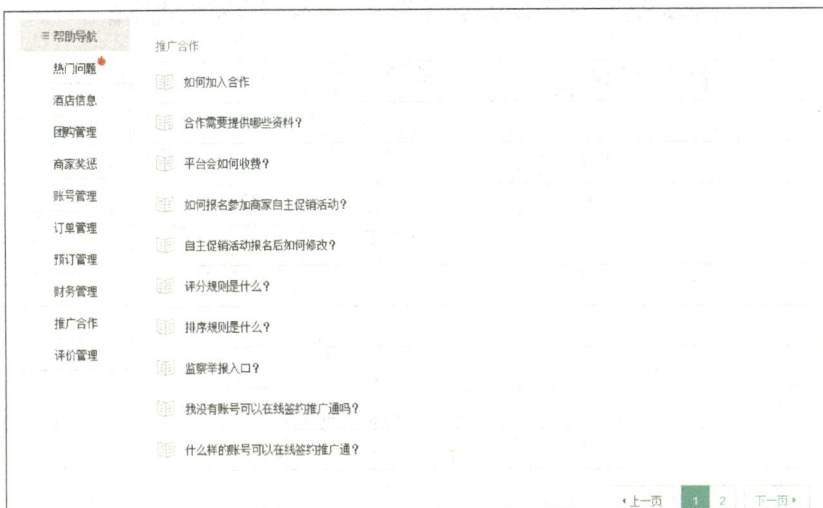

▲ 图 2-17 "推广合作"的帮助页面

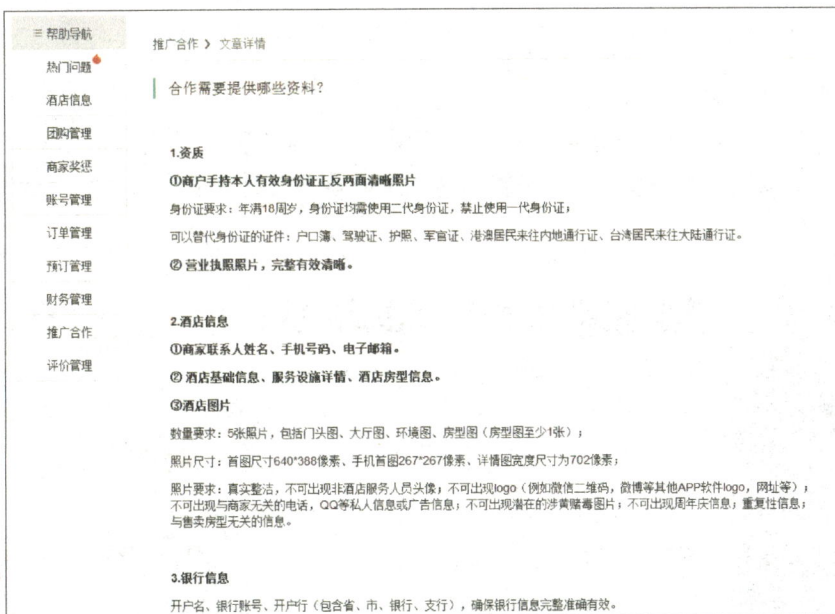

▲ 图 2-18 相关的"推广合作"帮助信息

5. 手机版

在基本信息区单击"手机版"链接进入其页面，商家可以在此扫描二维码下载商

家后台的手机版，运用手机管理酒店业务，如图 2-19 所示。

▲ 图 2-19　手机版下载页面

2.1.3　了解功能导航栏

功能导航栏包括预订管理、团购管理、房态管理、价格管理、评价管理、积分商城、财务管理、生意参谋、美酒学院、酒店信息、自助推广等功能菜单。

1. 预订管理

预订管理可以帮助商家管理预订订单的状态，包含"预订订单管理""房惠订单管理"以及"下载二维码"3 大功能，如图 2-20 所示。

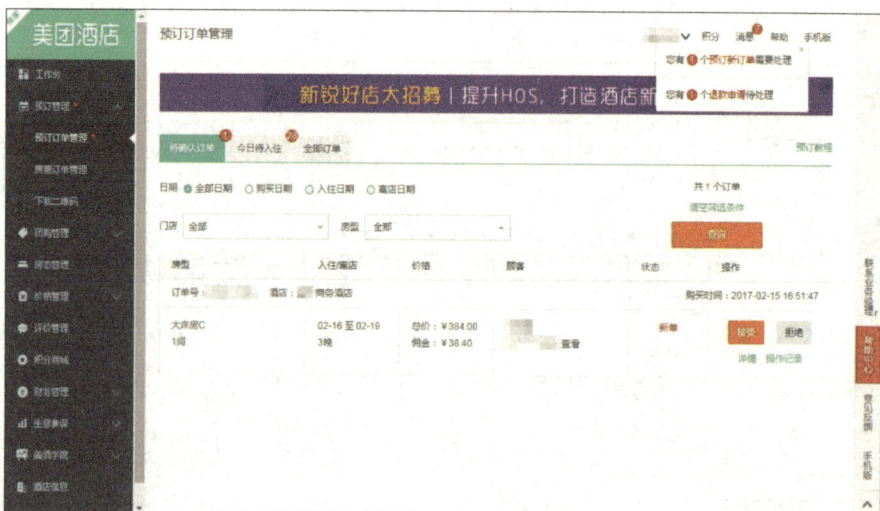

▲ 图 2-20　预订管理功能

2. 团购管理

团购管理可以帮助商家管理美团券及团购项目，包括"团购券验证查询"和"团购项目管理"两个功能。在"团购券验证查询"页面中，商家可以在搜索框中输入 12 位团购券密码，单击"验证查询"按钮验证团购券；也可以在下方查看相应时间段的验券历史记录，如图 2-21 所示。

▲ 图 2-21 "团购券验证查询"页面

在"团购项目管理"页面中，包含"待上线项目"与"已上线项目"两个选项卡，如图 2-22 所示。需要注意的是，正在审核的项目无法确认上线，需审核通过后才可确认上线。

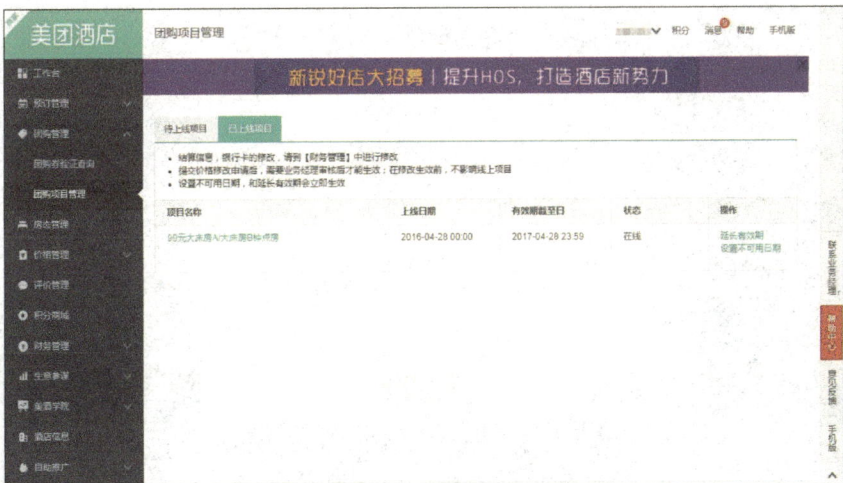

▲ 图 2-22 "团购项目管理"页面

3. 房态管理

商家可以通过"房态管理"功能对特定门店在特定时间周期内的房型状态进行管理，一般原则为"有房时【开房】，无房时【关房】"。"房态管理"页面如图 2-23 所示，商家需要联系业务经理开通该功能方可使用。

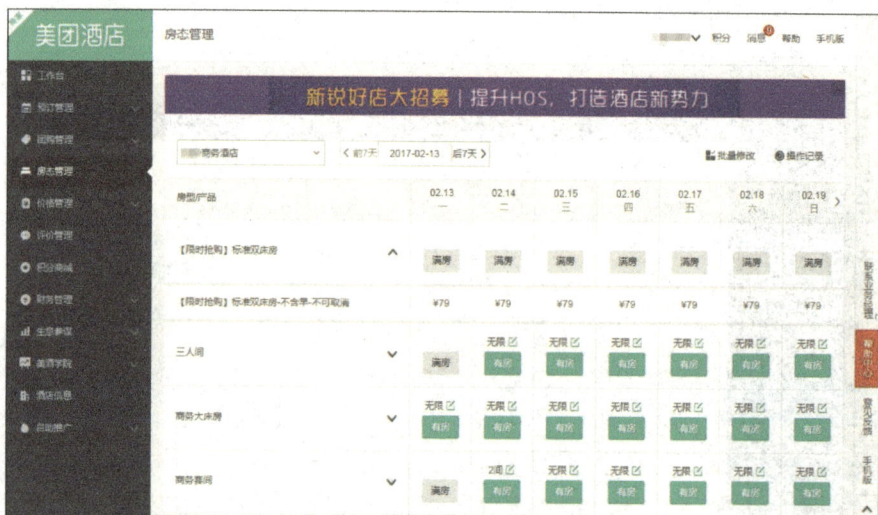

▲ 图 2-23 "房态管理"页面

4. 价格管理

商家可以通过"价格管理"功能管理预订产品及团购产品的价格。首次使用"价格管理"功能时需要先开通"改价免审开通协议"，如图 2-24 所示。

▲ 图 2-24 "改价免审开通协议"内容

　　"价格管理"主要包括"预定改价"和"团购改价"两个功能。开通【改价免审】功能后，价格修改后即可生效；若未开通【改价免审】功能，价格修改则需要业务经理审核方可生效。

　　图 2-25 所示为"预定改价"页面。商家提交价格修改申请后，需要业务经理审核后才能生效；在修改生效前，线上产品保持原价格正常售卖。

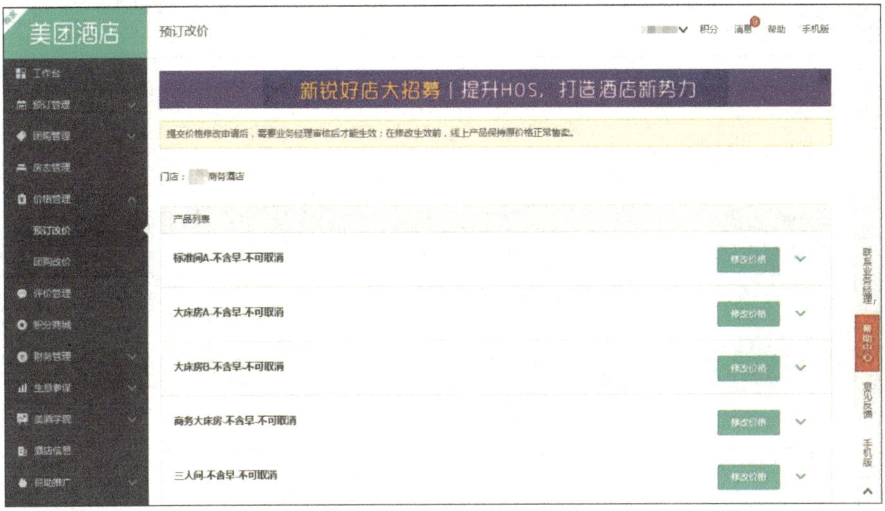

▲ 图 2-25 　"预定改价"页面

　　图 2-26 所示为"团购改价"页面，商家可以在此查看项目名称、上线日期、有效期截至日、状态，以及进行相关的改价操作。

▲ 图 2-26 　"团购改价"页面

点击页面右侧的"修改价格"按钮，填写相关信息即可，如图 2-27 所示。

▲ 图 2-27 "修改价格"页面

下面介绍一些价格管理的专有名词和改价规则。

- 美团价：指项目在美团售卖的价格。
- 门市价：指项目的原价（挂盘价）。
- 佣金率：指和美团合作时，商家每卖出一个项目，美团抽取的佣金比例。
- 结算价：指每个项目的美团价扣除佣金后给商家结算的价格。
- 折扣率：指美团价除以门市价得出的一个比率。
- 周末价：每到周末才生效的价格。
- 特殊日期价格：在指定日期生效的价格。
- 周末价和特殊日期价同时存在时，先售卖哪种价格：优先售卖特殊日期价格。
- 设置生效日期有什么用：例如，商家可以在 9 月初设置国庆节生效的价格，避免忘记改价。
- 自助修改价格后迟迟没有生效怎么办：可以联系业务经理，说明情况后，他会帮商家处理。
- 改价建议：改价后的折扣率不能高于 8 折；一次改价的上调幅度建议不要超过 30%，下调幅度不要超过 50%。

5. 评价管理

商家可以通过"评价管理"功能了解特定门店的用户评价情况，分为"美团评价"和

"点评评价"两个部分，商家也可以在页面中了解该门店的综合评分及各单项评分，如图 2-28 所示。关注"未回复"列表，单击评价后方的"回复"按钮可以进行回复。美团客户端将点评用户在同一酒店发表的多条评论算成一条，所以用户看到的评论比商家端少。

▲ 图 2-28 "评价管理"页面

单击"下载评价列表"链接，弹出"下载评价列表"对话框，商家可以下载相应时间段的评价内容，如图 2-29 所示。

▲ 图 2-29 "下载评价列表"对话框

6. 积分商城

积分商城的积分使用原则为：旺季赚积分，淡季兑流量。积分可进行 3 类兑换：资源位、抵用券、精美实物礼品。

7. 财务管理

商家可以通过"财务管理"功能了解预订产品及团购产品的对账数据、付款记录等信息，如图 2-30 所示。

▲ 图 2-30　"财务管理"功能

8. 生意参谋

"生意参谋"为商家提供经营效果、项目效果、门店效果、附近同行的相关数据分析功能，如图 2-31 所示。数据分析维度包含：浏览人数、支付人数、支付间夜、支付转化率、消费间夜、退款率，并通过提供特定产品类型、特定时间内的经营效果分析，为商家酒店的经营策略提供数据支持。

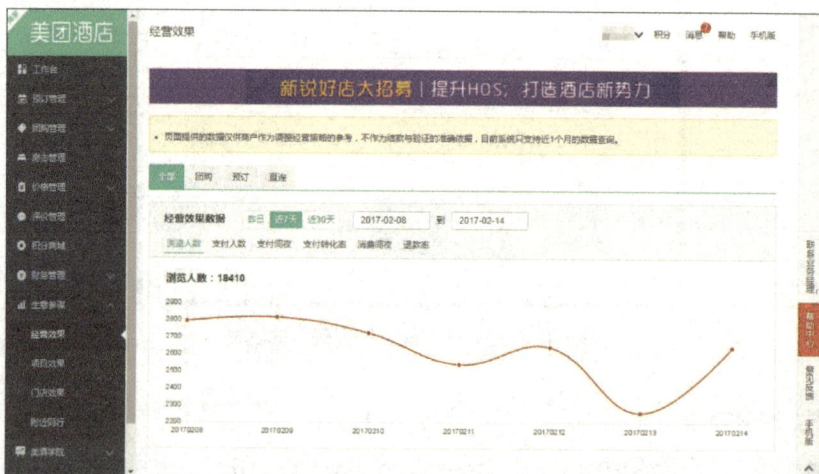

▲ 图 2-31　"生意参谋"功能

9. 美酒学院

"美酒学院"功能为酒店商家提供行业内相关的视频教学和营销师报名。

美酒课程页面如图 2-32 所示。

▲ 图 2-32　美酒课程页面

营销师报名页面如图 2-33 所示。

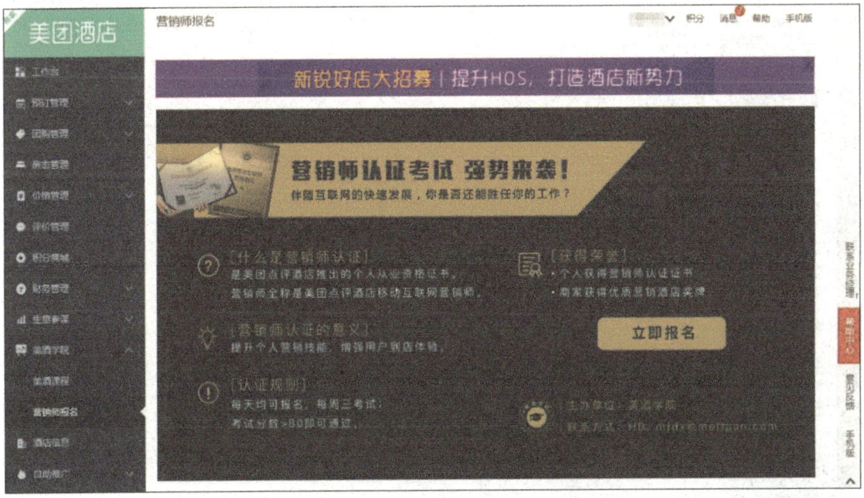

▲ 图 2-33　营销师报名页面

10. 酒店信息

"酒店信息"功能可以帮助商家了解酒店在美团展示的基本信息详情，也可以编辑、修改酒店的基本信息，如图 2-34 所示。

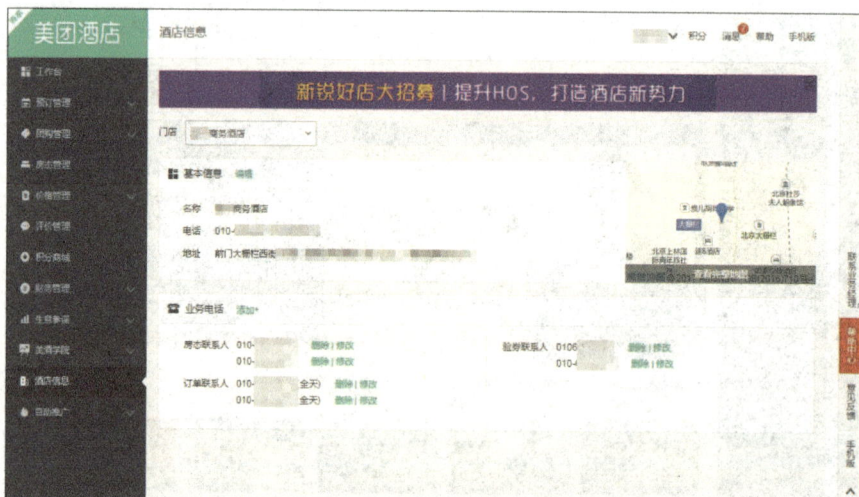

▲ 图 2-34 "酒店信息"功能

11. 自助推广

商家可以通过"自助推广"功能参加美团酒店的营销活动，增加酒店的曝光率，提高酒店的收益，包括今夜特价、天天特价、连住优惠等活动，如图 2-35 所示。

▲ 图 2-35 "自助推广"功能

2.1.4　了解导航详情区

导航详情区主要包括常用功能快捷键、待确认订单、团购验券、HOS 指数（Hotel Operation System，酒店经营体系）信息，下面分别进行介绍。

（1）功能快捷键：可以帮助商家一键直达功能页面，如图 2-36 所示。

▲ 图 2-36　功能快捷键

（2）待确认订单：显示待确认订单列表详情，如图 2-37 所示。

▲ 图 2-37　待确认订单

（3）团购验券：输入美团券号，一键验证，如图 2-38 所示。

▲ 图 2-38　团购验券

（4）HOS 指数：可以快速了解酒店当月的 HOS 指数，如图 2-39 所示。

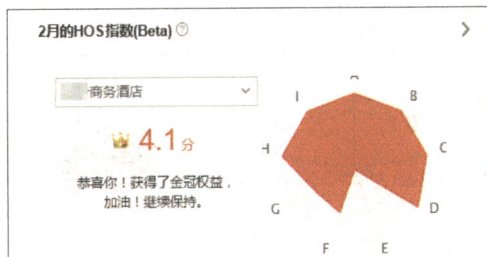

▲ 图 2-39　HOS 指数

2.1.5 了解右侧服务区

右侧服务区主要包括联系业务经理、帮助中心、意见反馈、手机版功能，下面分别进行介绍。

（1）联系业务经理：可以快速查找负责的业务经理的联系方式，如图 2-40 所示。

▲ 图 2-40　联系业务经理

（2）帮助中心：商家可以自助解决在使用后台过程中遇到的问题，并可以进行关键字搜索，如图 2-41 所示。

（3）意见反馈：商家可以反馈使用后台过程中遇到的问题，工作人员会负责处理，如图 2-42 所示。

▲ 图 2-41　帮助中心

▲ 图 2-42　意见反馈

（4）手机版：商家可以扫描二维码下载商家后台手机版，随时管理酒店业务，如
图 2-43 所示。

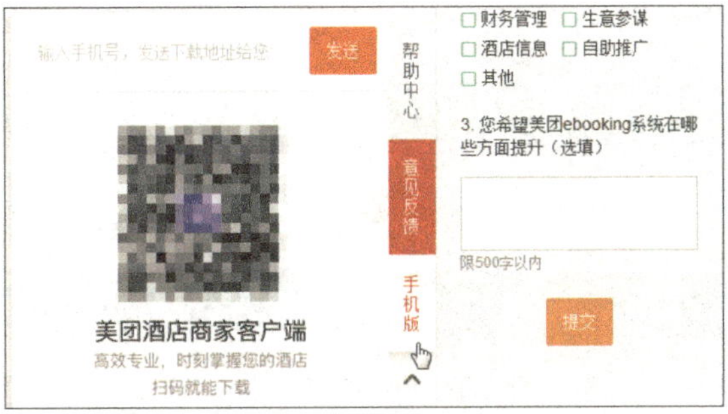

▲ 图 2-43　手机版

2.2　美团点评酒店商家的账号管理

账号是商家登录和使用美团点评系统的凭证，因此，一定要保管好账号信息。本
节将介绍商家的主账号管理和子账号管理的相关方法。

2.2.1　商家的主账号管理

主账号就是商家用来登录美团点评酒店商家管理后台的账号，如果商家忘记了账
号或密码，可以进入商家平台的登录界面，点击"忘记账号 / 密码"链接，输入商家
账号绑定的手机号进行验证，根据提示找回账号密码即可。

当主账号的密码被修改后，其他使用该账号登录的计算机和手机端都会被自动下线，必须使用新密码重新登录。

2.2.2 商家的子账号管理

同一个商家（供应商），如果需要多个账号给员工使用，并且对账号权限和门店进行限制时，可以联系业务经理开通子账号。

联系业务经理开通时，业务经理会根据需要对子账号的权限和门店进行设置。创建成功后，如需修改子账号权限，可以使用主账号，进入商家平台 PC 端，在顶部导航"账号管理"（如图 2-44 所示）选项中的"子账号管理"选项，选择修改权限。

▲ 图 2-44　选择"账号管理"选项

只有主账号能修改子账号权限，子账号之间不能相互修改权限。财务功能暂时不支持对子帐号授权。下面介绍子账号的权限管理方法。

1. 什么是账号授权

如果商家需要用同一账号，跨供应商管理项目和订单，可将门店和权限授权给某一账号，被授权账号即可管理其他供应商的门店、项目和订单。授权功能暂时不支持对财务相关功能的授权。授权只适用于跨供应商的情况。

2. 账号授权如何操作

进入商家平台 PC 端，登录供应商主账号，选择顶部导航"账号管理"→"新增授权账号"选项，根据提示进行账号授权，如图 2-45 所示。

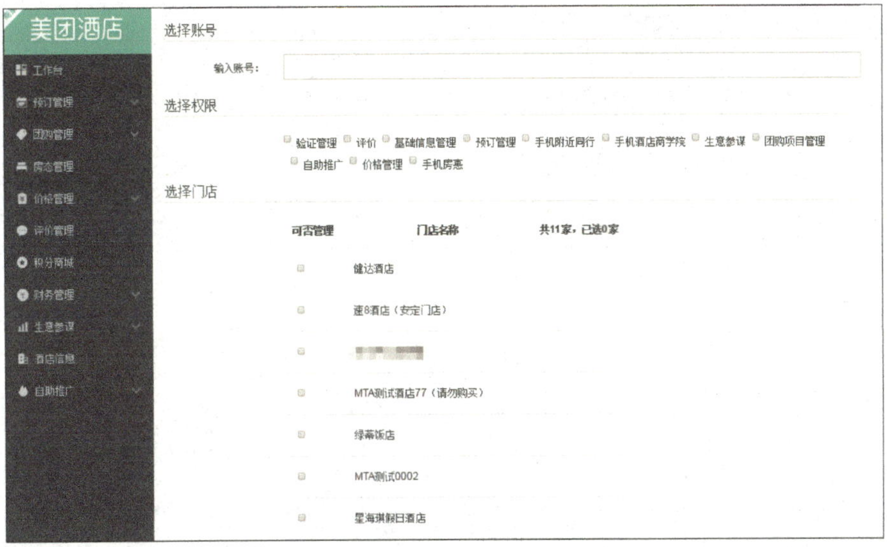

▲ 图 2-45　账号授权操作

　　目前只有供应商的主账号可以对其他账号进行授权。所有账号均可以接受其他供应商主账号的授权。

3．如何修改子账号权限

　　如果需要修改子账号权限，或解除授权关系，进入商家平台 PC 端，登录供应商主账号，选择"账号管理"→"授权账号管理"选项，选择修改或移除权限，如图 2-46 所示。

▲ 图 2-46　授权账号管理

2.3　上传酒店静态信息

　　酒店静态信息就是消费者在美团网、大众点评网中可以看到的与酒店相关的图文信息，这些信息的好坏直接决定了消费者是否选择入住该酒店。因此，上传酒店静态信息是酒店线上营销的重要环节。

2.3.1 酒店信息的两个重要价值

酒店信息的价值主要体现在以下两个方面。

- 消费者可以通过酒店信息了解酒店的基本情况和特色服务，从而决定是否选择入住该酒店，如图 2-47 所示。

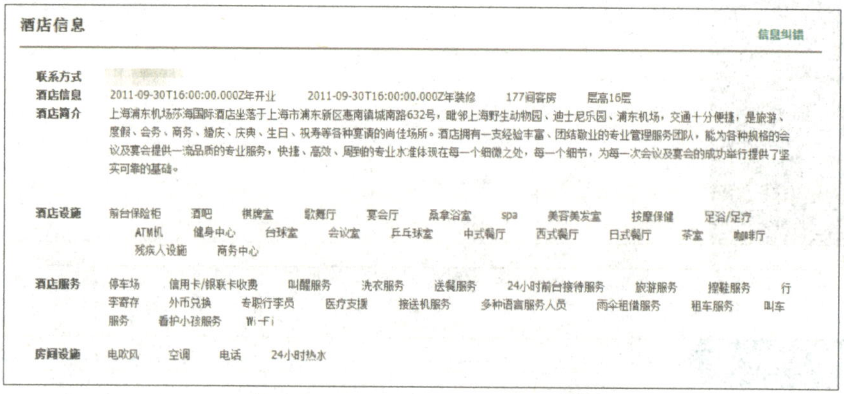

▲ 图 2-47 了解酒店的基本情况和特色服务

- 消费者可以通过筛选条件缩小范围，找到符合自身需要的酒店。

下面以美团 APP 移动端为例，介绍设置酒店筛选条件的方法。

（1）选择区域：首先可以选择国内酒店或海外酒店，如图 2-48 所示。

▲ 图 2-48 选择区域

（2）选择目的地：目的地也包括国内城市和海外城市两个部分，而且用户还可以在搜索框中输入目的地名称，直接搜索，如图 2-49 所示。

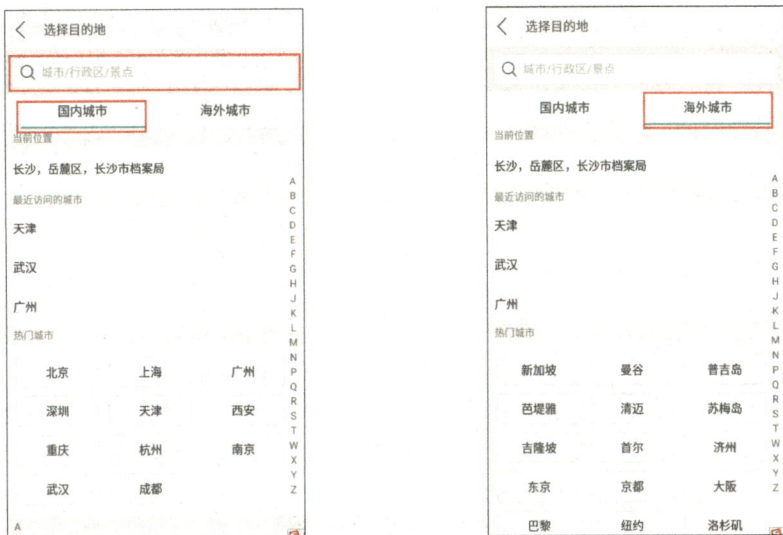

▲ 图 2-49　选择目的地

（3）选择入住时间：分为入住时间和离店时间两个部分，点击日历表中的日期即可，如图 2-50 所示。

▲ 图 2-50　选择入住时间和离店时间

（4）搜索酒店：可以根据商家设置的酒店名、地名、关键词等信息来搜索需要的酒店，如图 2-51 所示。

▲ 图 2-51　搜索酒店

（5）星级价格：包括经济型、舒适 / 三星、高档 / 四星、豪华 / 五星等不同星级
信息，消费者可以自主设置入住房型的价格，如图 2-52 所示。

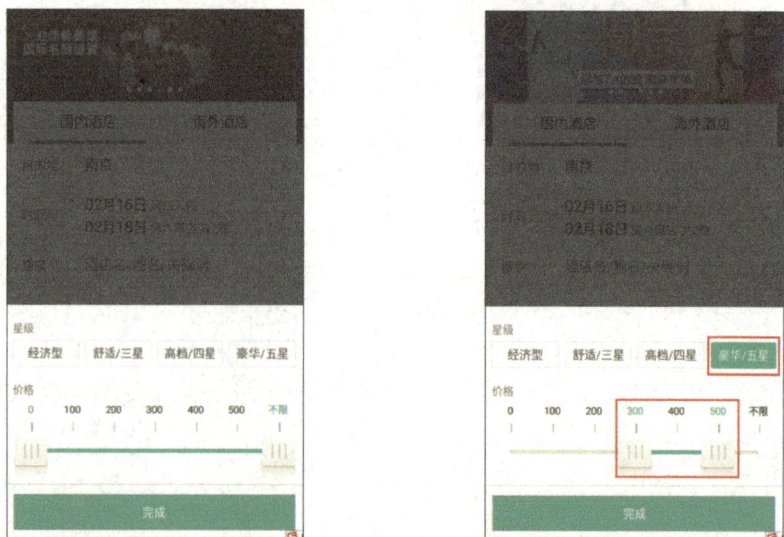

▲ 图 2-52　星级价格信息

（6）查找酒店：点击"查找酒店"按钮，即可根据前面设置的筛选信息，查看符
合条件的酒店，如图 2-53 所示。

▲ 图 2-53　查看符合条件的酒店

　　在酒店搜索列表中，消费者也可以根据商家设置的各种酒店信息来进一步筛选酒店，这也是酒店信息的价值所在，即更好地为消费者服务。

　　（1）点击左上角的时间，即可设置入住和离店日期，如图 2-54 所示。

　　（2）点击地图图标 ◎，可以通过地图模式查找酒店，如图 2-55 所示。地图模式的酒店位置由商家根据实际情况进行设置，应尽可能地减小误差。

▲ 图 2-54　在搜索列表中设置日期

▲ 图 2-55　通过地图模式查找酒店

（3）位置区域筛选：根据商家设置的位置信息，消费者可以选择相应位置或者区
域的酒店，如图2-56所示。

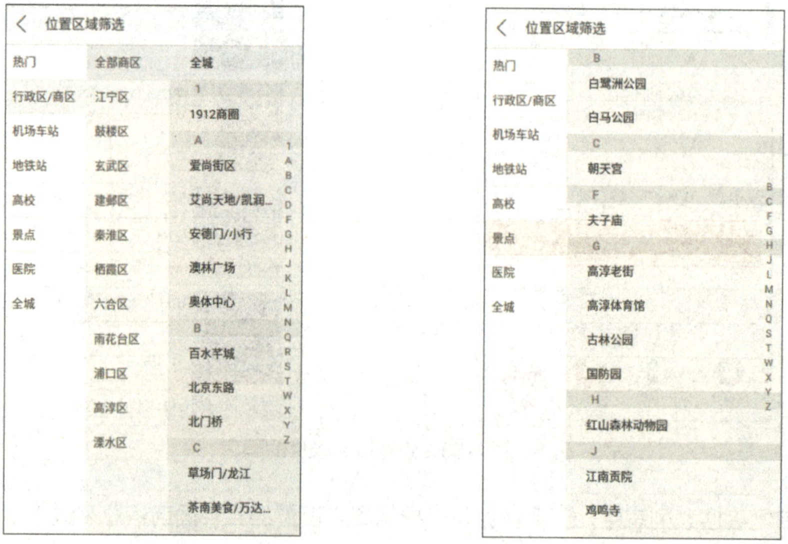

▲ 图2-56　位置区域筛选

（4）价格星级筛选：点击"价格/星级"按钮，在弹出的面板中可以根据酒店的
星级和客房价格来筛选，如图2-57所示。

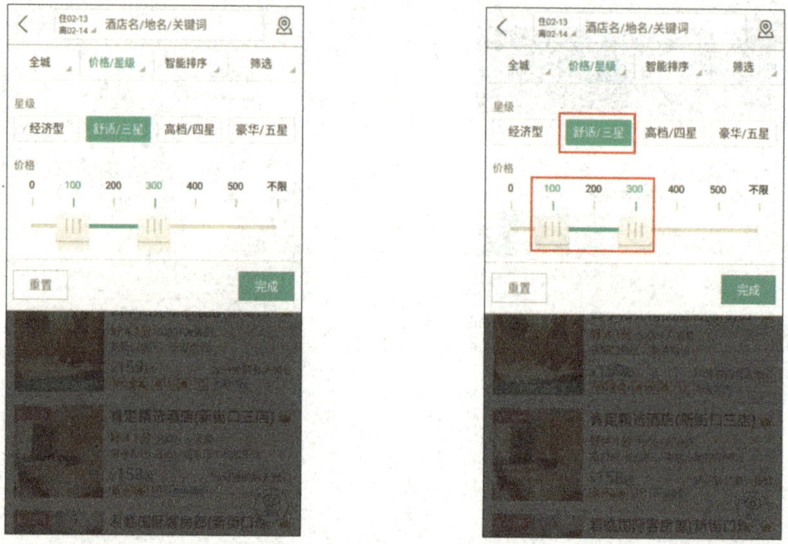

▲ 图2-57　价格星级筛选

（5）高级筛选功能：在"筛选"菜单中，提供了更多的筛选功能。

- 快捷筛选：如图 2-58 所示，其中的"支持预订"就是酒店的特色功能之一，拥有该功能的酒店可以被消费者更快找到。

▲ 图 2-58　快速筛选出"支持预订"的酒店列表

- 酒店类型：根据酒店的类型信息来筛选酒店，包括经济型酒店、快捷连锁、主题酒店、商务酒店、公寓、豪华酒店、客栈、青年旅社、度假酒店、别墅、农家院、情侣约会、亲子酒店、温泉酒店等。例如，选择"温泉酒店"，点击"完成"按钮，即可自动筛选出这一类酒店的信息，如图 2-59 所示。

▲ 图 2-59　筛选"温泉酒店"列表

- 服务设施：根据酒店的服务设施信息来筛选酒店，包括接送机、停车场、游泳池、会议室、洗衣服务、餐厅、健身房、咖啡厅、洗衣机、厨房、吹风机等，可以同时选择多个标签，如图 2-60 所示。

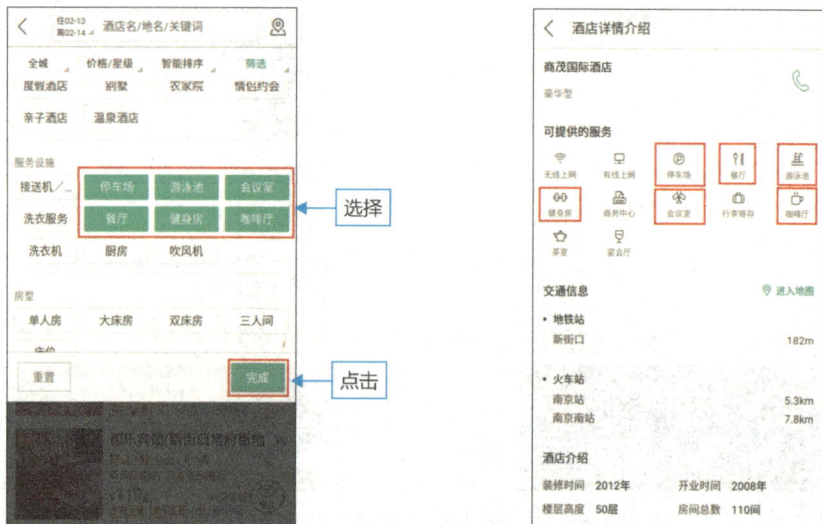

▲ 图 2-60　根据服务设施信息筛选酒店

- 酒店房型：根据酒店的房型信息来筛选酒店，包括单人房、大床房、双床房、三人间、床位，如图 2-61 所示。

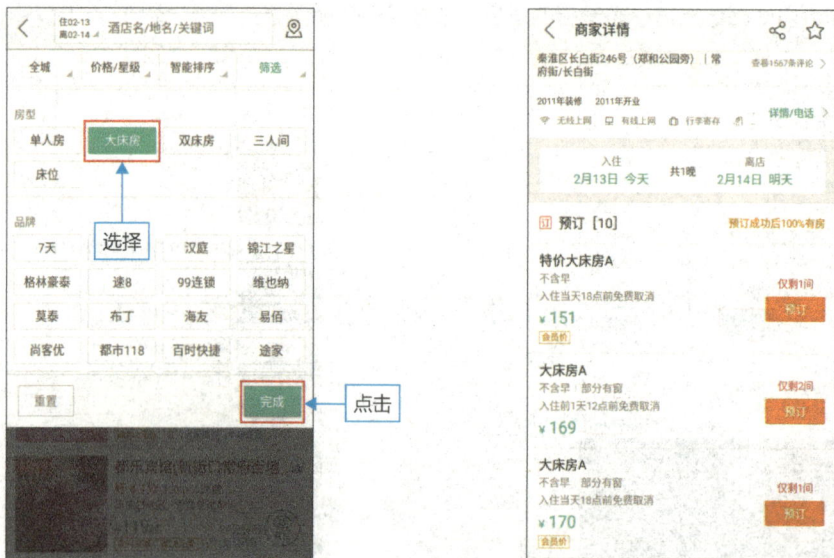

▲ 图 2-61　根据酒店房型信息筛选酒店

- 酒店品牌：根据酒店的品牌信息来筛选酒店，包括 7 天、如家、汉庭、锦江之星、速 8 等常见品牌，可以多选，如图 2-62 所示。

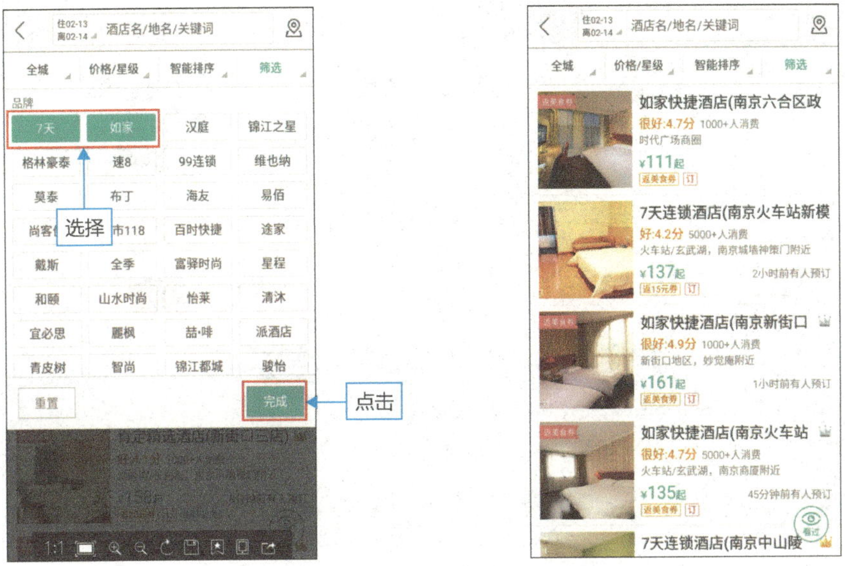

▲ 图 2-62　根据酒店品牌信息筛选酒店

2.3.2　酒店信息的 5 大构成元素

酒店信息的构成包括图 2-63 所示的 5 大元素。

▲ 图 2-63　酒店信息的构成元素

1. 酒店的基本信息

酒店的基本信息主要是指该酒店的名称、地址、电话以及服务状态等信息，如图

2-64 所示。

▲ 图 2-64　酒店的基本信息

2. 房型信息

房型信息主要是指该酒店所拥有的所有的房型信息，如图 2-65 所示。

▲ 图 2-65　酒店房型信息

常见的房型信息类型包括以下几种。

- 单人房：房间里通常只有一张床，而且房间里的配套设施（牙刷、牙膏、肥皂、梳子、一次性拖鞋等）都只有一套，如图 2-66 所示。

▲ 图 2-66　单人房

- 大床房：主要区别于其他普通标准间的两或三张床，大床房只设一张大床，床宽通常在 1.8 ～ 2.2 米，根据不同的房型定位，还可以分为特价大床房、商务大床房、臻品大床房、豪华大床房等，如图 2-67 所示。

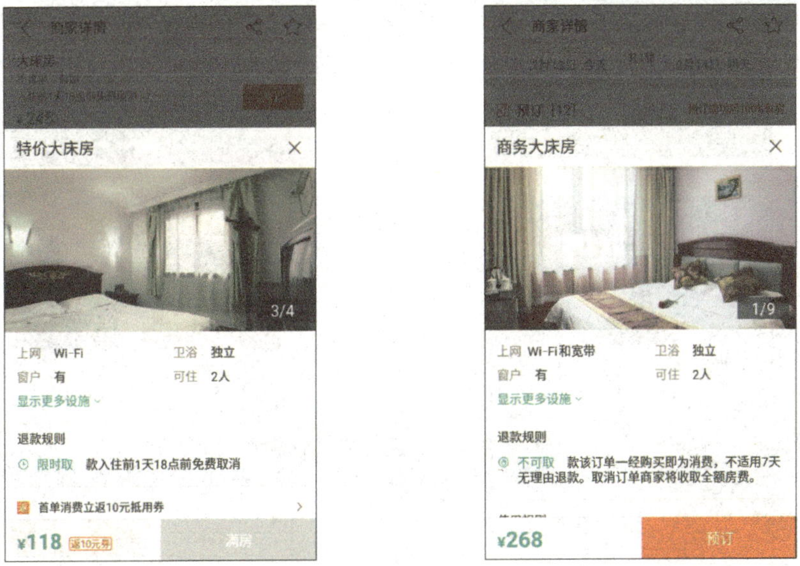

▲ 图 2-67　不同定位的大床房（1）

▲ 图 2-67　不同定位的大床房（2）

很多酒店也将大床房分为大床房 A 和大床房 B，通常大床房 B 的床宽要大于大床房 A 的床宽，两者均是双人大床房。

- 双床房：双床房是指一个房间内有两张床，房间里的配套设施也提供两套，可分为（普通）双床房、商务双床房等类型，如图 2-68 所示。对于那些提供早餐服务的酒店来说，双床房的早餐通常也是两份。

▲ 图 2-68　双床房

- 三人间：三人间是指可以入住 3 个人的房间，可以是"1 张单人床 + 1 张大床"，也可以是 3 张单人床。根据消费者不同的需求定位，三人间还可以分为家庭间、亲子间等，如图 2-69 所示。

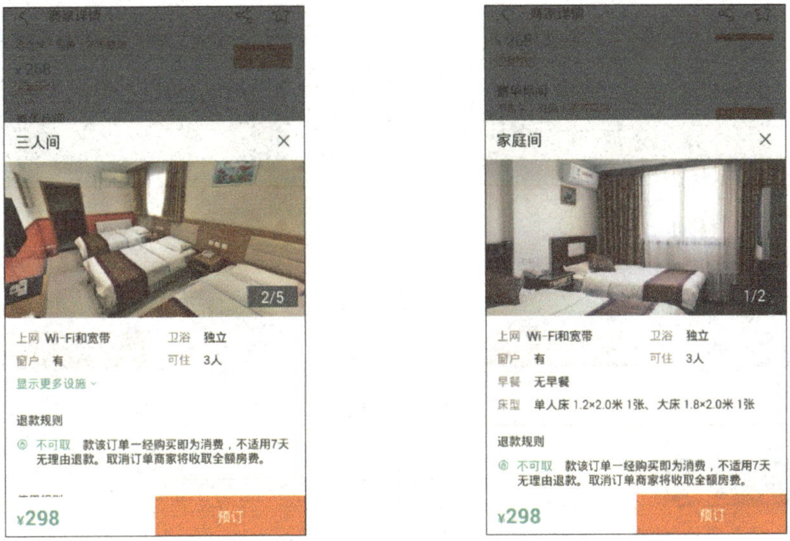

▲ 图 2-69　三人间

- 套间：也可以称为套房，是指独自配套成的一组房间，通常由两间或两间以上的房间组成，带有独立卫生间和其他附属设施，如座椅、沙发、衣橱等。根据消费者不同的需求定位，套间还可以分为普通套间、商务套间、行政套房、双层套间、豪华套房（含双早）、总统套房、纯净无霾粤海套房等各种主题，如图 2-70 所示。

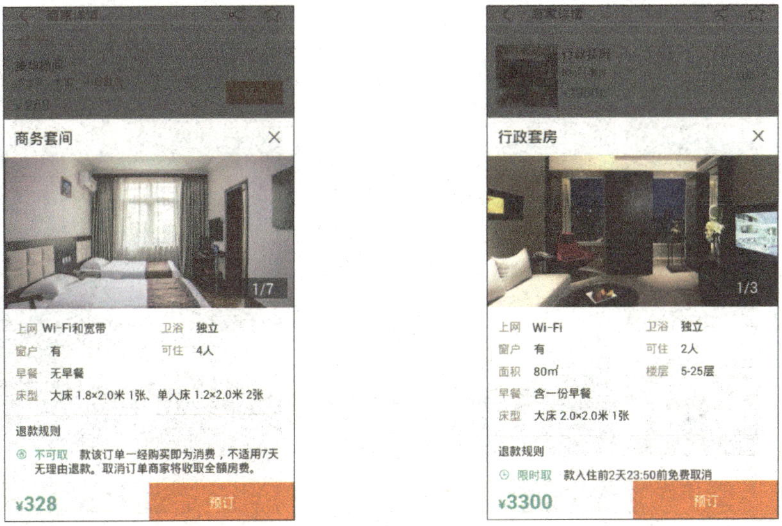

▲ 图 2-70　套间（1）

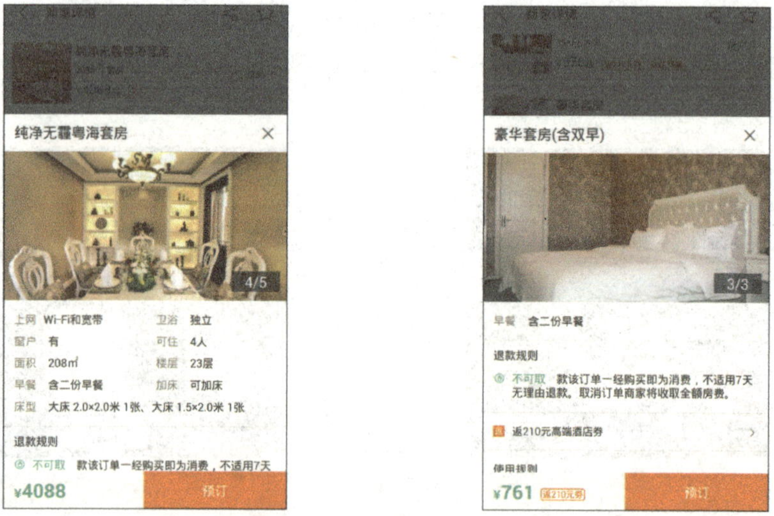

▲ 图 2-70 套间（2）

> **TIPS 提示**
>
> 　　例如，商务套间的客房装饰设计迎合商务客人的特点，配备写字台，室内光线明亮，有的还设置小型谈判间。

3. 图片信息

　　图片信息包括酒店的首图、外观图、大厅图、公共设施图、周边环境图、其他图以及拥有的房型图，如图 2-71 所示。

▲ 图 2-71 酒店的图片信息

当然，对于不同的酒店客房，还有一些比较特殊的要求。例如，客厅图就包括公寓（×室×厅）、套房（×室×厅）、别墅（×室×厅）、婚庆房、复式等房型，需要优先填充床型图，如图 2-72 所示。

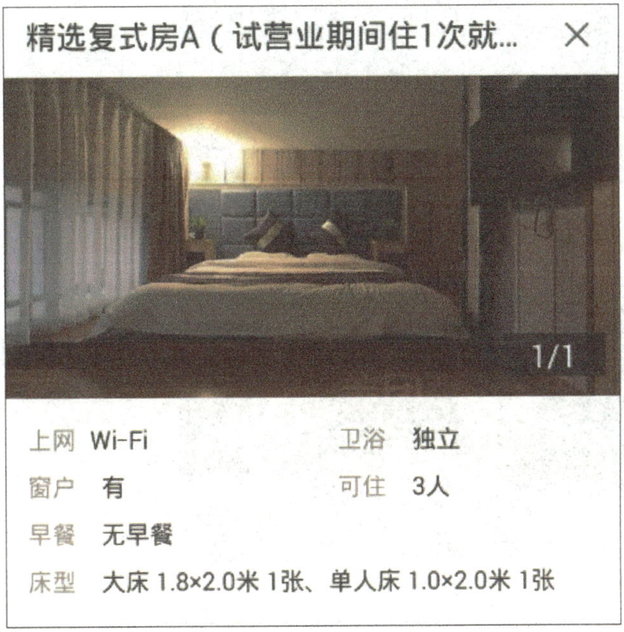

▲ 图 2-72　复式房床型图

另外，酒店床型图片的内容标准如下。

（1）一张床：能够近似完整地体现一张床即可，如图 2-73 所示。

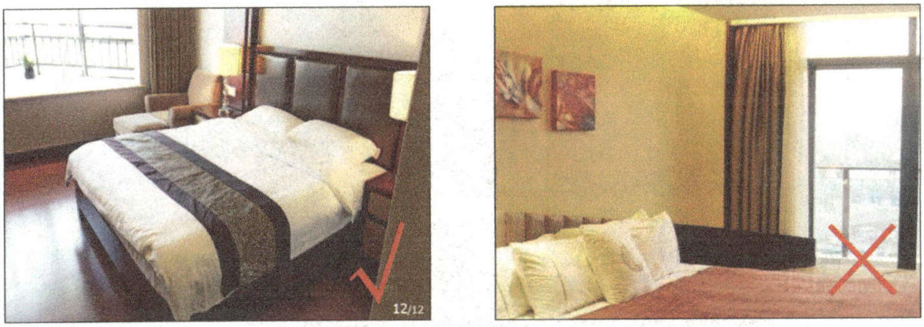

▲ 图 2-73　一张床的图片案例

（2）两张床需有两张完整的床，或者一张近似完整的床加上一张不太完整的床，可判断是两张床即可，如图 2-74 所示。

53

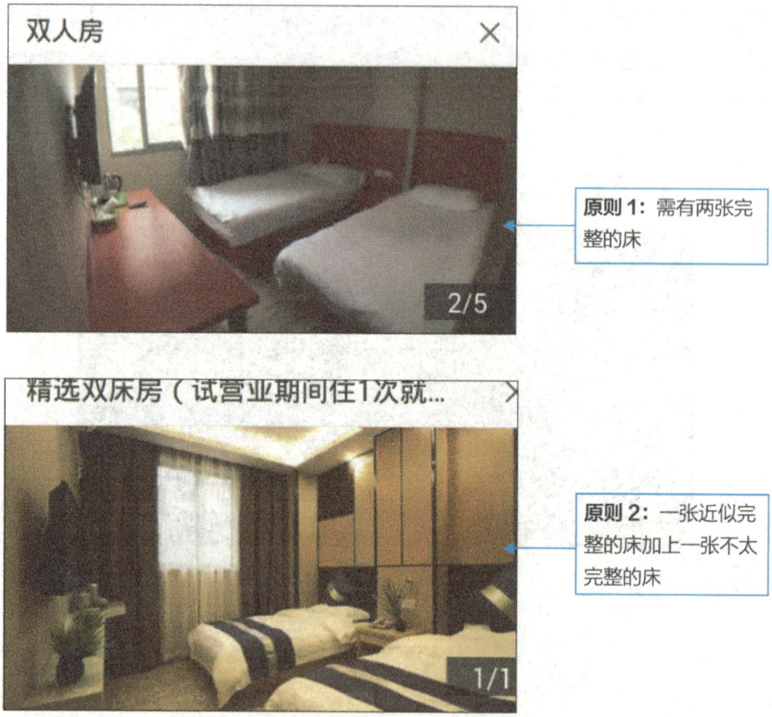

▲ 图 2-74　两张床的图片案例

（3）多张床：明显看出多张床即可，合格案例如图 2-75 所示。

▲ 图 2-75　多张床的图片案例

最后，也是图片信息中最重要的一点，就是酒店首图的选择。消费者在浏览酒店的时候，首图就是"敲门砖"，如图 2-76 所示，选择好的首图有利于酒店创收。

▲ 图 2-76　酒店首图

进入美团 APP，在首页点击"酒店"进入其界面，选择入住日期后，点击"查找酒店"按钮，在酒店名称左侧的图片即为"首图"，如图 2-77 所示。图 2-78 所示为大众点评 APP 的酒店首图信息。

图 2-77　美团 APP 的首图位置

图 2-78　大众点评 APP 的首图位置

高星酒店（五星、四星、豪华、高档）的首图图片只能选取横向、高清的外观图，如图 2-79 所示。

▲ 图 2-79　高星酒店的首图示例

非高星酒店的首图则在客房、大厅、外观图片中择优选择，如图 2-80 所示。

▲ 图 2-80　非高星酒店的首图示例

4. 扩展信息

扩展信息主要是指客户关注的酒店补充信息，包括以下几类。

（1）开业时间：是指酒店正式开张的时间，通常可以在酒店首页或者酒店详情介
　　绍页面中看到，如图 2-81 所示。

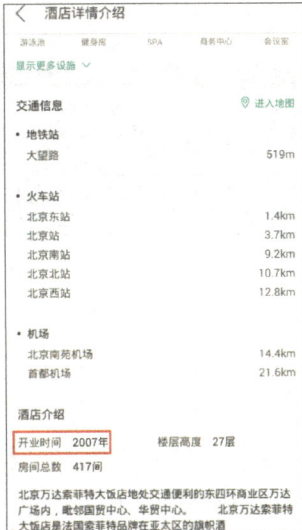

▲ 图 2-81　开业时间信息

（2）酒店类型：根据酒店定位的不同，可以分为不同的类型。例如，商务酒店主要以接待从事商务活动的客人为主，是为商务活动服务的，如图 2-82 所示；度假酒店以接待休假的客人为主，多兴建在海滨、温泉、风景区附近，如图 2-83 所示。

图 2-82　商务酒店

图 2-83　度假酒店

（3）装修时间：很多消费者比较看重酒店的装修时间，喜欢挑选一些新装修的酒店入住。因此这也是商家的一个亮点和优势所在，可以在线上店铺中突显出来，如图 2-84 所示。

▲ 图 2-84　装修时间信息

（4）楼高与窗户：通常在外旅游时，消费者都希望可以住到楼层更高的酒店客房，这样视野更加开阔，即使在房中也有机会领略景区的魅力，因此楼高和有无窗户等信息也能吸引一部分人入住，如图 2-85 所示。

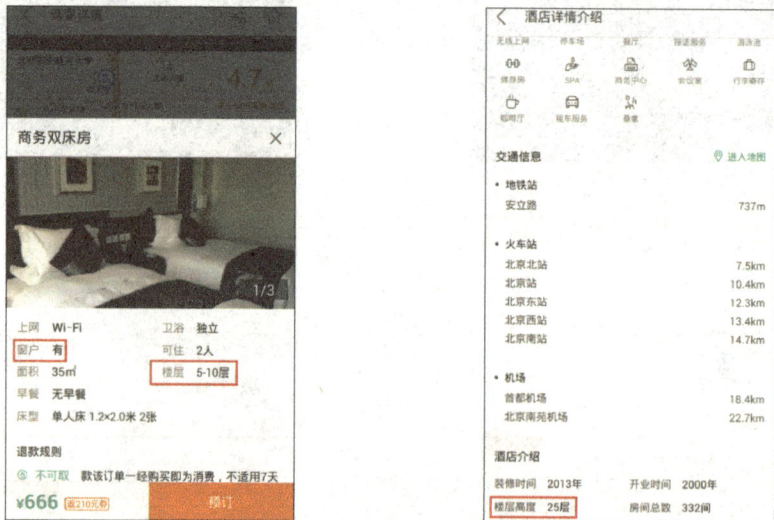

▲ 图 2-85　楼高与窗户信息

（5）星级：酒店的等级标准是以星级划分的，分为一星级到五星级 5 个标准，五星级为旅游酒店的最高等级，除了房间的设施豪华外，服务设施也更加齐全，如图 2-86 所示。

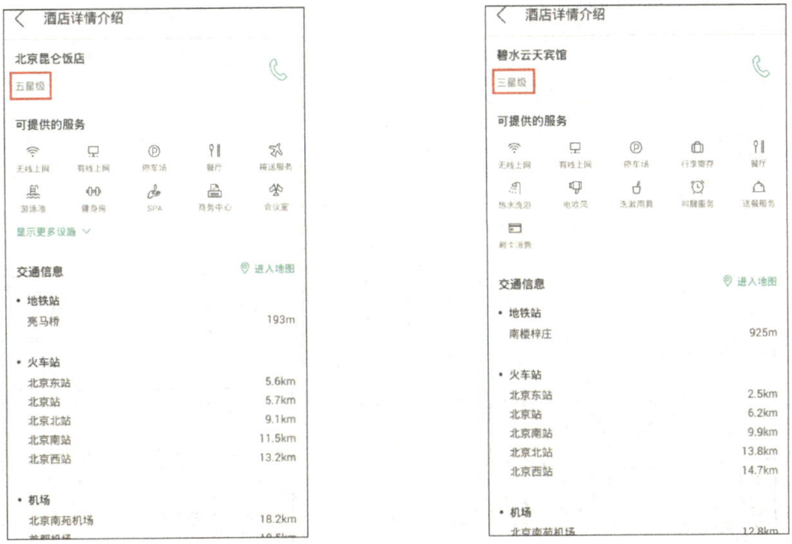

▲ 图 2-86　星级信息

（6）主体特色：主体特色信息是酒店商家打造特色、凸显文化的重点区域，可以营造出一种无法模仿和复制的独特魅力与个性特征，实现提升酒店产品质量和品位的目的，如图 2-87 所示。

▲ 图 2-87　主体特色信息

（7）酒店简介：酒店简介是消费者认识酒店的文字信息，通常包含酒店的定位理念、风格特色、地理位置、交通优势、客房数量、房型特色、基本设施等，如图 2-88 所示。

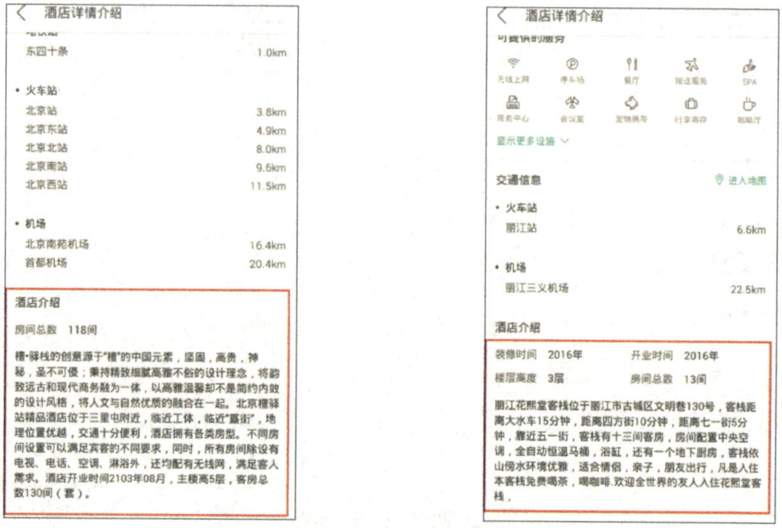

▲ 图 2-88　酒店简介信息

5. 服务设施信息

服务设施信息主要是指酒店拥有的公告设施服务，包括停车场、公告 Wi-Fi、刷卡消费、宠物携带、送餐、代订火车票等，如图 2-89 所示。

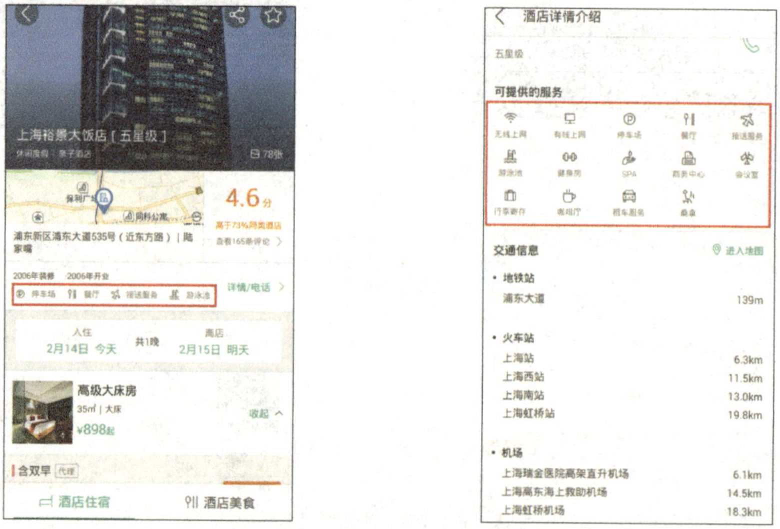

▲ 图 2-89　服务设施信息

　　服务设施信息越完善，越能满足消费者更多的需求，那么酒店对于消费者的吸引力就越大。例如，对于喜欢健身的消费者来说，那些可以提供健身房设施的酒店就成为了他们的首选，如图 2-90 所示。

▲ 图 2-90　健身房设施信息

2.3.3　修改酒店信息，方便顾客了解

　　酒店商家可以通过美团点评 EB 后台，修改各种酒店信息，非常方便。

　　通过 PC 端修改酒店信息的具体操作方法如下。

步骤 ① 在左侧功能导航栏选择"酒店信息"选项进入其页面，如图 2-91 所示。

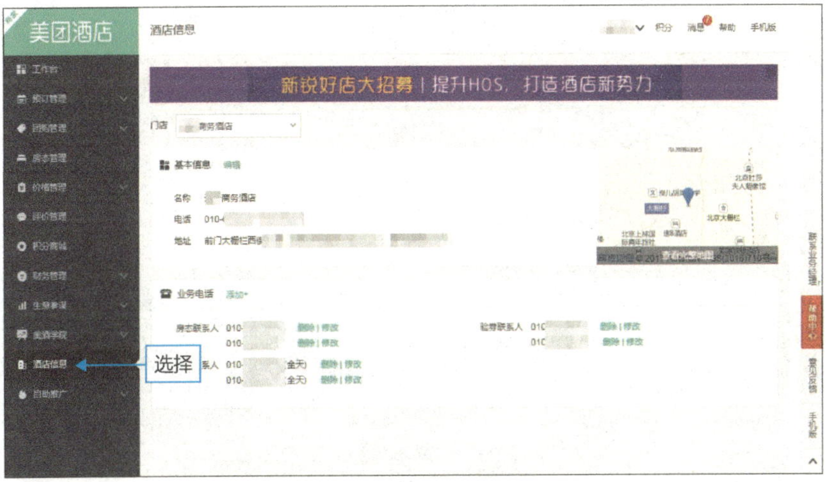

▲ 图 2-91　选择"酒店信息"选项

步骤 ② 在"门店"列表框中选择要修改的门店，并单击"基本信息"后的"编辑"按钮，如图 2-92 所示。

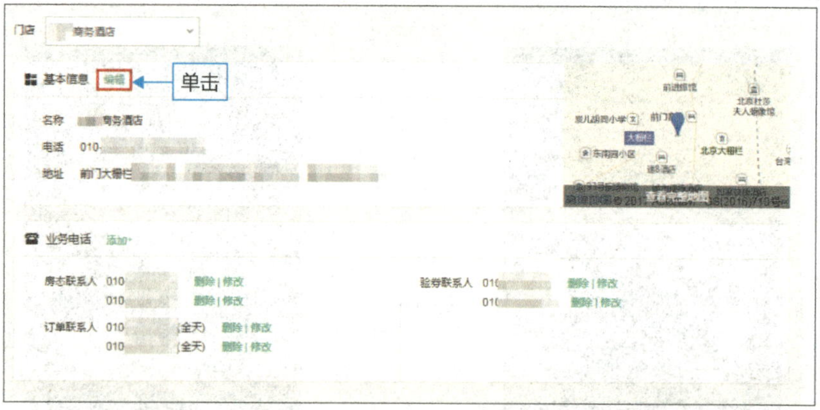

▲ 图 2-92　单击"编辑"按钮

步骤 ③ 进入"门店信息"编辑页面，可对"基础信息""服务设施""房型信息""图片管理"进行编辑。其中，"基础信息"页面包括"基本信息"和"补充信息"两个区域，在"基本信息"区域可以修改酒店的名称、电话、地址、营业状态、门店类型等信息，如图 2-93 所示。

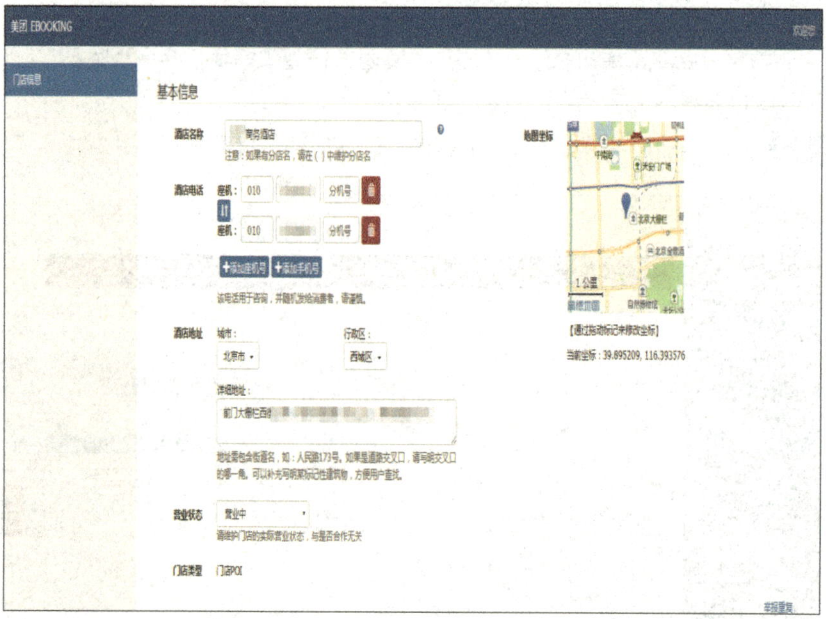

▲ 图 2-93　"基本信息"修改区域

步骤 ④ 在"地图坐标"选项区中的地图上，商家可以通过拖动标记来修改酒店的坐标，如图 2-94 所示。

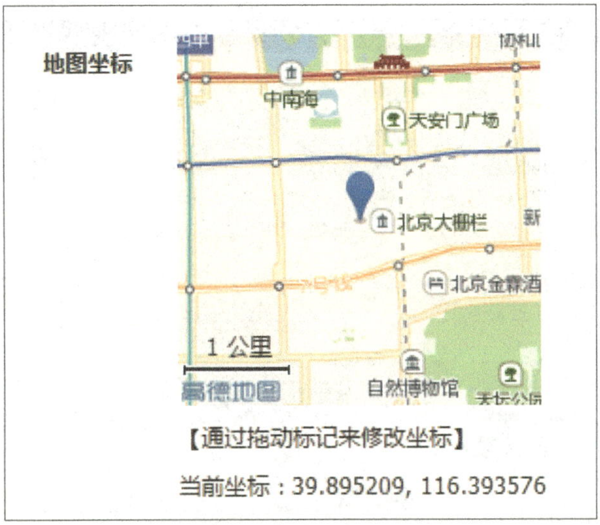

▲ 图 2-94　修改酒店的坐标

步骤 ⑤ 在"补充信息"区域可以修改酒店的开业时间、最后一次装修时间、楼高、房间总数、酒店星级、酒店类型、酒店主题、周末设定、过夜房入住政策、押金情况、门店简介等信息，以便吸引更多的消费者光顾酒店，如图 2-95 所示。

▲ 图 2-95　"补充信息"修改区域

步骤 ⑥ 修改过后可以单击"提交"按钮保存，或者单击"提交并下一步"按钮进入"服务设施"编辑页面，包括"公共设施服务"和"房间统一配置"两大类，如图 2-96 所示。

▲ 图 2-96 "服务设施"编辑页面

步骤 ⑦ 在"公共设施服务"区域，单击"展开公共设施或服务"按钮，即可查看更多的酒店服务和设施，如图 2-97 所示。

▲ 图 2-97 查看更多的酒店服务和设施

步骤 ⑧ 单击选择相应的服务或设施名称，保存修改后即可添加这些服务或设施，如图 2-98 所示。

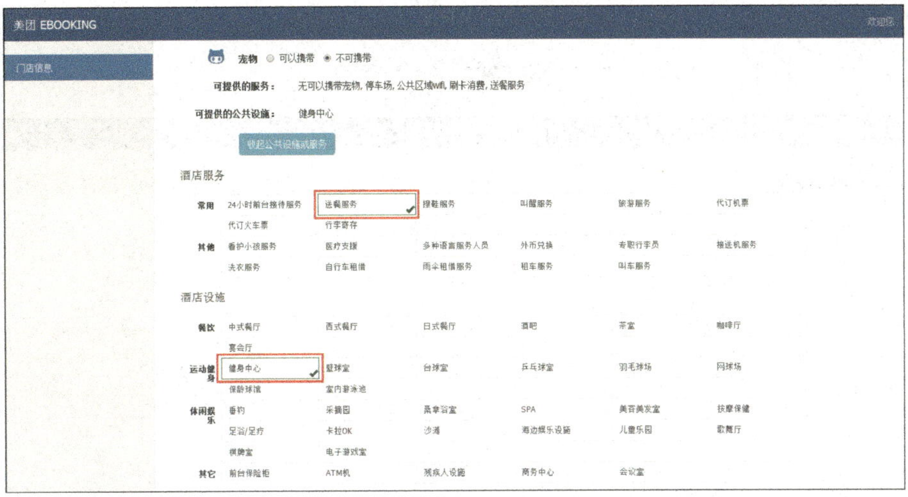

▲ 图 2-98　添加相应的服务或设施

专家提醒

　　现代酒店为适应人们日益增长的需求，已不再是仅仅提供住宿的场所，而是提供从衣食住行、视听娱乐，到运动健身、商务购物、医疗美容等服务，设备设施日趋完善。这些服务设施是酒店服务质量的基础和重要组成部分，是酒店赖以存在的基础，是酒店提供服务的依托，可以反映一家酒店的接待能力。

步骤 9 在"房间统一配置"区域，单击"展开房间统一配置"按钮，即可查看更多的房间统一配置，如图 2-99 所示。

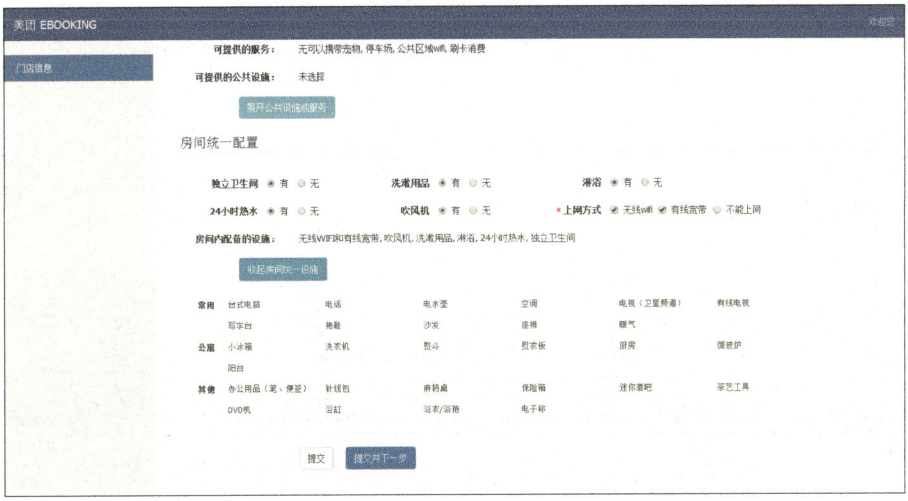

▲ 图 2-99　查看更多的房间统一配置信息

步骤⑩ 在"房型信息"编辑页面中,可以查看已有房型的名称、基础设施、服务设施、上门散客价等信息,如图2-100所示。

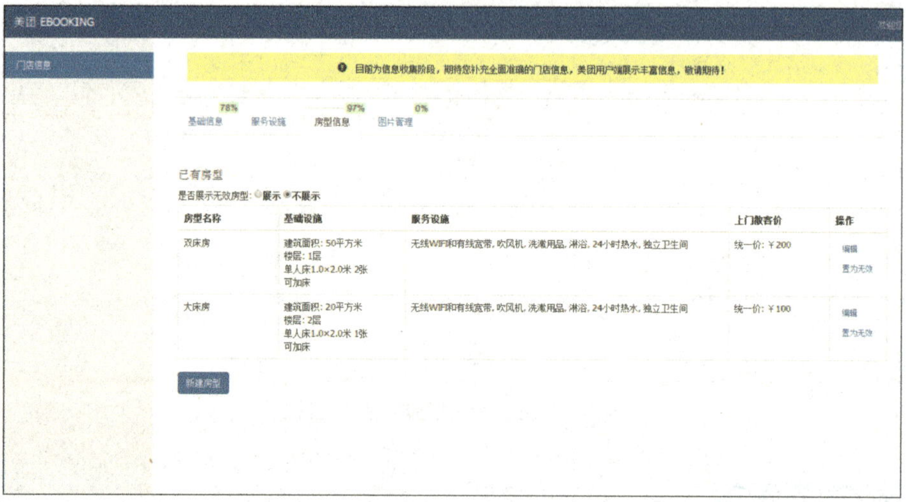

▲ 图2-100 "房型信息"编辑页面

步骤⑪ 单击相应房型名称右侧的"编辑"链接,弹出修改对话框,商家可以在此修改房型基本信息与相关设施信息,如图2-101所示。修改完毕后,单击"保存"按钮即可。

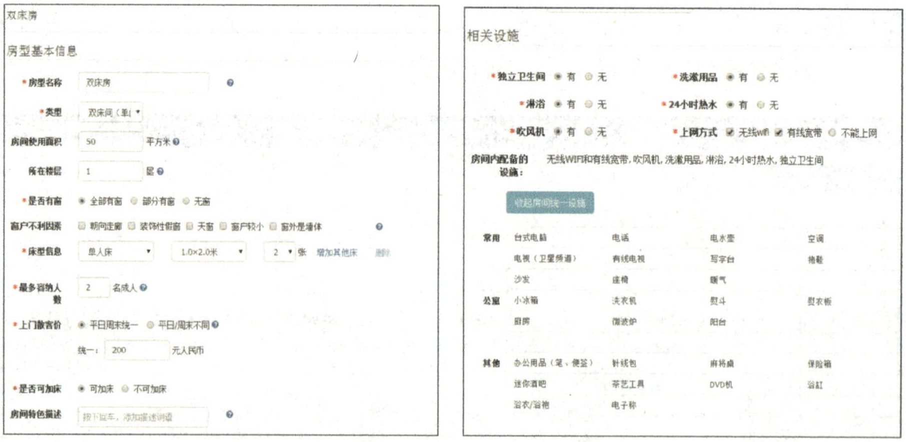

▲ 图2-101 编辑房型信息

步骤⑫ 在"房型信息"编辑页面中,单击"新建房型"按钮,弹出"新建房型"对话框,商家可以在此修改新建房型的基本信息与相关设施信息,如图2-102所示。修改完毕后,单击"保存"按钮即可。

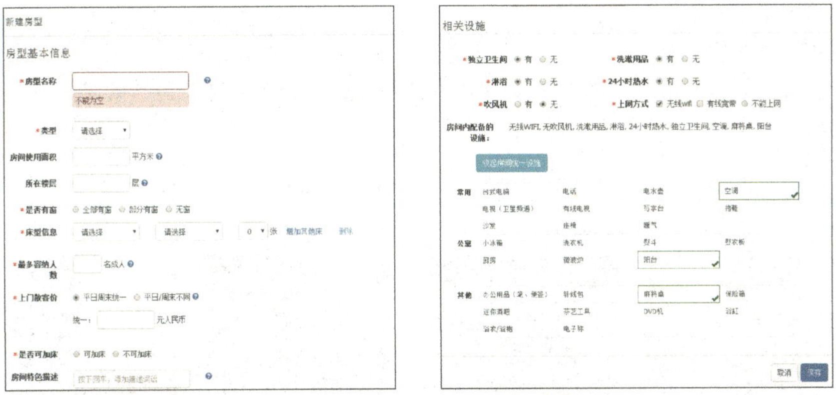

▲ 图 2-102　修改新建房型的消息

> **专家提醒**
>
> 修改房型信息后，将在 2 个工作日内审核完成。

2.3.4　使用 APP 快速管理图片信息

使用美团酒店商家的 APP 可以快速管理和优化图片信息，包括上传图片、更换首图、图片美化、常见问题。

1. 上传图片

步骤 1 打开美团酒店商家 APP，点击"图片管理"按钮，如图 2-103 所示。

步骤 2 进入"图片管理"界面，点击"上传图片"按钮，如图 2-104 所示。

图 2-103　点击"图片管理"按钮

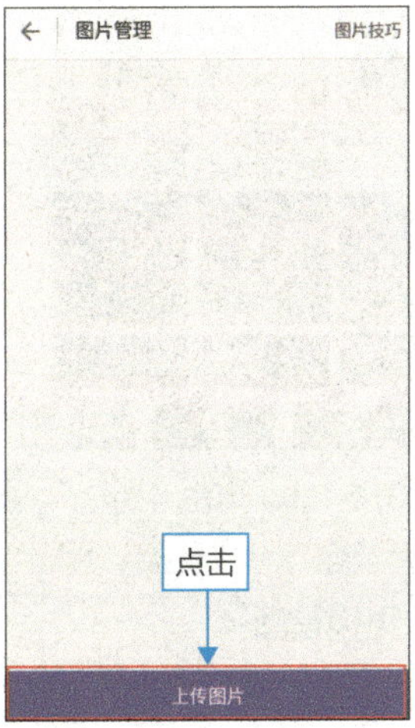

图 2-104　点击"上传图片"按钮

TIPS 提示

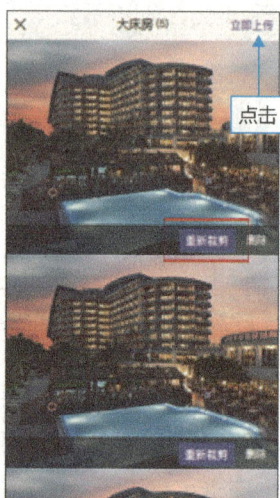

在“图片管理”界面，点击“图片技巧”按钮，可以查看图片的拍摄技巧，如图 2-105 所示。

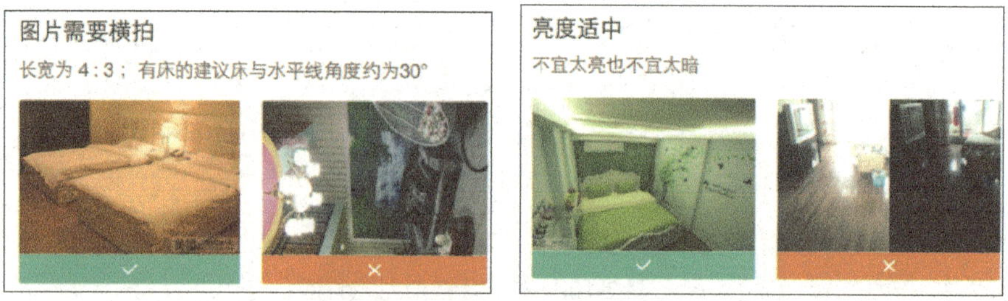
图片需要横拍
长宽为 4 : 3； 有床的建议床与水平线角度约为30°
亮度适中
不宜太亮也不宜太暗

▲ 图 2-105　查看图片的拍摄技巧

步骤 3 进入“手机相册”界面，选择手机中已存储照片或者点击“拍照”按钮重新拍摄照片，选择或拍摄图片后，点击“确定”按钮，如图 2-106 所示。

步骤 4 商家可以使用系统默认尺寸或使用页面中的“重新剪裁”功能重新生成图片，确认图片无误后，点击右上角的“立即上传”按钮即可，如图 2-107 所示。

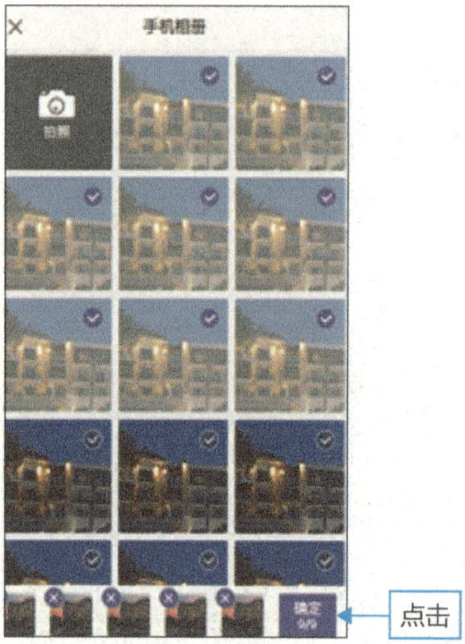
手机相册
点击

图 2-106　点击“确定”按钮

立即上传
点击

图 2-107　点击“立即上传”按钮

2. 更换首图

在“图片管理”界面，点击页面最上方的图片，进入“首图”界面，点击页面下方的“更换首图”按钮，选中任意一张在线图片，点击页面下方的“设为首图”按钮即可，如图 2-108 所示。

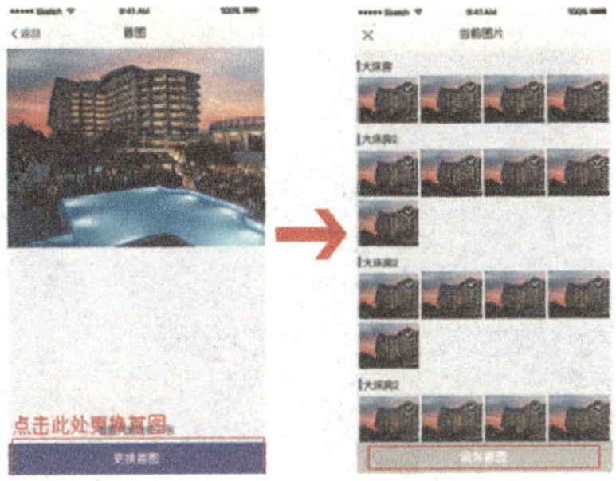

▲ 图 2-108　更换首图

下面介绍一下不同类型酒店的首图选择技巧。

（1）农家院：注意酒店的拍摄角度，同一家酒店，不同拍摄角度产生的效果不一样，如图 2-109 所示。

▲ 图 2-109　农家院首图示例

（2）经济型酒店：尽量拍摄夜景，并把酒店的主体拍摄完整；尽量拍摄房间全景，并将房间的设施拍摄完整，如图 2-110 所示。

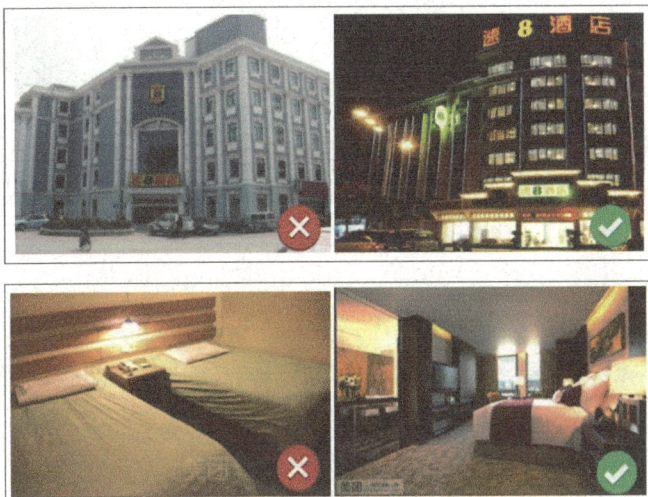

▲ 图 2-110　经济型酒店首图示例

（3）主题酒店：优先选择主题房型图，更能突出酒店特色，如图2-111所示。

▲ 图2-111 主题酒店首图示例

（4）客栈民宿：同一角度相比较，夜景更具有客栈气息，如图2-112所示。

▲ 图2-112 客栈民宿首图示例

（5）高星酒店：首图应选择外景图，最佳选择夜景图，如图2-113所示。

▲ 图2-113 高星酒店首图示例

3. 图片美化

酒店商家可以使用美图秀秀等手机应用美化酒店图片。下面以美图秀秀APP为例，介绍美化酒店图片的相关技巧。

在美图秀秀APP中打开照片后，点击左下角的"智能优化"按钮，进入"智能优化"界面，在此有"原图""自动""美食""静物""风景""去雾""人物"7

种智能优化模式，商家可以根据照片的类型或需要进行设置，效果如图 2-114 所示。

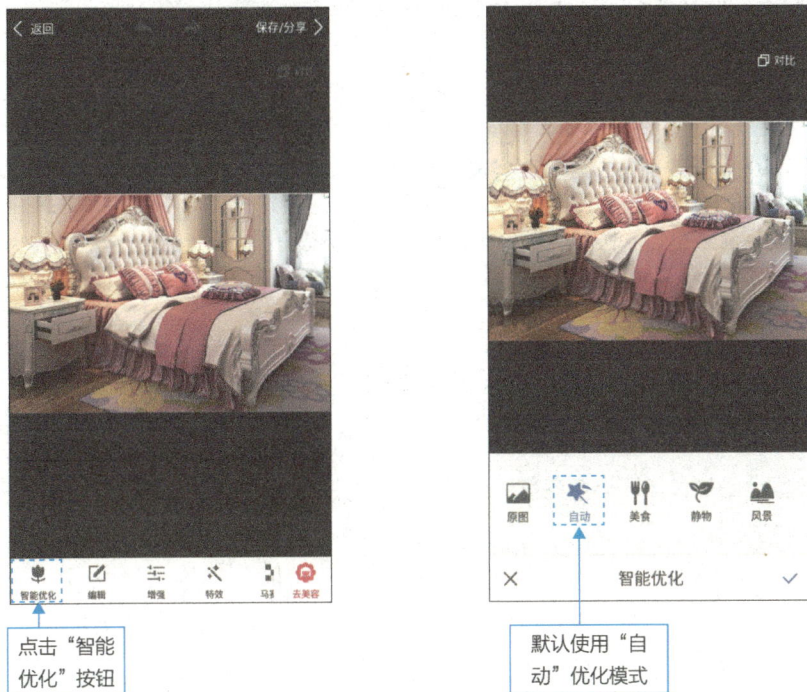

点击"智能优化"按钮

默认使用"自动"优化模式

▲ 图 2-114 智能美化酒店照片

> 💡 **专家提醒**
>
> 　　在处理图片时，可以对图片稍作修改，但是不可有过分处理，毕竟真实的才是最好的，只有酒店质量真正提高了，酒店的间夜量才能提高。

4. 常见问题

（1）上传图片需要审核吗？

上传的图片会有专职团队负责审核。若商家图片上传后超过 2 个工作日没有审核生效，需联系业务经理或者反馈给商服。

（2）删除图片、设置首图和更换图片的分类需要审核吗？

不需要。除了上传需要审核，其他编辑操作均可直接生效。

（3）为什么上传成功后的照片和拍摄的尺寸不一样？

通常，系统默认的图片长宽比为 4∶3；若商家对默认剪裁效果不满意，可在上传前重新剪裁。

（4）如果商家在使用过程中遇到问题怎么办？

如果在使用过程中遇到问题，可以联系业务经理或反馈给商服。

（5）能直接上传首图吗？

不能。需要先上传一张图片，然后再把图片设置成首图。

2.4 预留房：协助商家销售库存

预留房业务是为了协助商家销售库存，与美团签订预留房业务合作。

2.4.1 预留房如何设置

酒店商家可以通过 PC 端和移动端，随时进行预留房管理。

1. 通过 PC 端管理预留房

下面介绍通过美团酒店商家后台 PC 端进行房态修改、批量房态管理以及房态查询的操作方法。

（1）房态修改

进入美团酒店商家后台，在左侧导航栏选择"房态管理"选项进入其页面，选择需要管理的门店和日期，如图 2-115 所示。

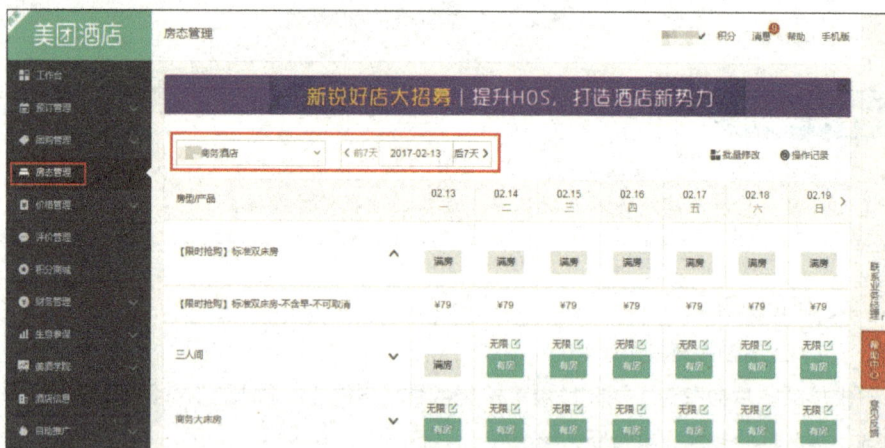

▲ 图 2-115 "房态管理"页面

- 关房操作：酒店满房无法接待顾客时，单击"有房"变为"满房"，完成关房操作，如图 2-116 所示。

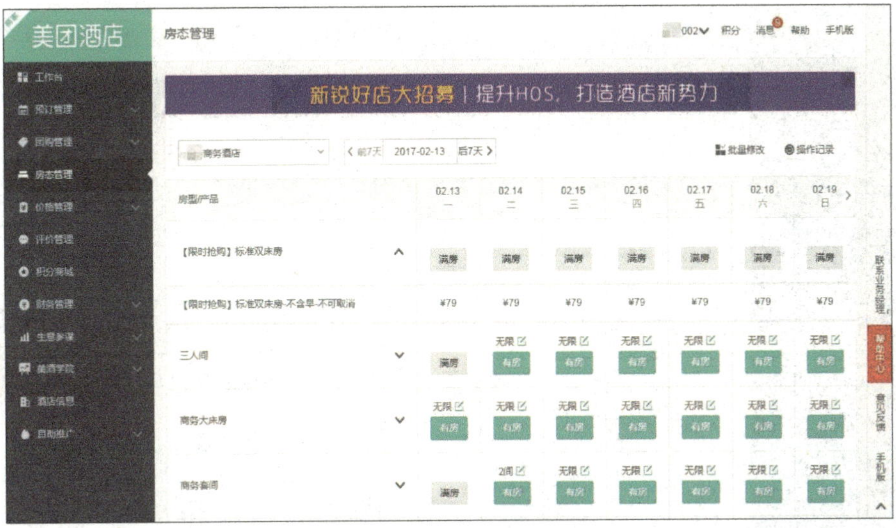

▲ 图 2-116 关房操作

- 开房操作：酒店有房间可接待顾客时，可以单击"满房"变为"有房"，完成开房操作，如图 2-117 所示。

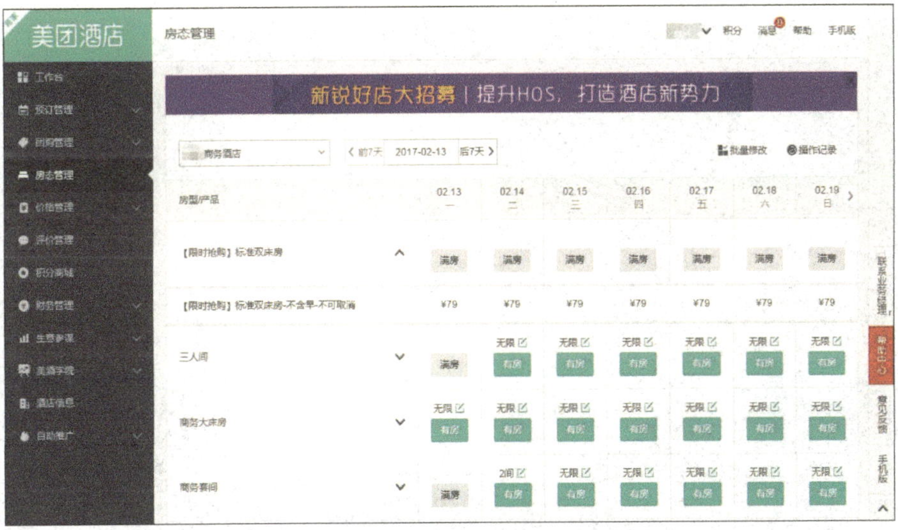

▲ 图 2-117 开房操作

（2）批量房态管理

批量房态管理的具体操作方法如下。

步骤 ❶ 进入美团酒店商家后台，在左侧导航栏选择"房态管理"选项进入其页面，选择需要管理的门店，单击"批量修改"按钮，如图 2-118 所示。

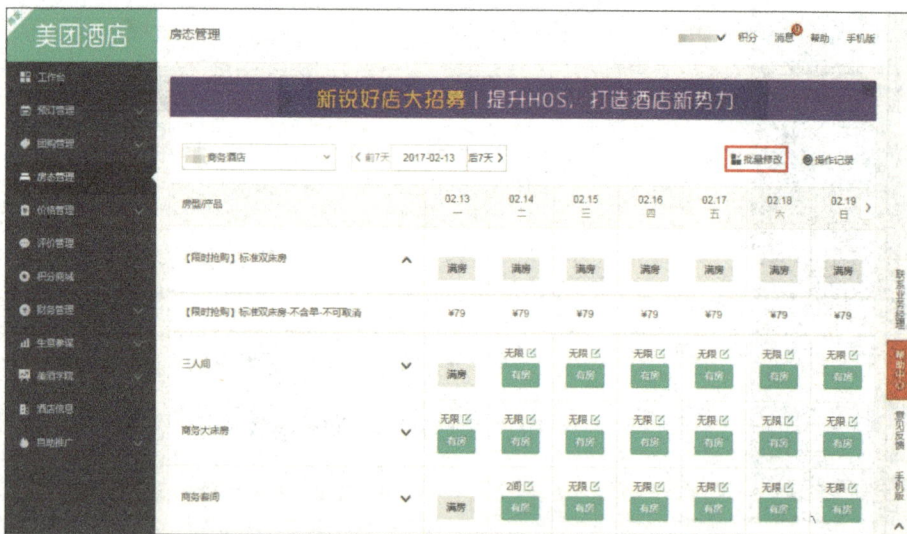

▲ 图 2-118　单击"批量修改"按钮

步骤 ② 弹出"批量修改房态"对话框，选择房型、日期、具体操作"设置开房"/"设置关房"，单击"确认"按钮保存设置即可，如图 2-119 所示。

▲ 图 2-119　"批量修改房态"对话框

（3）房态查询

- 特定门店房态查询：选择特定的门店。
- 特定时间查询：选择一个 7 天的时间周期，如图 2-120 所示。

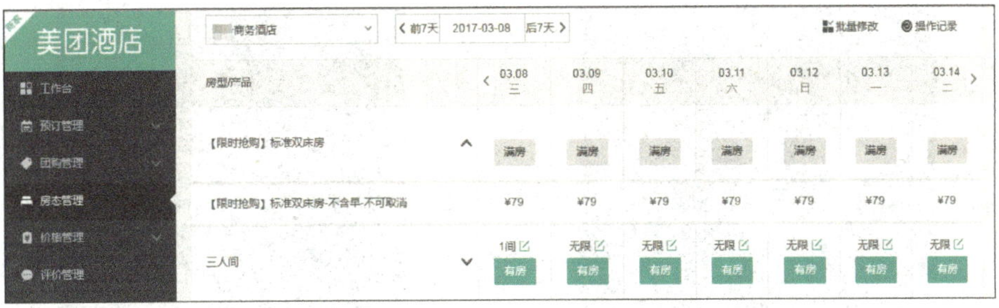

▲ 图 2-120　特定时间的房态查询

2. 通过移动 APP 管理预留房

通过美团酒店商家 APP 管理预留房的具体操作方法如下。

步骤 1 打开美团酒店商家 APP，点击"房态管理"按钮，如图 2-121 所示。

步骤 2 进入"房态管理"界面，选择要查询的门店、时间、房型产品，如图 2-122 所示。

▲ 图 2-121　点击"房态管理"按钮

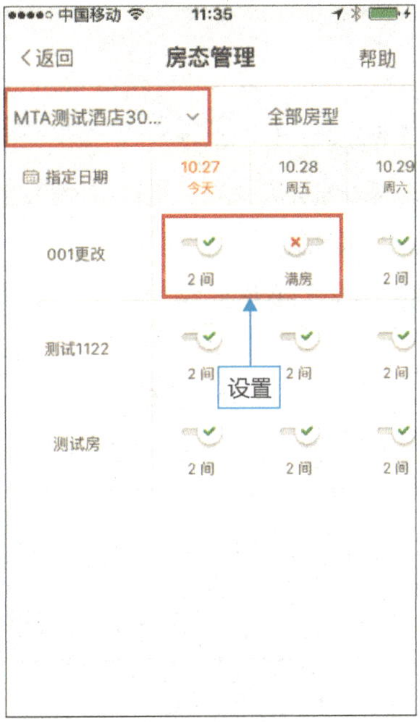

▲ 图 2-122　"房态管理"界面

步骤 3 选择好房型产品后，商家即可管理房态，点击房型产品即可进行"开房"或"关房"操作，如图 2-123 所示。

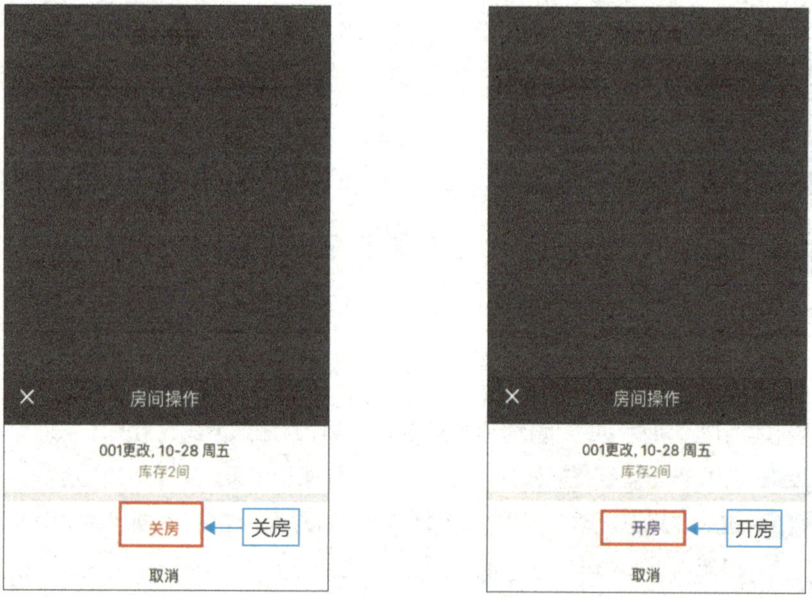

▲ 图 2-123 "房间操作"界面

2.4.2 客房状态的管理与常见问题

房态即客房状态，是对客房占用情况的一种描述。商家可以及时掌握酒店房态信息，根据房态接待顾客。有房时开房，满房时及时关房，既能节约商家与顾客的时间又能避免遭到顾客投诉。

（1）预留 N 间有房：表示在售的预留房库存数量，可进行关房操作。

（2）满房：表示目前预留房售完，已关房，可进行开房操作。

（3）房型名称后有"暂停售卖"标识：表示此房型还没有上线售卖，如需上线售卖可联系业务经理。

在客房状态的管理过程中，常见问题及解决方式如表 2-1 所示。

表 2-1 房态管理的常见问题及解决方式

常见问题	解决方式
预留房到了最晚保留时间 20：00 后，仍然不可关房？	正常情况下商家可以关房； 商家核对是否真实操作为当天房态； 联系业务经理查看后台设置的最晚保留时间是否为 20：00，如设置时间没有问题则由业务经理协助处理。

续表

常见问题	解决方式
预留房到了最晚保留时间 20：00 后，不自动关房？	预留房到了最晚保留时间，需要商家对房态进行操作； 如果有剩余库存，则继续售卖。
预留房库存售完了，商家仍然不可以操作关房？	正常情况下商家可以关房； 商家核对是否真实操作为当天房态； 联系业务经理查看后台库存是否显示为 0，如显示库存为 0，则由业务经理协助处理。
合同是否可以修改？	各个城市可根据城市自身情况，进行修改。
预留房库存是否可以增减？	可以在 MTA 中批量修改库存，只可增加，不可减少。
连住订单，是否扣除接下来的库存？	是的，按照实际入住间夜扣除每天的库存。
预留房锁定后，商家是否可以随意开关房？	商家不可操作房态，只有到达设置的最晚保留时间时，商家才可操作房态。
同一房型，用户要订当天的两个间夜，但剩余预留房库存只有 1 个，用户还可以定吗？	如是开超售状态，用户即可预订，生成 1 个预留房订单，1 个超售订单；如没有开超售，用户是没办法预订的，只可预订 1 间。
预留房锁定，如果设置最晚保留时间为 20：00，20：00 以后是否可以操作房态？	到了设置的最晚保留时间，商家即可操作房态。
预留房锁定后，谁可以关房？	业务经理、商服、客服、预定中心可以进行关房操作。
预留房的订单是手工确认，还是即时确认？	目前所有的订单确认方式都是手工确认。

2.5 轻松处理预订订单

　　预订订单管理为商家提供接单、确认入住、订单查询等功能，帮助商家及时处理消费者订单，如图 2-124 所示。用户下单后，商家点击"接受"按钮，用户成功入住后点击"确认入住"按钮，即完成预订订单管理。商家可随时通过 PC 端或手机端对订单进行操作。

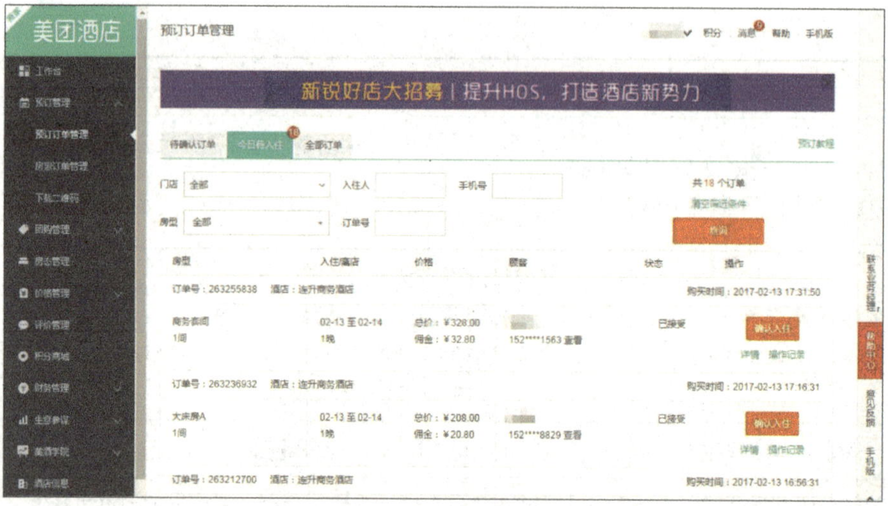

▲ 图 2-124 "预订订单管理"界面

2.5.1 新增预订订单提醒功能

新增预订订单提醒功能主要有以下 3 种提醒方式，如图 2-125 所示。

▲ 图 2-125 新增预订订单提醒功能

（1）左侧功能导航栏："预订管理"功能键右上方红色圆点，点击右侧的倒三角，再点击"预订订单管理"进入管理页面。

（2）基本信息区："消息"按钮出现下拉菜单"您有 × 个预订新订单需要处理"，点击则进入管理页面。

（3）导航详情区：展示待确认订单详情，点击右上方的三角箭头进入管理页面。

当有新的预订订单时，还会通过计算机进行语音提示："美团，来订单了"。

另外，商家也可以进入 APP 端商家后台首页的"订单管理"界面，在右上方会显示红色圆点，同时手机语音提示："美团，来订单了"。

2.5.2　待确认订单的查询与处理

待确认订单的处理方法如下。

步骤① 进入"待确认订单"页面后，默认展示最近的新增待确认订单详情，如图2-126 所示。

步骤② 了解预订订单详情后，单击操作项目中的"接受"按钮，即可完成操作。

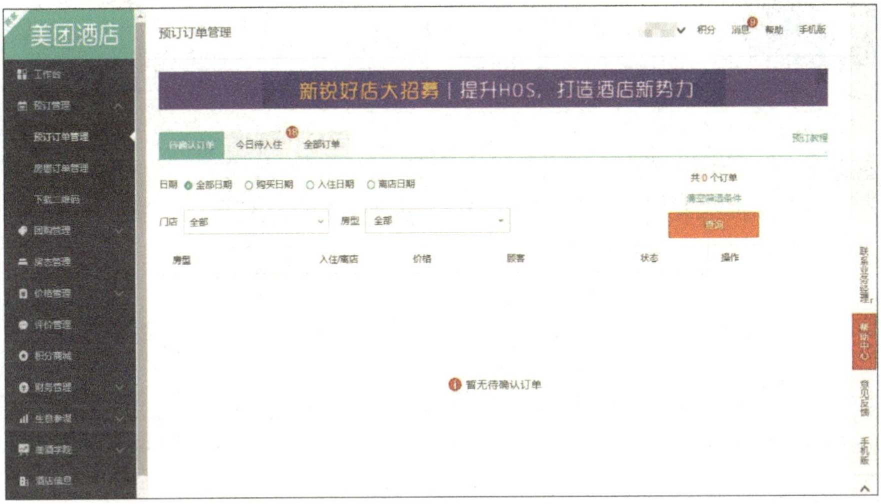

▲ 图 2-126　待确认订单的处理

步骤③ 在"操作"项目中可了解订单详情及操作记录。

待确认订单的查询方法如下。

步骤① 可以通过"购买日期""入住日期""离店日期"3 个维度进行查询。

步骤② 选择特定门店后点击查询即可获得订单详情列表。

2.5.3　今日待入住的查询与处理

今日待入住的处理方法如下。

步骤① 单击"今日待入住"按钮切换至该页面，默认展示最近新增待入住详情。

步骤② 客户入住后，核对详情信息后单击操作项目中"确认入住"按钮，如图2-127 所示。

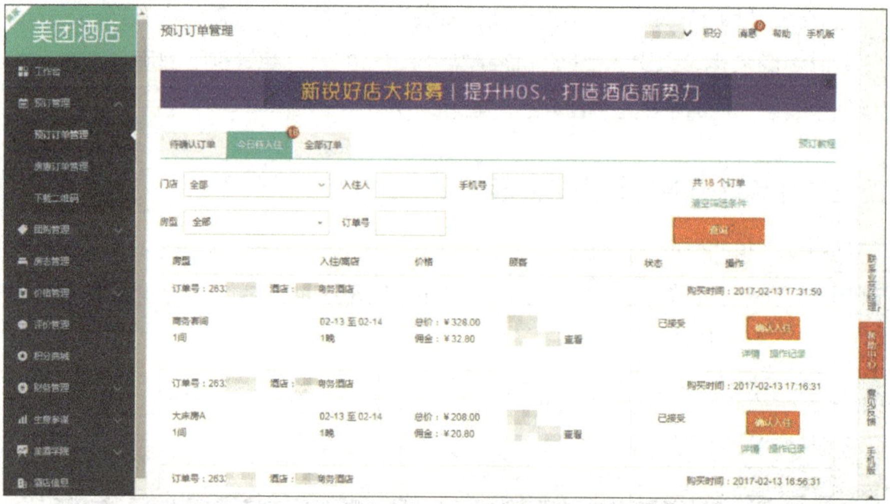

▲ 图 2-127 今日待入住的处理

步骤 3 在"操作"项目中可了解订单详情及操作记录。

今日待入住的查询方法为：通过门店、房型、入住人信息、订单号等查询订单详情。

2.5.4 管理酒店的全部订单情况

图 2-128 所示为美团酒店商家 PC 端的"全部订单"页面，管理酒店的全部订单情况的方法如下。

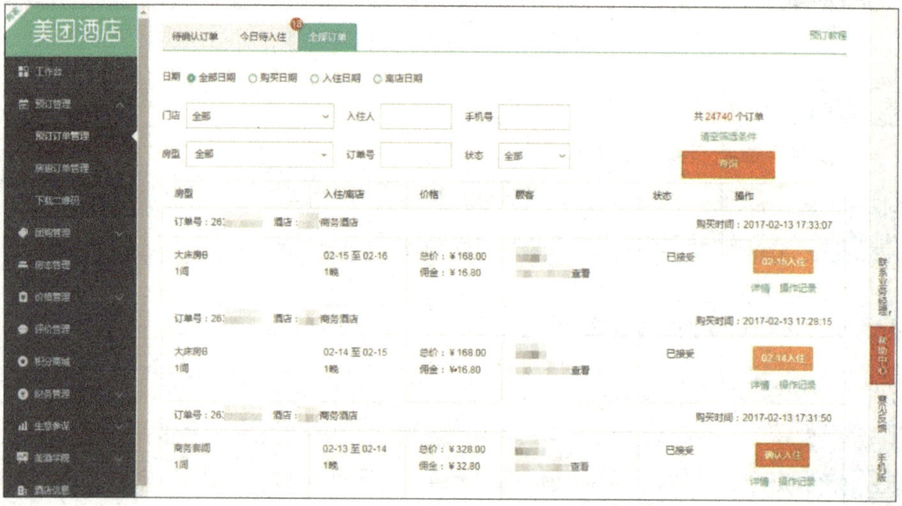

▲ 图 2-128 PC 端"全部订单"页面

（1）订单状态详情查询：点击"状态"菜单，可以查询不同状态下的订单详情，包含"新单""首次拒绝""已拒绝""已取消""已接受""已消费""已退款"等类型。

（2）日期查询：根据购买日期、入住日期、离店日期，查询对应的订单详情。

（3）门店、房型、入住人信息、订单号查询：查询特定条件下的订单详情。

另外，商家也可以通过 APP 端管理订单，如图 2-129 所示。

（1）在"待确认"列表中确认新增订单信息。

（2）在"待入住"列表中确认客人入住信息。

（3）在"已取消""全部"列表中查询所有的订单详情。

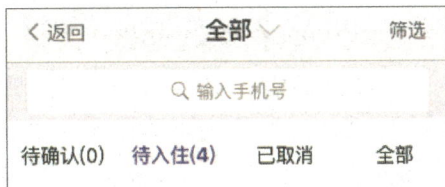

▲ 图 2-129　APP 端"全部"订单页面

2.6　财务结算：了解规则与流程

酒店的应收账款的结算必须严格执行结算原则和结算纪律。对此，美团点评制定了一系列的结款规则，帮助商家更好、更快地做好财务工作。

2.6.1　了解结款规则

下面介绍各种酒店业务的结款规则。

（1）预订业务：每自然周（周一至周日）为一个结算账期；商家确认或系统自动确认后的 2 ~ 4 个工作日内付款，如遇到节假日，付款日期会顺延。订单结算以离店日期为准计入账单。

（2）直连业务：每自然月（第 1 天至月底最后 1 天）为一个结算账期；双方确认金额后，2 ~ 4 个工作日打款给商家，如遇到节假日，付款日期会顺延。订单结算以离店日期为准计入账单。

（3）团购业务：每自然周（周一至周日）为一个结算账期；商家确认或系统自动确认后的 2 ~ 4 个工作日内付款，如遇到节假日，付款日期会顺延。订单结算以团购券消费日期计入账单。

下面列出了财务结算的相关问题与解决方法。

（1）打款驳回 / 付款失败有哪些原因？

● 银行账号不存在或者账号有误。

● 开户行、支行、开户名信息有误。

- 银行信息误填为信用卡、支票账户或存折信息。

- 银行卡已销卡或挂失。

- 卡号与开户名不匹配。

  以上信息如有误，可联系业务人员进行修改。

  （2）如何查询直连发票申请进度？

  如有相关问题可联系业务经理查看物流信息进度。

  （3）如何申请预订佣金发票？

  如有相关问题可联系业务经理。

  （4）结算周期修改后，如何生效？

- 日结变为周结：新的账期从周一到周日开始，中间过渡期按照原有账期生成日结账单。

- 周结变为月结：新的账期从月初 1 号开始，过渡账期不足一周的会生成一个单独的账单。

- 月结变周结：新的账期从周一到周日，修改时间的已出账账期不变。

  （5）付款差异如何解决？

- 对账差异，提供账单内差异，如订单号 / 券号，给业务经理 / 商服。

- 付款差异，提供账期 / 金额，给业务经理 / 商服。

- 发票差异，提供账期 / 金额，若有发票号提供发票号，给业务经理 / 商服。

2.6.2　查看对账数据

对账数据主要包括以下 3 类。

（1）预订账单：商家需每周一至周三，通过 E-booking 商家后台进入"财务管理"页面选择"预订业务"核对并确认上周账单，若未确认，周四系统将自动确认。

（2）直连账单：商家需每月第 1 个工作日至月底前，通过 E-booking 商家后台进入"财务管理"页面选择"财务数据"，对相应账期的账单进行核对及确认，确认后系统会生成结算单。

（3）团购账单：商家可通过 E-booking 商家后台进入"团购管理"中的"验券历史"页面选择相应时间、项目、门店，点击"查询"，即可看到周期内的券码明细。

查看对账数据的操作流程如下。

步骤 ❶　进入"对账数据"页面内，单击"团购""预订"或"房惠"标签可以查看相关的数据详情。如图 2-130 所示为团购订单的对账数据情况。

步骤 ❷　商家可以单击"下载对账单"按钮下载对账单，或者单击"确认"按钮确认账单状态。

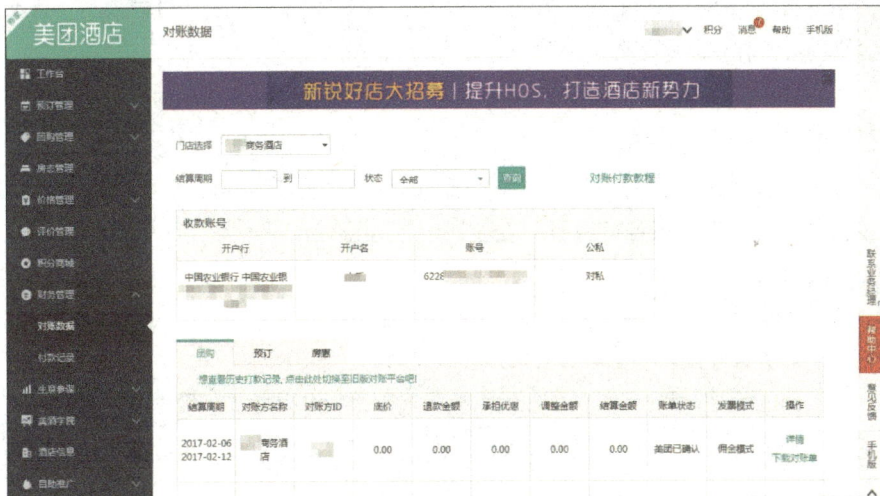

▲ 图 2-130　团购订单的对账数据情况

2.6.3　查看付款记录

查看付款记录的操作方法如下。

步骤 ① 进入"付款记录"页面，在"合作类型"列表框中选择预订、房惠或团购等业务类型，并选择付款申请日期，单击"查询"按钮。

步骤 ② 执行操作后，即可了解对应结算单的付款状态、详情和操作记录，如图2-131所示。

▲ 图 2-131　查看付款记录

账单确认后会生成结算单，审核结算单需要 1 ~ 2 个工作日。如果审核通过，商家后台则显示"待打款"状态；如果审核拒绝，商家后台则显示"打款驳回"状态，这时需要检查收款账号信息是否正确。

（1）预订、直连业务：结算单审核通过后，于 1 ~ 3 个工作日付款；若未通过，会显示"打款驳回"状态。

（2）团购业务：付款日当天，系统各项审核通过后自动付款；若逾期 1 ~ 3 日未收到款项，可通过邮件联系 hb.ka.ba@meituan.com。

> 🔘 **专家提醒**
>
> 酒店商家可以在美团酒店商家后台管理佣金发票。
>
> （1）周期：预订、直连业务按账期开具发票；团购业务开票周期需同付款周期对应，同一周期的佣金发票不可拆分。
>
> （2）查询发票进度：可以联系业务经理了解发票进度。

第 3 章

使用美团酒店商家 APP 管理酒店

学前提示

美团酒店商家 APP 是一款商家端的酒店住宿移动管理软件，专为酒店商家打造，不仅可以看到本酒店的各项数据，还能看到客户评价，商家通过它能够更好地经营自己的酒店。

要点展示

≫ 美团酒店商家 APP 的基本用法
≫ 美团酒店商家 APP 的其他功能
≫ "大象消息"公众号：及时沟通的渠道

3.1　美团酒店商家 APP 的基本用法

美团酒店商家 APP 是美团点评专门为合作商家量身打造的移动应用，帮助商家彻底摆脱计算机的束缚，实现随时随地地查看和管理与美团的合作，同时商家可以一键查看项目数据、搜寻周边同行信息、回复评价、更改房态等。

3.1.1　下载与安装美团酒店商家 APP

下面分别介绍 iPhone 手机和 Android 手机下载与安装美团酒店商家 APP 的操作方法。

1. 使用 iPhone 手机下载

使用 iPhone 手机的商家可以在 PC 端进入手机版页面，单击"iPhone 下载"按钮，进入苹果应用商店，单击"Free Download"按钮下载 iTunes，如图 3-1 所示。然后通过 iTunes 来下载和安装美团酒店商家 APP。

▲ 图 3-1　点击"Free Download"按钮

另外，商家也可以直接在 iPhone 手机上打开 Apple Store 应用商店，搜索"美团酒店商家"，即可找到相关的应用，然后点击"获取"按钮，如图 3-2 所示。执行操作后，点击"安装"按钮，如图 3-3 所示，即可自动下载与安装美团酒店商家 APP。直接使用手机下载时，应尽量在 Wi-Fi 网络下进行该操作。

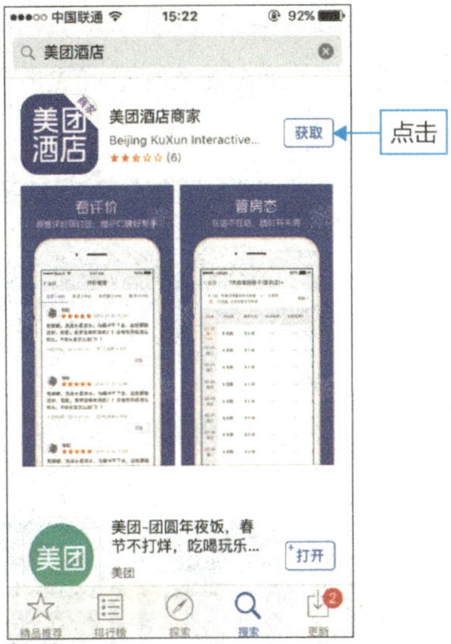

▲ 图 3-2 点击"获取"按钮

▲ 图 3-3 点击"安装"按钮

2. 使用 Android 手机下载

下面介绍几种 Android 手机常用的下载方式。

● 方法一：使用 Android 手机的商家可以在 PC 端进入手机版页面，单击"Android 下载"按钮，弹出"新建下载任务"对话框，然后设置相应的保存路径和名称，单击"下载"按钮，如图 3-4 所示。下载到计算机后，再通过数据线或其他方式传输到手机中进行安装即可。

▲ 图 3-4 通过 PC 端下载

- 方法二：使用 Android 手机扫描 PC 端页面的二维码，如图 3-5 所示。扫描成功后，即可进入下载界面，点击相应的下载按钮，即可下载与安装美团酒店商家 APP，如图 3-6 所示。

▲ 图 3-5　扫描二维码

▲ 图 3-6　下载界面

- 方法三：在 Android 手机上打开应用商店，然后搜索"美团酒店商家"，如图 3-7 所示。在搜索结果列表中找到美团酒店商家 APP，点击右侧的"安装"按钮即可，如图 3-8 所示。

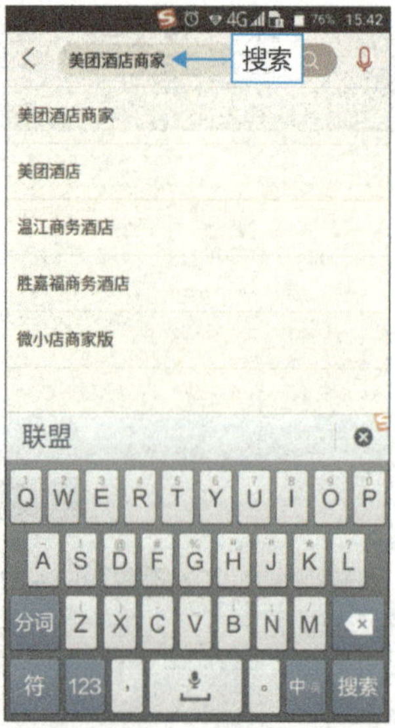

▲ 图 3-7　扫描二维码

▲ 图 3-8　下载界面

3.1.2　登录美团酒店商家 APP

　　下载并安装美团酒店商家 APP 后，商家还需要进行登录操作，才能使用美团酒店商家 APP 管理酒店。打开美团酒店商家 APP，进入登录界面，输入管理员账号或门店账号以及密码，并点击"登录"按钮，如图 3-9 所示。执行操作后，即可登录美团酒店商家 APP，如图 3-10 所示。

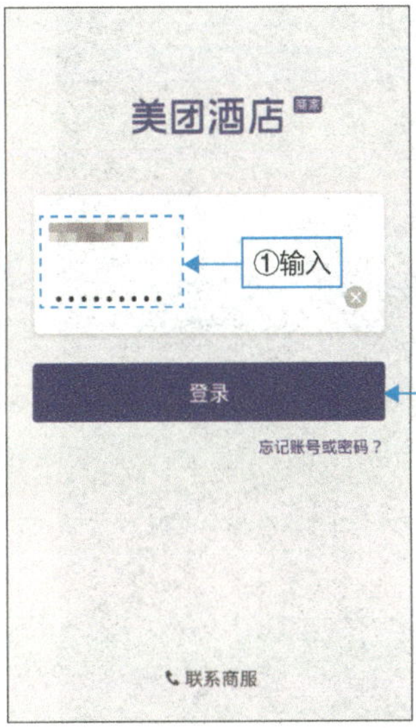

▲　图 3-9　点击"登录"按钮 　　　　　▲　图 3-10　登录美团酒店商家 APP

　　如果商家忘记账号或密码，也可以通过美团酒店商家 APP 来找回账号或密码。在登录界面点击"忘记账号或密码？"，在弹出的菜单中选择相应的选项，如图 3-11 所示。例如，选择"找回账号"后，根据提示进行操作即可，如图 3-12 所示。

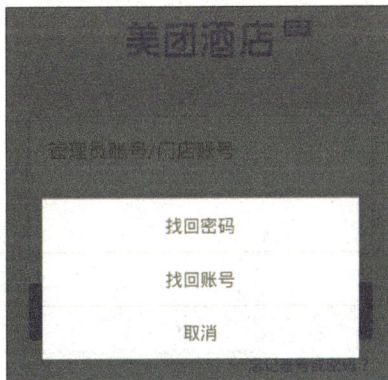

▲　图 3-11　弹出操作菜单 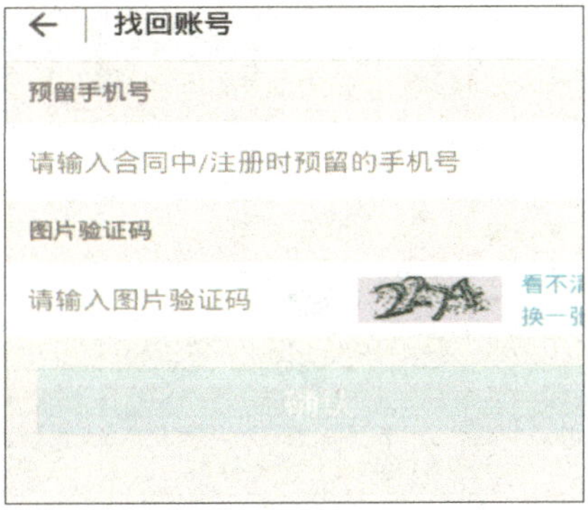　　　　　　▲　图 3-12　"找回账号"操作界面

3.1.3 验券：团购券、二维码手机快速验证

商家可以通过美团酒店商家 APP 快速验证团购券、二维码等，在主界面点击"验证美团券"按钮进入其界面，输入 12 位美团券密码，点击"验证"按钮即可，如图 3-13 所示。商家也可以点击左下角的"扫码验证"按钮，将二维码放入取景框中即可自动扫描，完成验证操作，如图 3-14 所示。

▲ 图 3-13 "验证美团券"界面

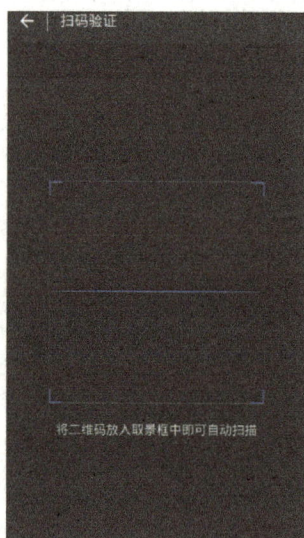

▲ 图 3-14 扫码验证

在"验证美团券"界面点击右上角的"验券历史"按钮进入其界面，商家可以通过手机 APP 查询相应时间段的验券历史信息，如图 3-15 所示。

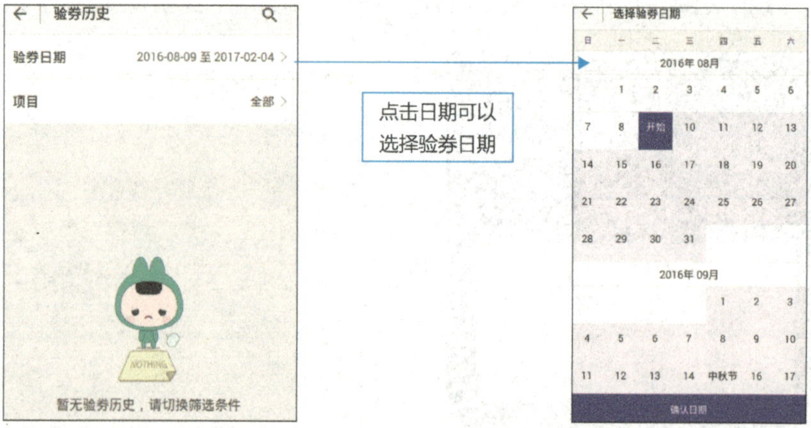

▲ 图 3-15 查询验券历史

3.1.4 接单：不在计算机旁，手机也能接订单

即使商家不在计算机旁边，也可以使用手机 APP 随时随地地接受订单，如图 3-16 所示。商家可以通过 APP 中的"订单管理"等功能，在手机上收到"新订单通知"，打开后点击"接受"按钮即可。消费者入住当天，商家在"待入住"中，选择"确认入住"即可，无需验券。

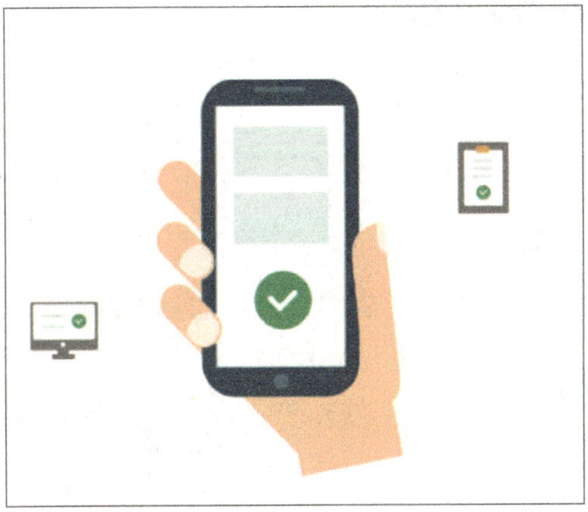

▲ 图 3-16　通过手机 APP 可以随时随地地接单

需要注意的是，商家办理用户入住后切记点击"确认入住"按钮，避免客户取消订单，造成损失。

3.1.5 看评价：及时回复顾客评价，维护口碑好帮手

使用美团酒店商家 APP，可以随时随地地查看和回复用户对酒店的评价，如图 3-17 所示。

▲ 图 3-17　通过手机 APP 看评价

在主界面点击"评价管理"按钮，如图 3-18 所示。进入"评价管理"界面，可以查看总体评价、设施、服务、卫生、位置等评分，以及处理和回复差评，如图 3-19 所示。

▲ 图 3-18　点击"评价管理"按钮

▲ 图 3-19　"评价管理"界面

如果商家担心差评影响信誉及用户购买，处理技巧如下。

- 若商家觉得用户评价中有不实、不好或者待处理的内容，可在回复中直接作出解释，其他消费者会根据商家与用户双方的评价自行判断，如图 3-20 所示。

▲ 图 3-20　在回复中直接作出解释

- 同时平台有自己的评价审核系统，如确实有恶意差评存在，平台会进行处理；如只对个别评价有疑问，出于对消费者的尊重，目前暂不受理修改或删除。
- 如因评价分数过低希望删除，暂时无法受理。
- 另外，对于不良用户的恶意差评，酒店商家可以通过录音通话、聊天截图等形式搜集证据，并通过电话联系商家客服，提交证据。需要注意的是，证据内容的附件大小不要超过 10M。

> **💡 专家提醒**
>
> 对于用户评价，系统会进行自我诊断，判断是否为恶意差评，判断依据如下。
> ·评价或图片带有政治敏感信息及违反我国法律法规的。
> ·评价或图片侵犯他人合法权益的。
> ·评价中包含不文明的文字，未被**替换的。
> ·评价或图片可明显判断是评错品类。
> ·评价或图片本身可判断是垃圾内容、灌水信息。
> ·可以提供确凿证据证明来自竞争对手的恶意评价。
> ·评价或图片带有色情或淫秽字眼。
> ·团购订单或预付订单已操作全额退款可删除评价（如商家来电已明确说明可做操作；如未说明不建议引导商家为消费者退款）。
> 除此以外，平台不受理其他任何有关删除评价的商户要求。

3.1.6　查账单：账单随时查，每一笔都心中有数

手机 APP 同样具有财务管理功能，商家可以随时查账单，随时掌控酒店的财务状况，如图 3-21 所示。

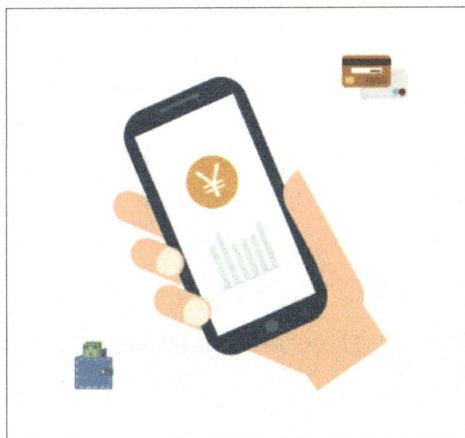

▲　图 3-21　通过手机快速查账

在主界面点击"财务管理"按钮，如图 3-22 所示。进入"财务管理"界面，可以管理预付订单、团购订单以及房惠业务的财务状况，如图 3-23 所示。

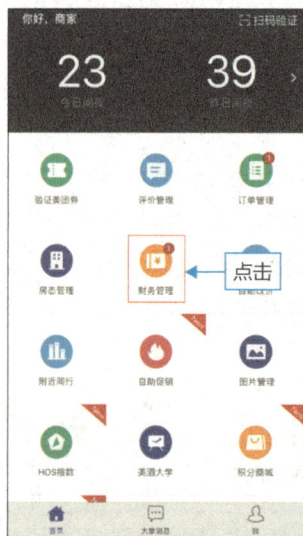

▲ 图 3-22　点击"财务管理"按钮

▲ 图 3-23　"财务管理"界面

> **专家提醒**
>
> 变更财务信息的方法如下。
> - 如需要变更银行卡信息可联系业务经理，并提供变更前及变更后的开户名、开户行支行、银行账号信息。
> - 如需要变更财务联系人信息可联系业务经理，并提供变更前及变更后的财务联系人姓名、手机号及涉及的合作业务。

3.2　美团酒店商家 APP 的其他功能

美团酒店商家 APP 还具有自助改价、资金扶持计划以及新订单推送通知等功能，酒店商家可以了解并使用这些功能，提升酒店运营能力。

3.2.1　使用自助改价功能

使用美团酒店商家 APP 自助改价功能的具体步骤如下。

步骤 ❶ 在美团酒店商家 APP 主界面点击"自助改价"按钮，如图 3-24 所示。

步骤 ❷ 进入"自助改价"界面，可以修改预订和团购订单价格，如图 3-25 所示。

▲ 图 3-24　点击"自助改价"按钮

▲ 图 3-25　"自助改价"界面

步骤 3　点击"改价免审"按钮，查看改价免审须知，商家可以开启改价免审功能，这样自助改价时无须审核，即可自动生效，如图 3-26 所示。

步骤 4　进入"团购"界面，选择相应的团购业务，如图 3-27 所示。

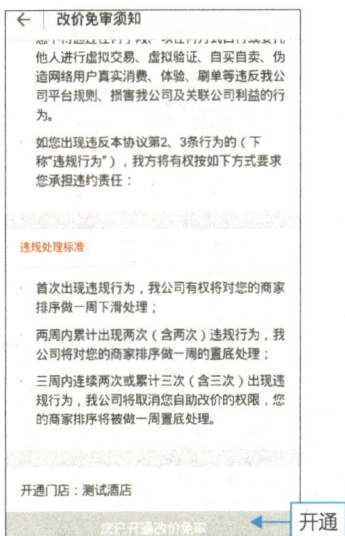

▲ 图 3-26　改价免审须知

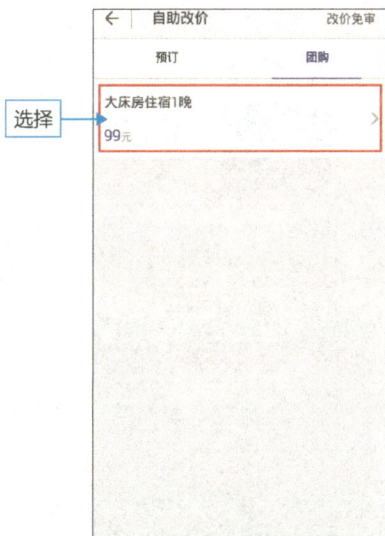

▲ 图 3-27　选择相应的团购业务

步骤 5　进入"填写价格"界面，点击"美团价"按钮，如图 3-28 所示。

步骤 6　进入"输入价格"界面，输入新的团购价格，如图 3-29 所示。

▲ 图 3-28　改价免审须知

▲ 图 3-29　选择相应的团购业务

步骤 ⑦ 点击"保存"按钮，即可修改团购价格，并重新计算结算价和折扣率，如图 3-30 所示。

步骤 ⑧ 点击"改价答疑"按钮进入其界面，可以查看改价相关的问题与回答，如图 3-31 所示。

▲ 图 3-30　修改团购价格

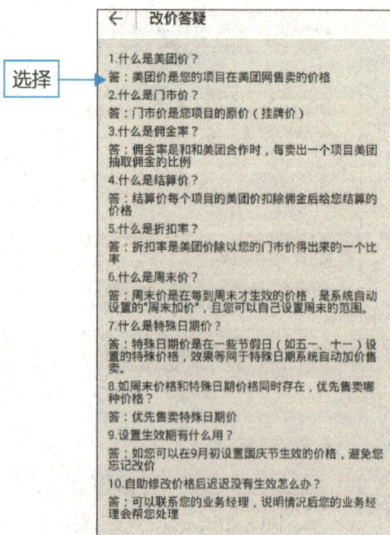

▲ 图 3-31　"改价答疑"界面

步骤 ⑨ 点击"添加周末价格"按钮进入"设置周末价"界面，商家可以设置周末日期和美团价，点击"保存"按钮保存即可，如图 3-32 所示。添加成功后，点击前面的"－"号即可删除相应的周末价。

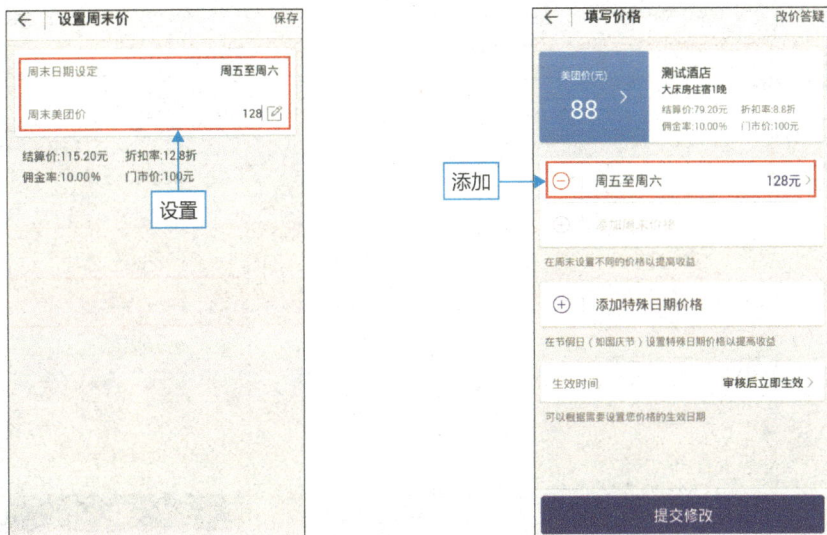

▲ 图 3-32　添加周末价格

步骤 ⑩ 点击"添加特殊日期价格"按钮进入"设置特殊日期价"界面，如图 3-33 所示。

步骤 ⑪ 点击"选择日期"按钮可以设置日期时间，如图 3-34 所示。

▲ 图 3-33　"设置特殊日期价"界面

▲ 图 3-34　设置日期时间

步骤 ⑫ 设置相应的开始日期、结束日期，并填写特殊日期价，如图 3-35 所示。

步骤 ⑬ 点击"保存"按钮可以添加特殊日期价格，如图 3-36 所示。

▲ 图 3-35 设置特殊日期和价格

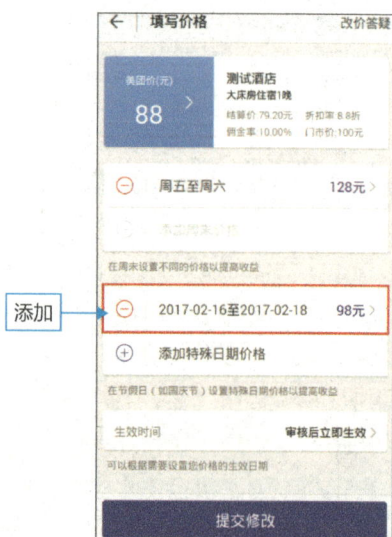

▲ 图 3-36 添加特殊日期价格

步骤 ⑭ 点击"生效时间"按钮进入"生效时间设置"界面，默认选择的是"审核后立即生效"方式，如图 3-37 所示。

步骤 ⑮ 在"生效时间设置"界面点击"选择日期"按钮可以选择其他日期，如图 3-38 所示。

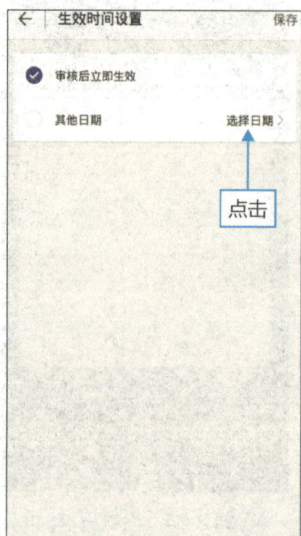

▲ 图 3-37 "生效时间设置"界面

▲ 图 3-38 选择其他日期

步骤⑯ 点击图 3-38 中的"完成"按钮修改生效方式为"其他日期",如图 3-39 所示。

步骤⑰ 点击图 3-39 中的"保存"按钮即可修改价格生效时间,如图 3-40 所示。点击"提交修改"按钮,即可保存所有的价格修改设置。

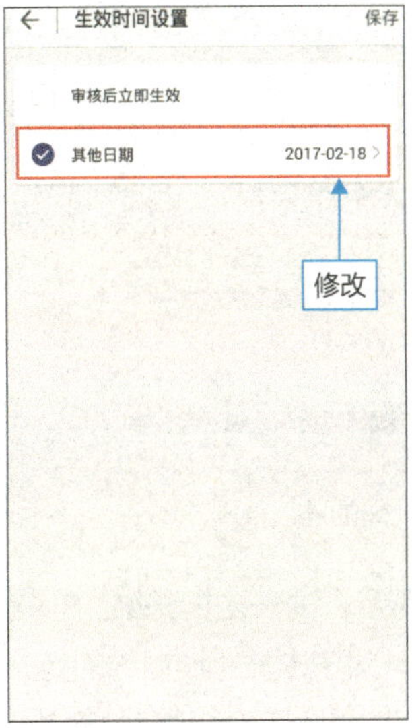

▲ 图 3-39 修改生效方式

▲ 图 3-40 修改价格生效时间

3.2.2 参与美团商家资金扶持计划

美团商家资金扶持计划是美团专为合作商家量身打造的解决资金难题的金融方案,如图 3-41 所示。

▲ 图 3-41 美团商家资金扶持计划

美团商家资金扶持计划可以帮助中小商户快速成长，让美团商家快速获取融资、轻松理财。当然，该计划还有一定的门槛，其准入条件如图 3-42 所示。

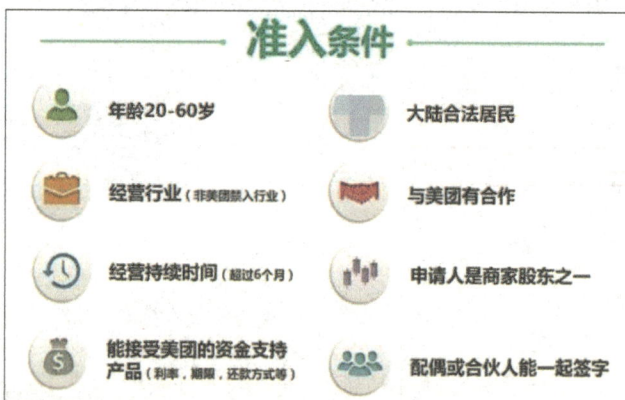

▲ 图 3-42　美团商家资金扶持计划的准入条件

参与美团商家资金扶持计划的优势如图 3-43 所示。对于被主动邀约的商家来说，可以立即通过 PC 端商家后台或者 APP 申请贷款；对于未被主动邀约的商家来说，可以在 APP 中提交相应信息申请参与美团商家资金扶持计划，以便提前受邀。

▲ 图 3-43　美团商家资金扶持计划的优势

申请前，商家需要提供身份证、营业执照、近一年的营业额账单、房屋租凭合同等材料。通过美团酒店商家 APP 参与美团商家资金扶持计划的具体操作如下。

步骤 ① 在美团酒店商家 APP 主界面点击"我的"按钮进入其界面，点击"借钱"按钮，如图 3-44 所示。

步骤 ② 进入"美团商家资金扶持计划"界面，提示用户填写相应信息，如图 3-45 所示。

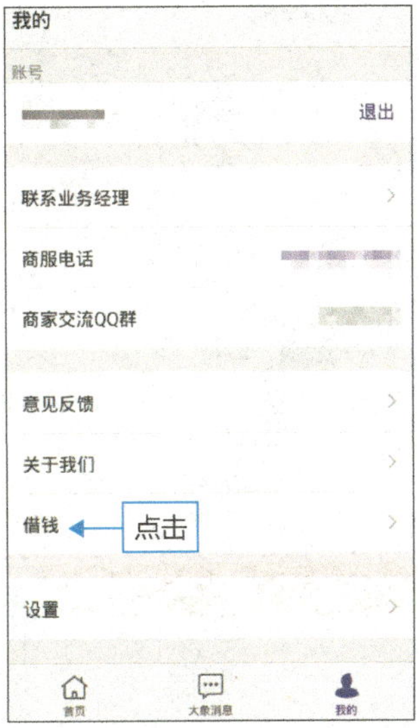

▲ 图 3-44　点击"借钱"按钮

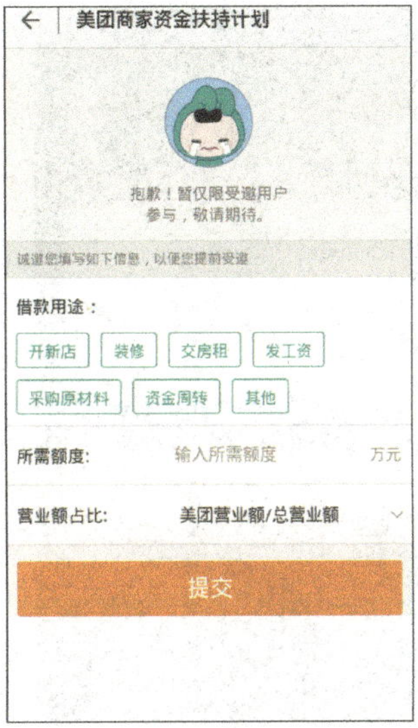

▲ 图 3-45　"美团商家资金扶持计划"界面

步骤 ③ 在"借款用途"选项区中可以设置借款用途（可多选），如图 3-46 所示。

步骤 ④ 在"所需额度"文本框中输入借款金额（万元），如图 3-47 所示。

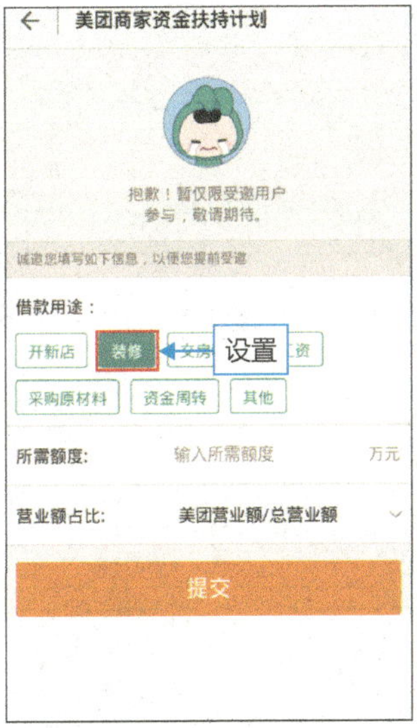

▲ 图 3-46　设置借款用途

▲ 图 3-47　输入借款金额

步骤 ⑤ 点击"营业额占比"选择正确的"美团营业额 / 总营业额"占比数据，如图 3-48 所示。

步骤 ⑥ 设置完毕后，点击"提交"按钮，即可提交信息，如图 3-49 所示。

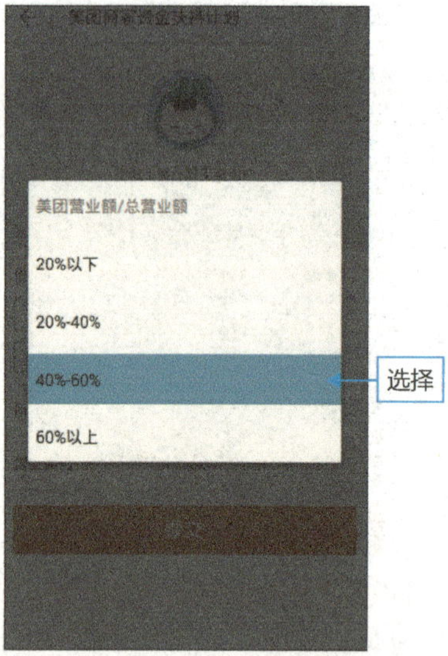

▲ 图 3-48　设置营业额占比

▲ 图 3-49　点击"提交"按钮

被主动受邀的商家申请贷款后，签约后 3 ~ 7 天资金便可到账。商家可以根据结算单自动还款，也可以提前还款，不过提前还款会收取提前还款额度 2% 的手续费。期满结清后，可以再申请，做循环贷。

专家提醒

（1）还款期限最长是多长时间？

目前最长服务期是 6 个月。

（2）额度是否可以提高？

目前最高额度是 30 万元，商家可以前期建立合作，进行信用累计，以后产品的额度和周期都会放开。

（3）什么是余额计息和等额本金？

余额计息和等额本金是指本金平摊到每个月来还，还过的部分在下个月不计算利息，利息越算越少。例如，借款 10 万元，6 个月的利息总共是 5300 元，第一个月的利息是 1500 元，第 6 个月的利息只剩下 260 元。

3.2.3　开启新订单推送通知功能

首先登录美团酒店商家 APP，并允许手机接收新消息，具体操作方法如下。

步骤 ① 在"我的"界面点击"设置"按钮，如图 3-50 所示。

步骤 ② 进入"设置"界面，允许接收新订单，依次开启"接受新订单推送通知""声音""震动"功能即可，如图 3-51 所示。

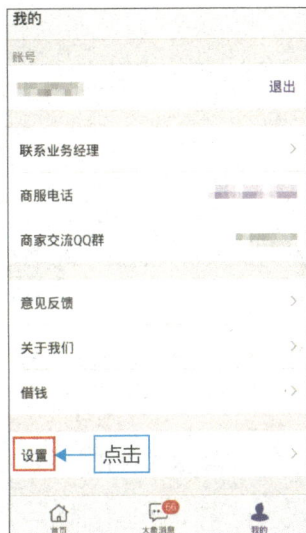

▲ 图 3-50　点击"设置"按钮

▲ 图 3-51　允许接收新订单

步骤 ③ 当收到美团订单或消息时，就会显示在手机通知栏中，如图 3-52 所示，点击该消息即可进行相应的处理。

▲ 图 3-52　在手机通知栏中显示消息通知

3.3　"大象消息"公众号：及时沟通的渠道

美团酒店商家 APP 专门开辟了一个"大象消息"公众号频道，用来和商家进行全方位的沟通和互动，方便商家及时了解各种信息。

3.3.1　快速联系业务经理

快速联系业务经理有以下两种方法。

（1）在美团酒店商家 APP 主界面，点击底部的"大象消息"按钮进入其界面，该界面最上方便是业务经理的联系方式，点击该栏即可进入聊天窗口，通过文字、语音、图片等形式与业务经理进行沟通，如图 3-53 所示。

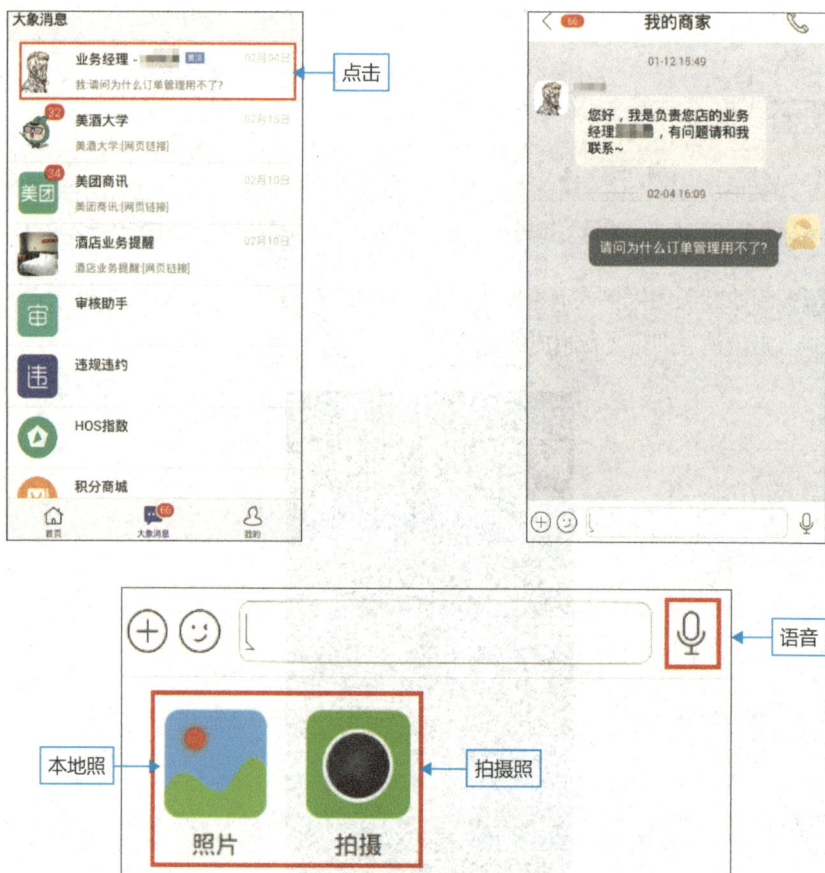

▲ 图 3-53　快速联系业务经理（1）

（2）在美团酒店商家APP主界面，点击底部的"我的"按钮进入其界面，点击"联系业务经理"按钮进入其界面，可以看到业务经理的姓名和电话信息，选择相应的业务经理，即可快速拨打业务经理的电话，如图 3-54 所示。

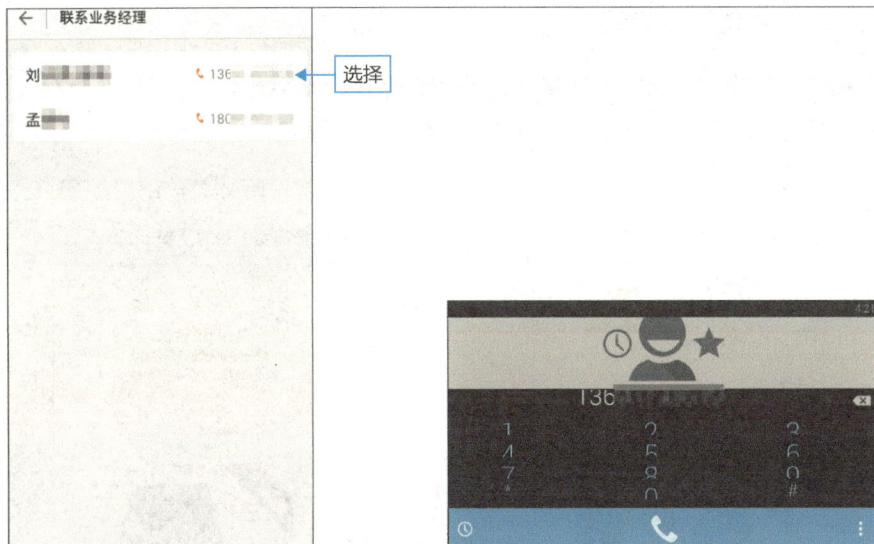

▲ 图 3-54　快速联系业务经理（2）

3.3.2　酒店业务提醒功能

在"大象消息"界面点击"酒店业务提醒"按钮，进入"酒店业务提醒"公众号界面，如图 3-55 所示。点击相应的消息标题即可查看具体的内容，如图 3-56 所示。

▲ 图 3-55　"酒店业务提醒"界面

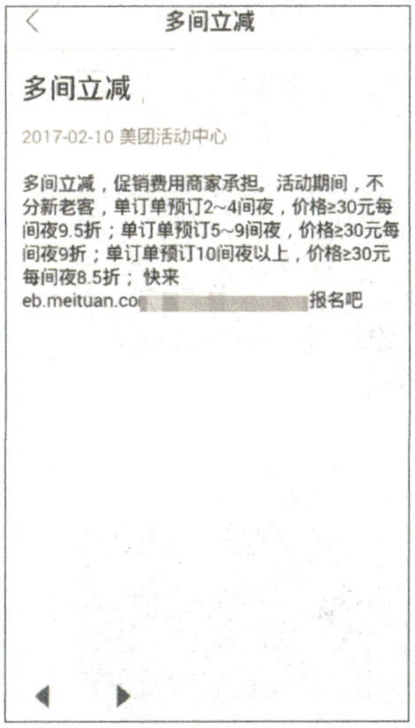

▲ 图 3-56　查看具体的内容

3.3.3 查看美酒大学消息

在"大象消息"界面点击"美酒大学"按钮进入该公众号界面，如图 3-57 所示。点击相应的消息标题即可查看具体的内容，如图 3-58 所示。

▲ 图 3-57 "美酒大学"消息界面

▲ 图 3-58 查看具体的消息内容

点击"美酒大学"消息界面右上角的 图标，如图 3-59 所示，进入"详细资料"界面，可以在此开启"新消息提醒"功能，如图 3-60 所示。

▲ 图 3-59 点击 图标

▲ 图 3-60 "详细资料"界面

3.3.4 查看美团商讯

"美团商讯"公众平台主要发布一些商家促销活动和广告功能相关的消息，点击相应的消息标题即可查看具体的内容，如图 3-61 所示。

▲ 图 **3-61** "美团商讯"公众平台及相关消息内容

3.3.5 查看其他公众号信息

其他系统信息包括审核助手、违规违约、HOS 指数以及积分商城等公众号，如图 3-62 所示，点击相应公众号可查看具体消息。

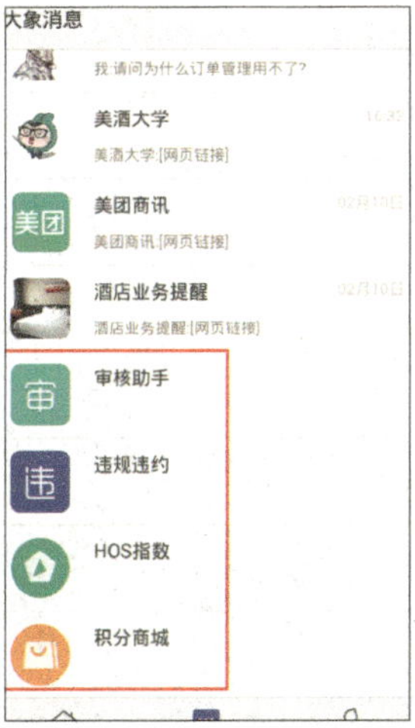

▲ 图 **3-62** 其他公众号类型

107

第4章

遵守平台规则，实现公平公正共赢

学前提示

俗话说，"无规矩不成方圆"。在互联网电子商务时代，这句话也同样适用，而且其中的规矩更加重要。在美团点评平台上，酒店商家只有遵守平台规则、杜绝虚假交易，才能实现公平公正共赢。

要点展示

>>> 酒店商户虚假交易管理办法
>>> 酒店信息的录入规范
>>> 商家酒店的排序规则

4.1 酒店商户虚假交易管理办法

2016 年 8 月 4 日，美团点评出台了《酒店商户虚假交易管理办法》，对刷单、作弊等违规违约商户进行了处理规范，开通了商服申诉热线，同时还增加了更为严格的商户处罚措施。

《酒店商户虚假交易管理办法》的主要内容如下。

1. 违规违约处罚目的

为保障商户与消费者合法权益，维护平台正常经营秩序，实现商户规范化运营，根据国家法律法规及《美团网服务合同》等，制定本办法。

2. 虚假交易的定义

虚假交易是指由商户发起、参与的或委托、唆使、怂恿、联合他人进行的与其门店相关的，以获取虚假的销量、排名、评价、评分，或以套取美团点评的优惠补贴为目的，制造并未有真实客人到店消费的虚假订单的各种行为。订单不涉及美团点评补贴，为刷单；涉及美团点评补贴，则为作弊。

3. 违规违约管理办法适用范围

本办法适用于酒店品类的所有合作商户。

4. 虚假交易行为及说明

（1）虚假交易行为的内容（包括但不仅限于）

① 商户自行或组织他人发起或参与与其门店相关的虚假购买行为；

② 消费的订单超出商户的合理可接收范围；

③ 以虚假交易为目的修改商品价格信息；

④ 虚拟交易、虚拟验证、自买自卖、伪造网络用户真实消费、体验的行为；

⑤ 发现用户通过美团点评进行虚假交易，不及时制止也不及时向美团点评反馈的行为；

⑥ 其他通过美团点评下单并支付，但未发生真实入住 / 使用的行为；

⑦ 违反平台规定或平台实际经营者 / 管理者与商户约定的其他情形。

（2）虚假交易行为的手段（包括但不仅限于）

① 商户采用与经营者本人身份有关联的账号购买超出正常数量的商品；

② 商户使用店内设备购买超出正常数量的商品；

③ 商户利用或配合第三方，或平台实际经营者 / 管理者相关的人员实施虚假购买；

④ 商户采用不正当的技术手段模拟真实用户实施大量的虚假购买；

⑤ 违反平台规定或平台实际经营者/管理者与商户约定的其他情形。

（3）一般违规和严重违规

① 一般违规：是指除严重违规行为外的违规行为。

② 严重违规：是指（包含但不限于）商户进行虚假交易，平台通知3次后仍进行第4次虚假交易的；或者非正常订单数量超过正常订单数量，并经美团点评认定严重破坏美团点评平台经营秩序的虚假交易行为。

5. 违规处罚

如商户进行上述行为且被认定为虚假交易（包括未在约定时间进行申诉或申诉未成功的），将受到如下处罚：

① 置底和暂停售卖，其规则如图4-1所示；

违规类型	违规次数	违规处罚
一般违规	第一次	置底7日
	第二次	暂停售卖15日
	第三次	暂停售卖30日
严重违规	第一次	永久暂停售卖
	第四次一般违规	永久暂停售卖

▲ 图4-1 置底和暂停售卖的规则

② 删除虚假销量及评价：删除违规订单产生的销量、评价、评分；

③ 下线促销活动：严重违规商户、套取美团点评补贴的商户禁止参加任何酒店促销活动；扣除不正当利益。

④ 在商户结算款项中直接扣除商户因虚假交易获取的不正当利益及给美团点评造成的经济损失，若结算款不足的，有权向商户追偿；

⑤ 清偿应向美团点评支付的费用：针对商户因虚假交易已向美团点评支付的服务费/佣金等费用，美团点评无需退还；未支付部分，应向美团点评清偿。

6. 处理流程

（1）通知

商户被发现存在虚假交易行为后，将会在商户后台（网页版、APP版）违规消息一栏接收到提醒，同时美团点评酒店商服也将通过电话通知商户。自接到通知之日起，如商户继续产生虚假交易行为，即定义为二次违规。

（2）申诉

商户收到通知后需在 3 个工作日内拨打商服热线 4006601065 或向所属 BD（Business Development，商务拓展，这里指的是美团点评平台上的一个 BD 业务部门）提出申诉，申诉结果将在 2 个工作日内答复。

（3）处理

如商户在规定时间内申诉成功，处罚将被中止；如逾期未进行申诉或申诉失败，将对商户执行如上处罚。

7. 活动加黑商户的撤黑规则

① 严重违规商户，一经发现立即下线促销活动，永久取消参加酒店促销活动的机会。

② 一般违规的商户，在满足以下条件的情况下，拥有一次恢复促销活动的机会：如果商户积极配合美团点评对虚假交易行为进行处理，并得到良好效果的，且需按要求补缴套利款项并签署诚信协议，可酌情予以恢复。商户可拨打商服热线 4006601065 或向所属 BD 提出撤黑申请，核实通过后，将恢复该商户的促销活动参与权。

③ 二次套取美团点评补贴的商户，一经发现将永久取消参加酒店促销活动机会。

8. 附则

① 本办法于 2016 年 8 月 4 日正式生效。

② 美团点评可根据实际情况随时调整本管理办法的内容，并通过平台页面或其他方式向商户公示，上述公告一经发布即视为已通知您及其他每一位商户。

③ 本办法中的"日"均指连续的自然日，如 7 日是连续 7 日。

4.2 酒店信息的录入规范

前面介绍了酒店基本信息的编辑方法，在编辑这些信息时，酒店商家还需要掌握一些录入规范，才能获得更高的通过率以及更多的曝光度。

4.2.1 基本信息的规范和举例

酒店的基本信息包括酒店名称、酒店地址、酒店电话以及门店坐标等内容，下面介绍具体的规范内容和举例。

1. 酒店名称

酒店名称的基本规范如下。

- 城市名称 + 酒店名称 + 行业词（如酒店 / 饭店 / 客栈 / 会议中心等），如北京豪生大酒店、北京大饭店。图 4-2 所示为"城市名称 + 酒店名称 + 行业词"的名称组合："北京（城市名称）+ 神龙（酒店名称）+ 客栈（行业词）"。

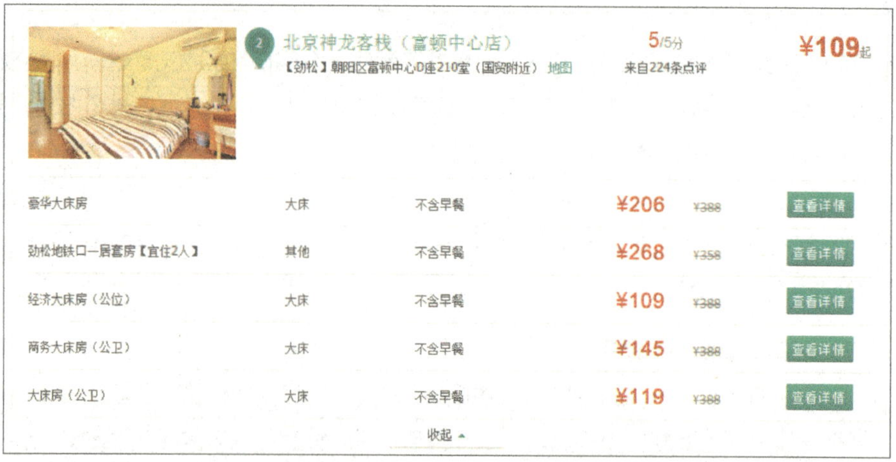

▲ 图4-2 "城市名称 + 酒店名称 + 行业词"的名称组合

- 名称主体 + 行业词，如金航大厦、豪泰会议中心、东方大酒店等，如图4-3 所示。

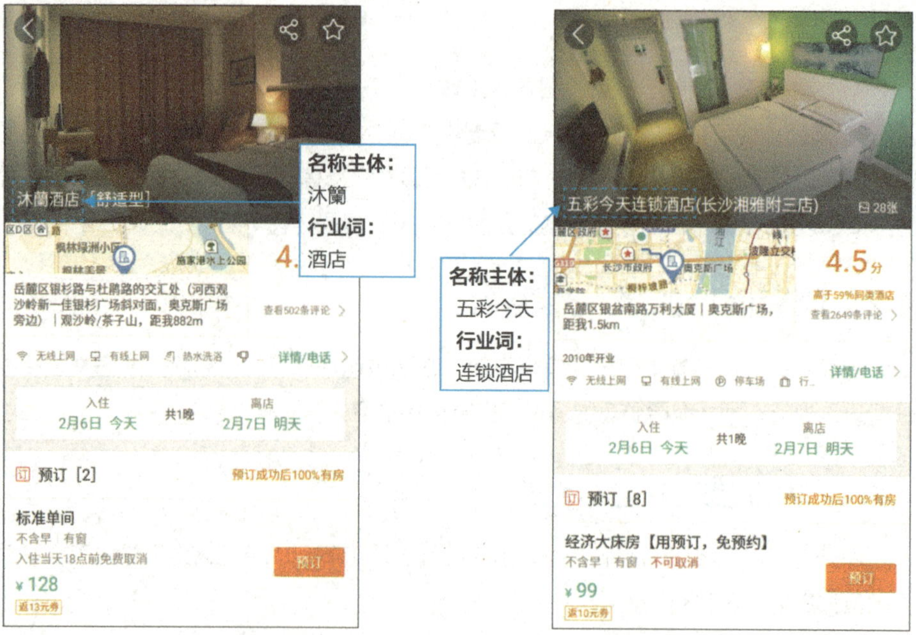

▲ 图4-3 "名称主体 + 行业词"的名称组合

- 名称主体 + 行业词 +（城市名称 + 分店名），如国乐大酒店（北京王府井店），如图4-4 所示。

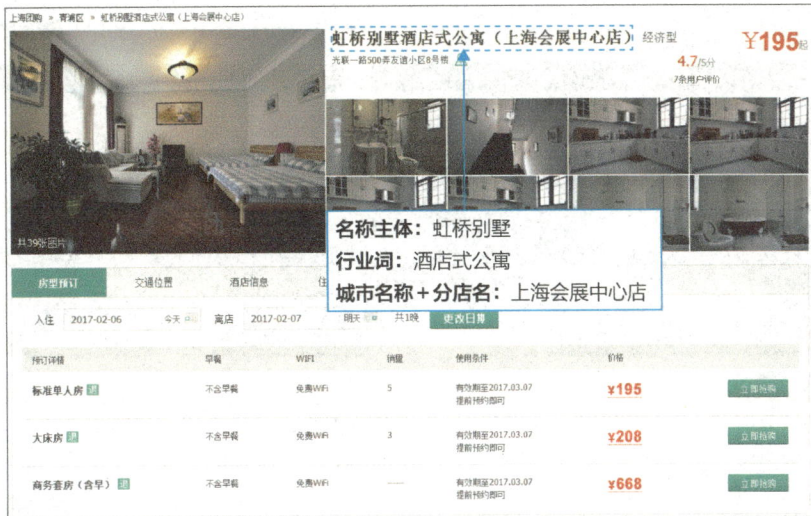

▲ 图 4-4　"名称主体＋行业词＋（城市名称＋分店名）"的名称组合

- 名称主体＋行业词（分店名）（原名称），如汉庭（石家庄火车站店）（原天鹅湖大酒店）或 7 天优品酒店（北京望京南湖东园店）（原 7 天连锁酒店望京南湖东园店）。

下面举例说明一些不同类型的酒店名称案例，如表 4-1 所示。

表 4-1　不同类型的酒店名称案例

类型	错误案例	正确格式
名称添加景区名称	凤凰古镇国乐大酒店	国乐大酒店
名称没有行业词	悠悠然	悠悠然客栈
名称添加房型信息	杳然两室一厅公寓	杳然公寓
名称添加过多形容词	可乐时尚豪华别致海景公寓	可乐公寓
名称没有酒店名称	住宿	豪生住宿
连锁门店没有分店名	7 天连锁酒店	7 天连锁酒店（北京西站店）
名称包含接送机信息	俊逸宾馆（接送机）	俊逸宾馆

2．酒店地址

（1）正确的地址格式

下面介绍几种常用的正确地址格式。

- ** 路 ** 号，如石中路 422 号。图 4-5 所示为 "** 路 ** 号"的酒店地址案例。

▲ 图 4-5　"** 路 ** 号"的酒店地址案例

- ** 路 + 方位词 +** 米，如石中路与城角街交汇处西行 200 米。图 4-6 所示为 "** 路 + 方位词 +** 米"的酒店地址案例。

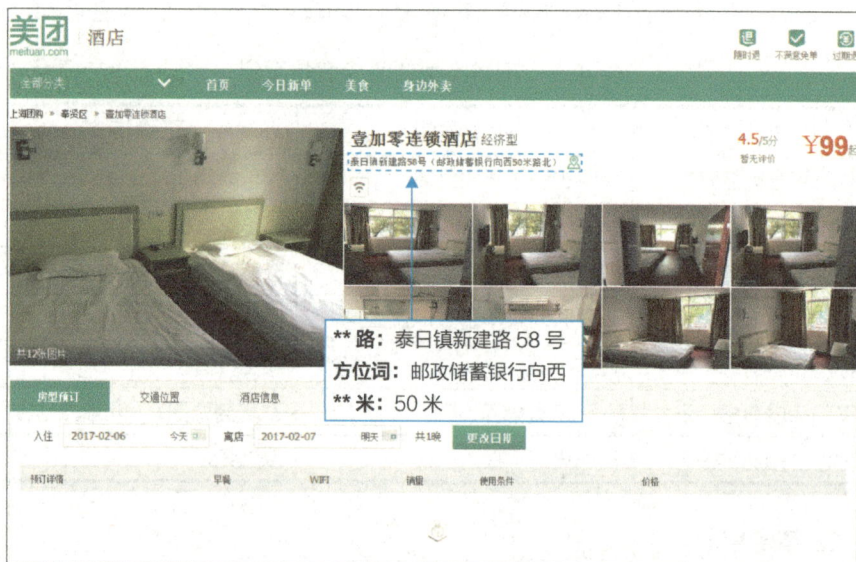

▲ 图 4-6　"** 路 + 方位词 +** 米"的酒店地址案例

- ** 路 +** 广场 / 大厦 / 购物中心 +** 层，如石中路物联大厦 19 层。图 4-7 所示 为 "** 路 +** 广场 / 大厦 / 购物中心 +** 层"的酒店地址案例。

** 路： 红桂路与宝安南路交汇处
** 广场／大厦／购物中心： 深港豪苑名商阁
** 层： 6 层

▲ 图 4-7　"** 路 +** 广场／大厦／购物中心 +** 层"的酒店地址案例

- ** 路 +** 小区／别墅 +** 楼／单元／室，如石中路玉村小区 3 号楼 2 单元 602 室。

  图 4-8 所示为"** 路 +** 小区／别墅 +** 楼／单元／室"的酒店地址案例。

** 路： 宝岗路
** 小区／别墅： 桃花园
** 楼／单元／室： 10 栋 703 室

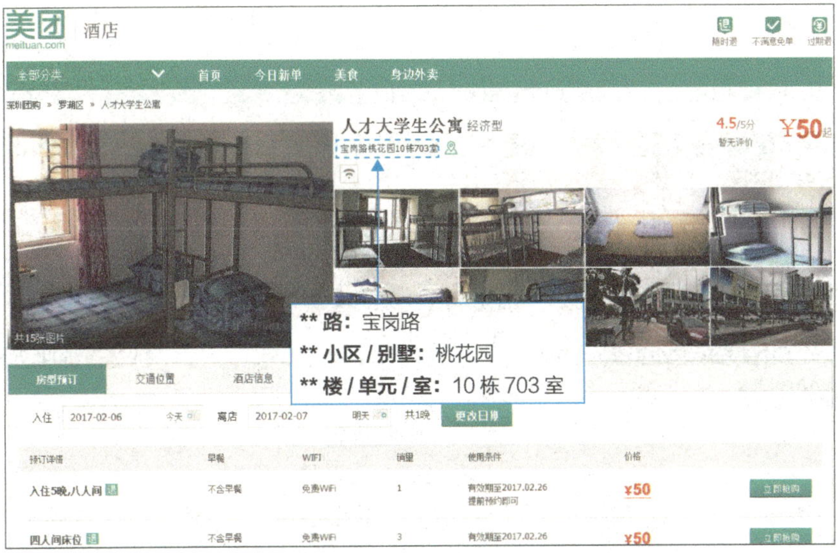

▲ 图 4-8　"** 路 +** 小区／别墅 +** 楼／单元／室"的酒店地址案例

- ** 镇 +** 村／风景区内，如玉村凤凰山风景区内。图 4-9 所示为"** 镇 +** 村／风景区内"的酒店地址案例。

▲ 图 4-9　"** 镇 +** 村 / 风景区内"的酒店地址案例

- ** 镇 +** 村几组几号，如甘果镇松子村 3 组 4 号。图 4-10 所示为"** 镇 +** 村几组几号"的酒店地址案例。

▲ 图 4-10　"** 镇 +** 村几组几号"的酒店地址案例

- ** 路与 ** 路交汇处 + 方位词或者参照物，如城街角玉新石中路交汇处东北角。图 4-11 所示为"** 路与 ** 路交汇处 + 方位词或者参照物"的酒店地址案例分析。

▲ 图 4-11　"** 路与 ** 路交汇处 + 方位词或者参照物"的酒店地址案例

　　另外，酒店商家也可以采用"门店地址（辅助地址描述信息）"的方式，如物联大厦 317 号（玉成小区对面）。图 4-12 所示为"门店地址（辅助地址描述信息）"的酒店地址案例。

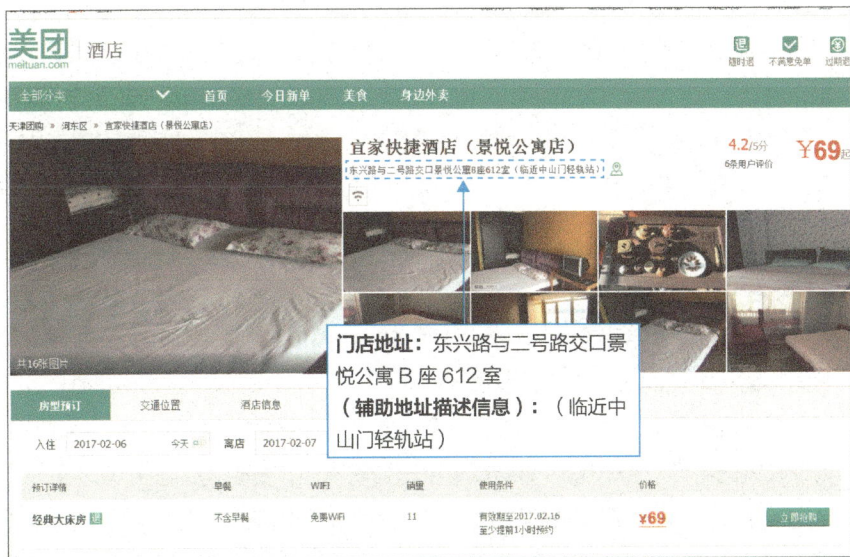

▲ 图 4-12　"门店地址（辅助地址描述信息）"的酒店地址案例

　　当然，还有一种比较特殊的酒店地址处理方式，那就是一些偏远地区或者特殊区域的地址，可以添加"距离 XXX 位置 2567 千米"，当地有距离的界碑，如图 4-13 所示。

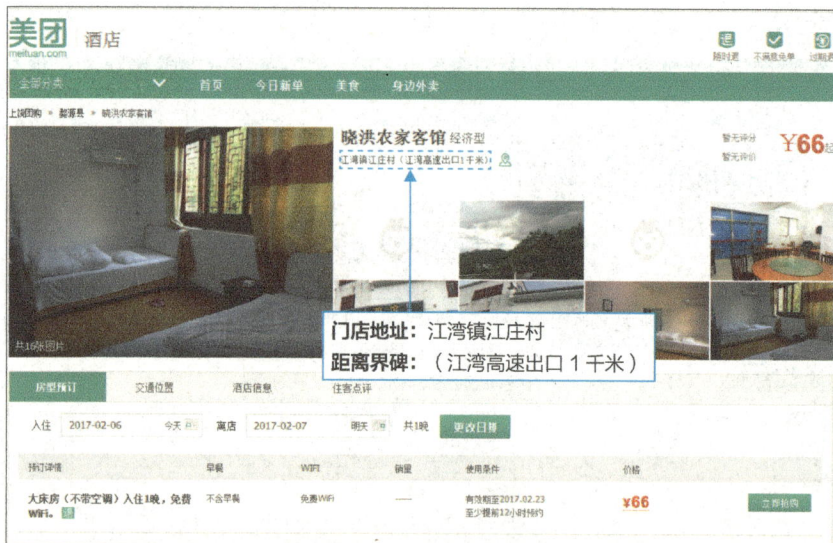

▲ 图 4-13　特殊的酒店地址案例

（2）错误的地址填写

下面介绍几种错误的酒店地址格式。

- 门店地址中参照物超过 2 个，如南草厂街大后仓胡同 21 号（新街口地铁站、北人大医院、积水潭医院、展览馆、海洋馆、天安门）。

- 门店地址中添加了城区、市、行政区、县、二级市等信息，如正定县正大西街 213 号。

- 门店地址中辅助信息包含乘车路线、免费接站、电话号码等非地址信息，如物联大厦 317 号（专车免费接送、咨询电话 12345678、可乘坐 36 路到玉成小区下车）。

3. 酒店电话

（1）正确的门店电话

下面介绍几个正确的门店电话设置方式。

- 前台电话或者酒店自身的电话（为消费者提供咨询服务）。

- 管理公司的电话：部分酒店如果被某管理公司承包，提供咨询服务等。

- 电话顺序：座机 /400/800/ 短号 / 手机号，例如 010-53736600-8188/13901234567、010-81735918/400-660-5335/800-666-8888/12320/13912345678。

（2）错误的门店电话

下面介绍几个错误的门店电话设置方式。

- 非酒店自身的，如旅行团、自己合作的等第三方机构的电话。
- 酒店内部其他服务部门的电话，如餐饮部、桑拿部等。

4．门店坐标

下面介绍几种酒店门店坐标的设置技巧。

- 定位一定要定到建筑上，而非路上、水上，如图 4-14 所示。

▲ 图 4-14　门店坐标的定位一定要定到建筑上

- 如果酒店位于小区内的门店，则需要定位到楼号；如果没有楼号就需要定位到小区，如图 4-15 所示。

▲ 图 4-15　门店坐标定位到楼号

- 大厦 / 广场门店，需要定位到具体某座上，没有楼座号才定位到大厦 / 广场地标，如图 4-16 所示。

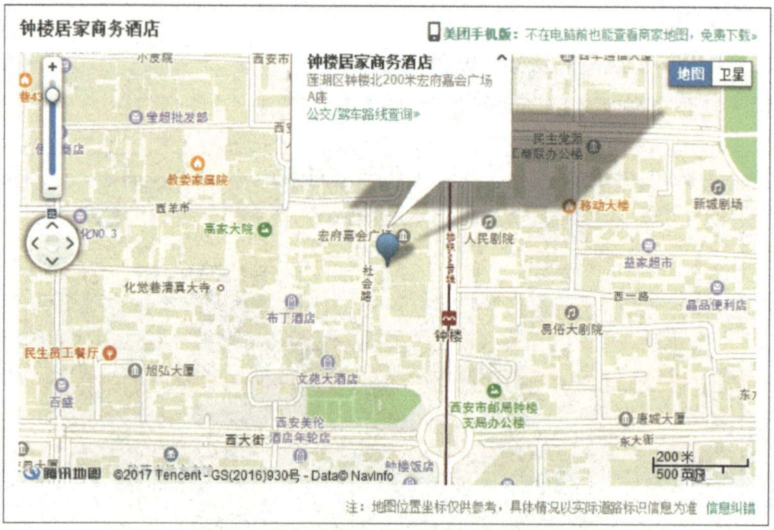

▲ 图 4-16　定位到具体楼座号

4.2.2　房型信息的规范和举例

酒店的房型信息应与酒店水牌（如图 4-17 所示）的房型名称一致，使消费者准确地判断出自己所选择的房型。床位房可以在房型名称处注明，并将图片上传至对应的房型分类里。

▲ 图 4-17　酒店水牌

1. 房型命名标准

下面介绍相应的房型命名标准。

（1）房型名称：尽量采用和酒店水牌同样的房型名称，如大床房、双床房、标准间、单人间等，如图 4-18 所示。

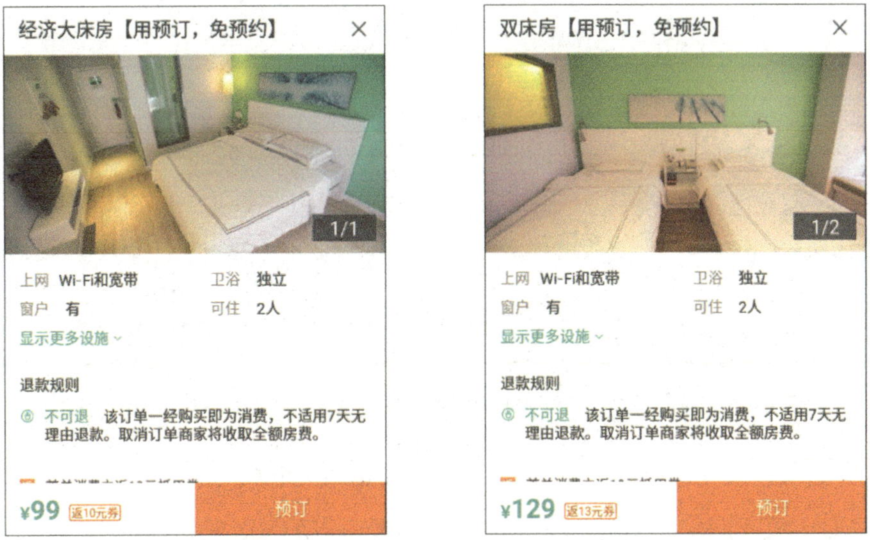

▲ 图 4-18　房型名称案例

（2）床型：酒店商家可以在房型名称不能准确描述床型的情况下进行补充，如图 4-19 所示。

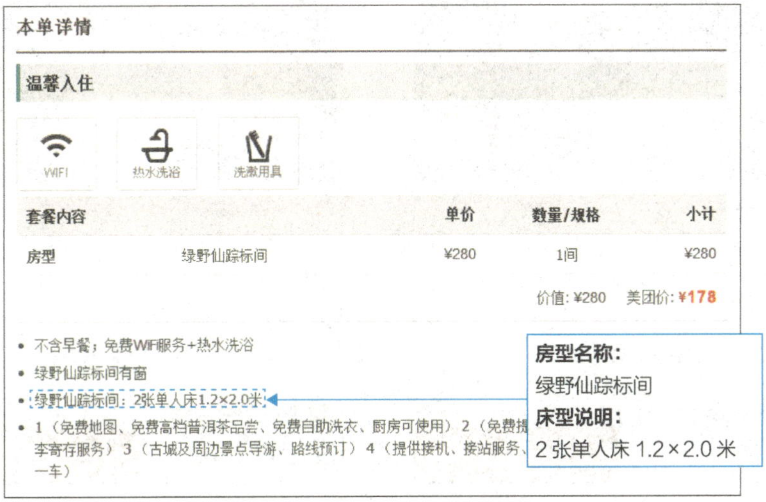

▲ 图 4-19　床型案例

（3）房型的不利因素：影响用户体验的房间信息，包括上下铺房（公卫）、8人间（床位）、内窗等，如图 4-20 所示。

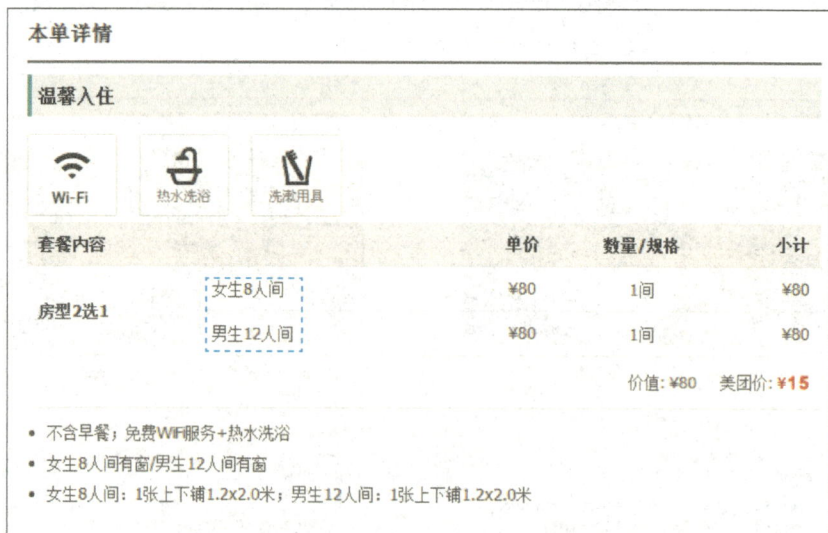

本单详情

温馨入住

| Wi-Fi | 热水洗浴 | 洗漱用具 |

套餐内容		单价	数量/规格	小计
房型2选1	女生8人间	¥80	1间	¥80
	男生12人间	¥80	1间	¥80
			价值：¥80	美团价：**¥15**

- 不含早餐；免费WIFI服务+热水洗浴
- 女生8人间有窗/男生12人间有窗
- 女生8人间：1张上下铺1.2x2.0米；男生12人间：1张上下铺1.2x2.0米

▲ 图 4-20　房型不利因素说明案例

（4）房间的备注信息：提示用户房间可提供的其他信息，如大床（一楼），如图 4-21 所示。

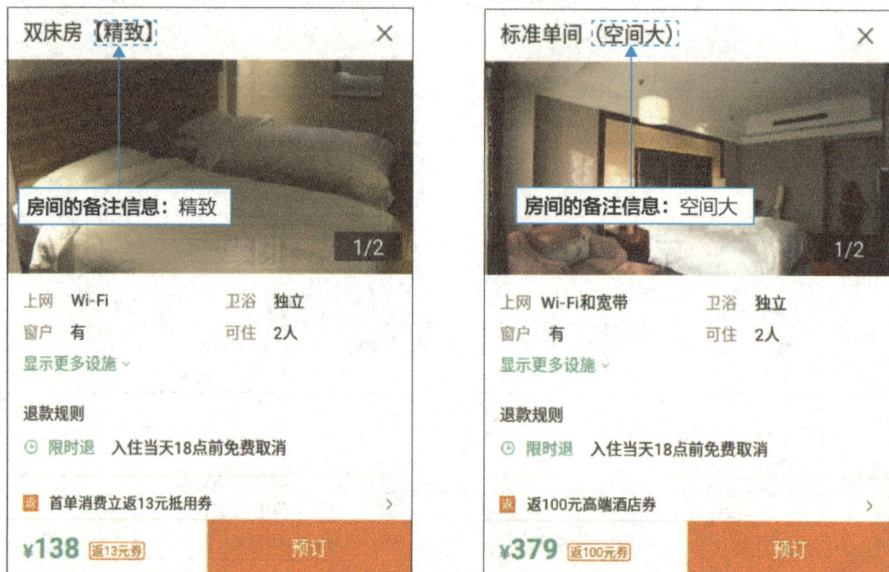

双床房【精致】	✕

房间的备注信息：精致

1/2

| 上网 Wi-Fi | 卫浴 独立 |
| 窗户 有 | 可住 2人 |
显示更多设施 ⌄

退款规则
⊙ 限时退　入住当天18点前免费取消

返 首单消费立返13元抵用券　　＞

¥138 返13元券　　预订

标准单间（空间大）	✕

房间的备注信息：空间大

1/2

| 上网 Wi-Fi和宽带 | 卫浴 独立 |
| 窗户 有 | 可住 2人 |
显示更多设施 ⌄

退款规则
⊙ 限时退　入住当天18点前免费取消

返 返100元高端酒店券　　＞

¥379 返100元券　　预订

▲ 图 4-21　房间的备注信息说明案例

2. 房型中禁止出现的内容

图 4-22 所示为酒店房型中禁止出现的内容说明。此类信息应该维护到产品信息中，因为不同类型的产品可能会用到同一个房型。

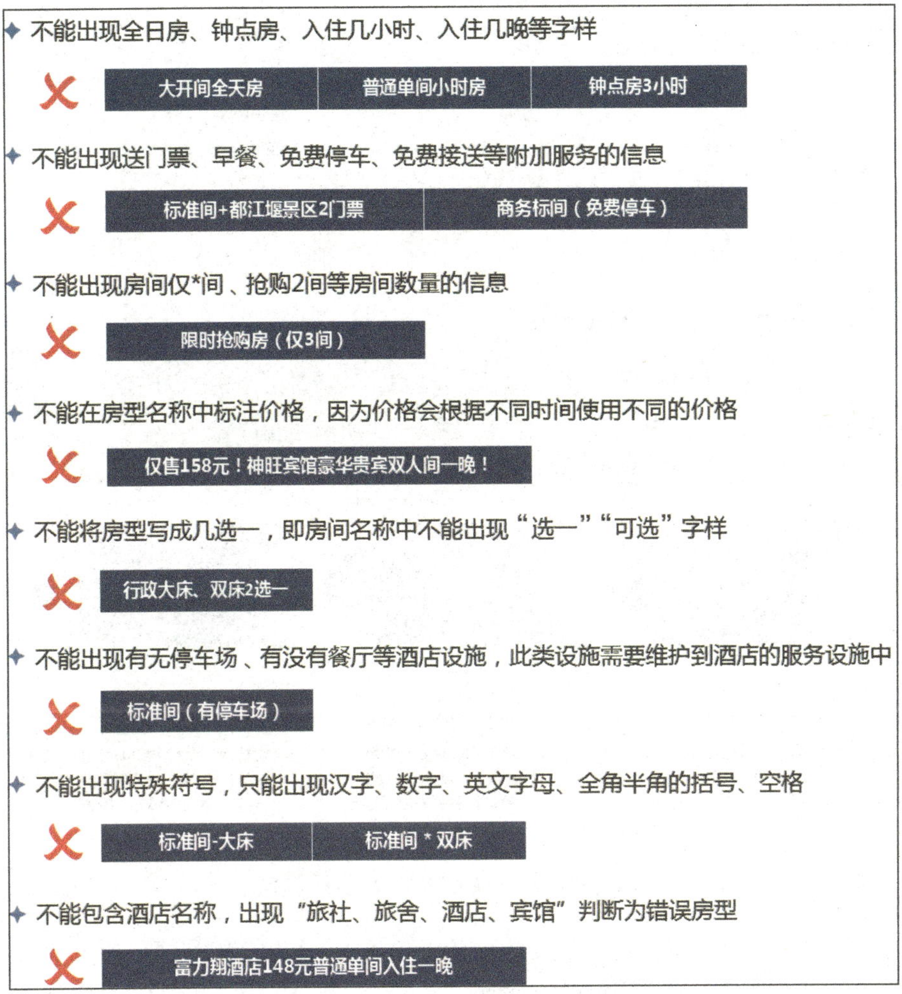

◆ 不能出现全日房、钟点房、入住几小时、入住几晚等字样

✗ 大开间全天房 | 普通单间小时房 | 钟点房3小时

◆ 不能出现送门票、早餐、免费停车、免费接送等附加服务的信息

✗ 标准间+都江堰景区2门票 | 商务标间（免费停车）

◆ 不能出现房间仅*间、抢购2间等房间数量的信息

✗ 限时抢购房（仅3间）

◆ 不能在房型名称中标注价格，因为价格会根据不同时间使用不同的价格

✗ 仅售158元！神旺宾馆豪华贵宾双人间一晚！

◆ 不能将房型写成几选一，即房间名称中不能出现"选一""可选"字样

✗ 行政大床、双床2选一

◆ 不能出现有无停车场、有没有餐厅等酒店设施，此类设施需要维护到酒店的服务设施中

✗ 标准间（有停车场）

◆ 不能出现特殊符号，只能出现汉字、数字、英文字母、全角半角的括号、空格

✗ 标准间-大床 | 标准间 * 双床

◆ 不能包含酒店名称，出现"旅社、旅舍、酒店、宾馆"判断为错误房型

✗ 富力翔酒店148元普通单间入住一晚

▲ 图 4-22　酒店房型中禁止出现的内容说明

3. 房型名称用词转换

对于不正确的房型名称用词，酒店商家一定要及时将其转换成正确的房型名称。图 4-23 所示为酒店房型名称的用词转换规则。

	转化前	转化后		转化前	转化后
1	标* (*不等于准)	标准	8	榻榻米	日式
2	两人、双* (*不等于人/床)	双床	9	单人、单* (*不等于人/床)	大床
3	麻将、机麻	棋牌	10	精致	精品
4	商旅	商务	11	雅致	清雅
5	豪* (*不等于华)	豪华	12	迷你小	迷你
6	母子、亲子	家庭	13	独立卫浴	独卫
7	明窗/暗窗	外窗/内窗	14	无卫生间、公共卫浴	公共卫生间

▲ 图 4-23　酒店房型名称的用词转换规则

4.2.3　图片信息的规范和要求

对于电子商务来说，图片是非常重要的信息，消费者往往最先通过商家发布的图片来了解酒店的环境和相关设施等信息。图 4-24 所示为图片的重要性所在。因此，酒店商家一定要掌握图片信息的规范和要求。

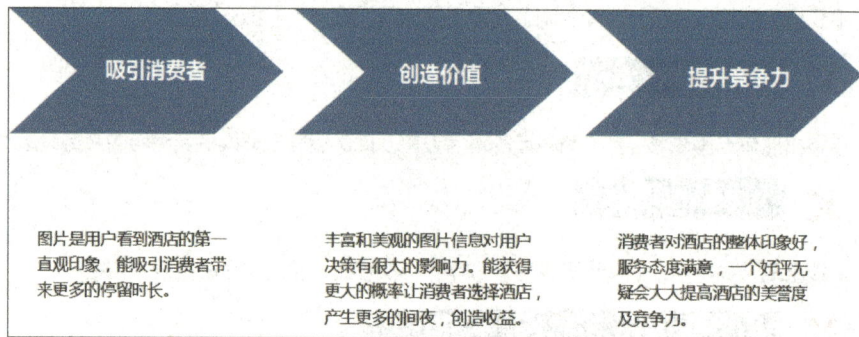

吸引消费者　　　　创造价值　　　　提升竞争力

图片是用户看到酒店的第一直观印象，能吸引消费者带来更多的停留时长。

丰富和美观的图片信息对用户决策有很大的影响力。能获得更大的概率让消费者选择酒店，产生更多的间夜，创造收益。

消费者对酒店的整体印象好，服务态度满意，一个好评无疑会大大提高酒店的美誉度及竞争力。

▲ 图 4-24　图片的重要性

下面将通过酒店图片的分类标准和内容要求两个方面进行讲解，帮助商家优化图片，提升电商竞争力，吸引更多的消费者。

1. 图片的分类标准

美团点评平台的图片分类标准如下。

（1）客房（具体到房型）

- 房型图：包含床的照片，如图 4-25 所示。
- 房内设施图：浴室、沙发、电视、桌椅、阳台等，如图 4-26 所示。

▲ 图 4-25　房型图

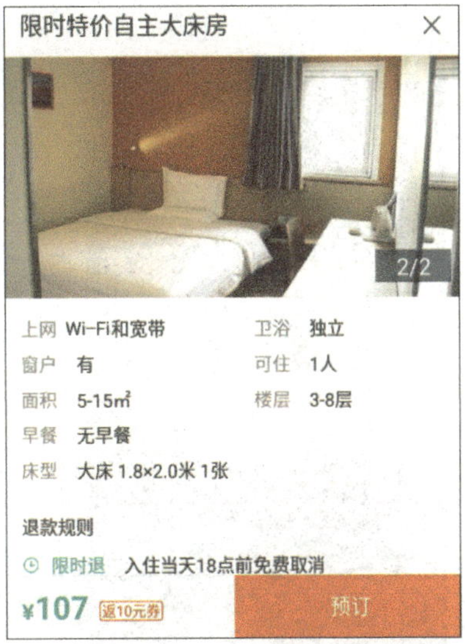

▲ 图 4-26　房内设施图

- 房间观景图：含窗户的外景图，如图 4-27 所示。
- 数量要求：每个房型至少包含一张床型图＋一张除浴室的设施图；每个房型至少包含一张浴室图，如图 4-28 所示；没有独立浴室的至少包含一张公共浴室图。

▲ 图 4-27　房间观景图

▲ 图 4-28　浴室图

（2）公共设施

- 对应图片：包括酒店的餐厅、走廊、电梯、健身房以及庭院等图片，如图 4-29

所示。

▲ 图 4-29　公共设施图片

- 数量要求：每种类型设施至少有一张图片。

（3）大厅

- 对应图片：包括酒店的前台、大堂等图片，如图 4-30 所示。

▲ 图 4-30　酒店的前台图片

- 数量要求：高星酒店至少要有一张前台图 + 一张大堂图；没有大厅的酒店可以不

拍；其余酒店至少要有一张前台图。

（4）外观

- 对应图片：主要指酒店的门头图片，如图4-31所示。

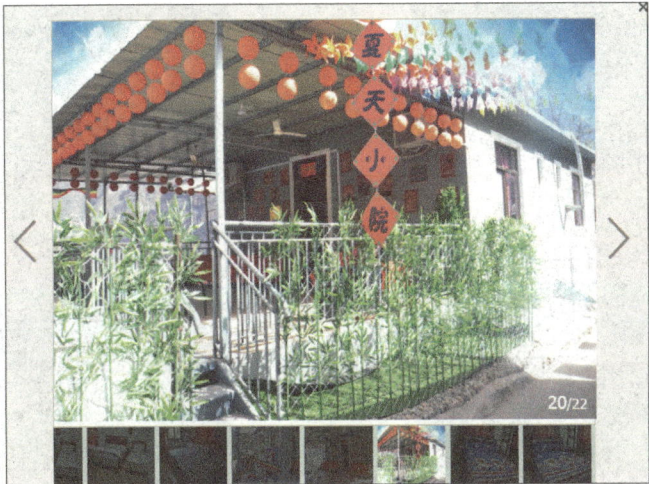

▲ 图4-31　酒店外观图片

- 数量要求：高星酒店至少要有两张门头图；没有独立门头的酒店可以没有门头图；其余酒店至少要有一张门头图。

（5）周边环境

- 对应图片：主要指包含酒店周边街道等信息的图片，如图4-32所示。

▲ 图4-32　酒店周边环境图片

- 数量要求：至少包含一张周边环境图。

（6）其他图片

- 对应图片：主要指能突出酒店特色物品的图片，如图4-33所示。

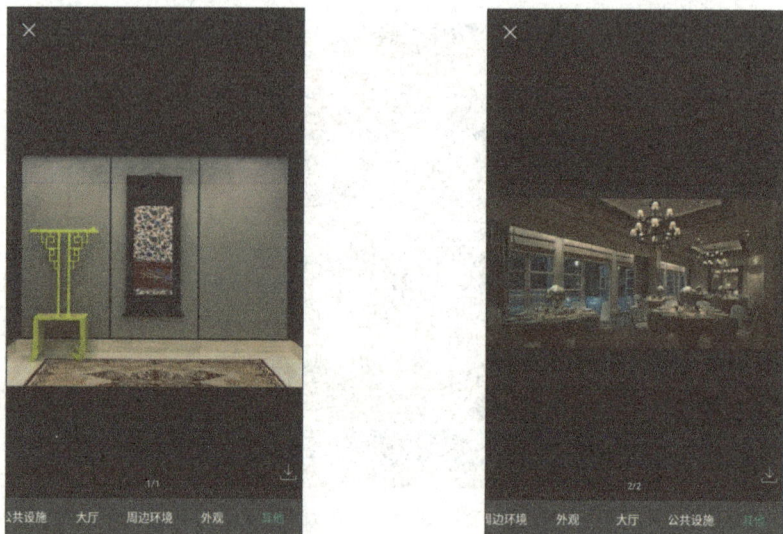

▲ 图4-33　酒店其他特色图片

- 数量要求：美食类的图片不得超过3张，如图3-34所示。

▲ 图4-34　美食类的图片

2. 图片的内容要求

下面介绍一些美团点评平台对酒店图片的内容要求。

（1）亮度要求：亮度适中，能看清楚图片内的所有内容，如图 4-35 所示。

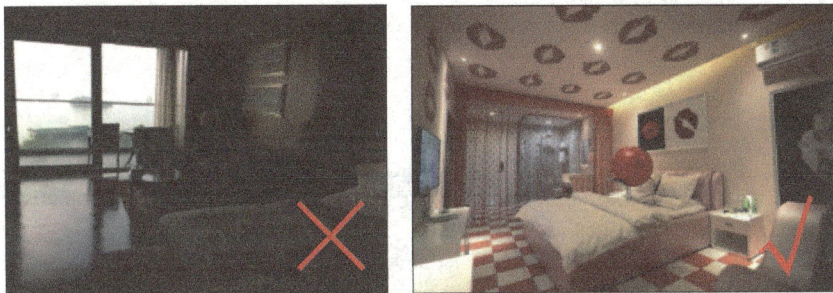

▲ 图 4-35　图片亮度案例说明

（2）清晰度要求：画质清晰，不能模糊，如图 4-36 所示；图片长宽比不小于 400×300。

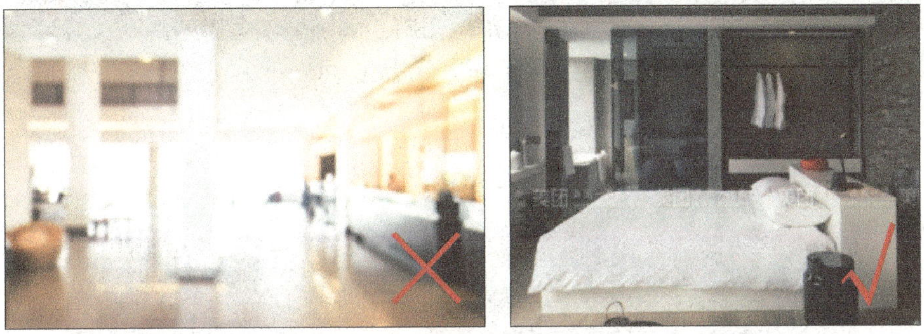

▲ 图 4-36　图片清晰度案例说明

（3）色彩要求：图片必须有颜色，如图 4-37 所示。

▲ 图 4-37　图片色彩案例说明

（4）角度要求：横向图片的长宽比为 4：3；竖图图片可使用，但不能做首图，比例不小于 3：5；照片 1：1 比例可用；有床的图片建议床与水平线的角度约为 30 度，如图 4-38 所示。

▲ 图 4-38　图片角度案例说明

（5）内容要求必须遵循以下规则。

- 干净整洁，不能出现杂物，如图 4-39 所示。

▲ 图 4-39　图片需干净整洁

- 不能含有竞争对手 LOGO、酒店名称 LOGO、重复美团旧有 LOGO、附加描述文字、日期、水印等，如图 4-40 所示。

▲ 图 4-40　不能含有竞争对手 LOGO

- 不能有人物特写、边框、马赛克、拼接图、局部图，如图 4-41 所示。

▲ 图 4-41　不能出现拼接图、马赛克

- 不能过度 PS 或是放置效果图。
- 不能有重复图片和近似图片。
- 不能出现潜在的涉黄赌毒的图片。
- 不能涉及政治、潜在的反动图片。

4.3　商家酒店的排序规则

　　提升酒店的排序非常重要，排名优化靠前了，才能给酒店引入更多的自然流量，酒店客房的销量才能得以提升。

4.3.1 酒店排序的类型

美团点评平台的酒店排序主要有以下 5 个类型，如图 4-42 所示。

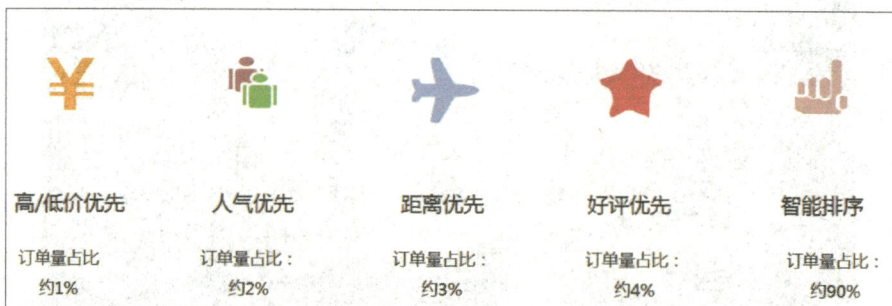

高/低价优先	人气优先	距离优先	好评优先	智能排序
订单量占比：约1%	订单量占比：约2%	订单量占比：约3%	订单量占比：约4%	订单量占比：约90%

▲ 图 4-42　酒店排序的 5 个类型

以美团和大众点评的移动端为例，系统默认以"智能排序"的方式显示酒店排序，如图 4-43 所示。

美团 APP

大众点评 APP

▲ 图 4-43　智能排序

点击"智能排序"标签，可以选择"距离优先""好评优先""高 / 低价优先""人气优先"等排序方式，如图 4-44 所示。不过，在大众点评 APP 的酒店页面中，没有提供"距离优先"的排序方式。

| 美团 APP | 大众点评 APP |

▲ 图 4-44　排序方式列表

　　"距离优先"主要是根据酒店距离用户目前地点的距离远近来进行排序，如图 4-45 所示。用户可以通过地图模式，更清晰地看到各个酒店的位置，以及与自己的距离，如图 4-46 所示。

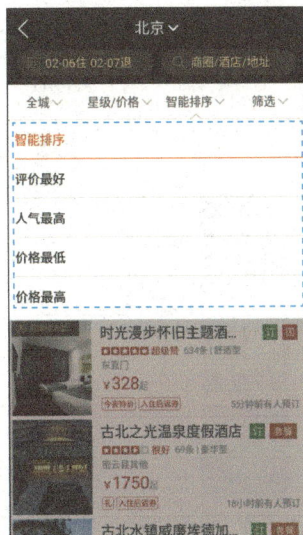

▲ 图 4-45　距离优先排序

▲ 图 4-46　地图模式

　　选择"好评优先"排序方式，会根据酒店的评分和用户评价来进行排序，如图

4-47 所示。评分越高、用户评价越好，则排名越高，就越容易被消费者看到，如图 4-48 所示。

▲ 图 4-47 好评优先排序

▲ 图 4-48 用户评价

选择"人气优先"排序方式，主要根据酒店的消费次数进行排序，消费人数越多，排名越靠前，如图 4-49 所示。从图 4-49 中可以看到，排在前面的酒店消费人数均在 5000+，足见人气的火爆。

▲ 图 4-49 人气优先排序

另外，用户还可以选择"高价优先"或者"低价优先"的排序方式，将酒店按照价格的高低来排序，选择满足自己消费水平的酒店入住，如图4-50所示。这种方式对于酒店商家来说，更便于将酒店客房推销到合适的消费者手中。

▲ 图4-50 "低价优先"与"高价优先"排序

4.3.2 影响酒店排序的因素

影响酒店排序的因素主要包括用户因素和商家因素两部分，下面分别进行介绍。

1. 用户因素

用户因素包括用户是否浏览、购买、收藏、消费过酒店，如图5-51所示，这些行为都会间接影响用户搜索酒店的排序结果。

用户是否浏览过酒店　用户是否购买过酒店　用户是否收藏了酒店　用户是否消费过酒店

▲ 图4-51 用户因素

例如，用户可以在酒店的详情页面中点击右上角的五角星图标☆来收藏酒店，如图5-52所示。

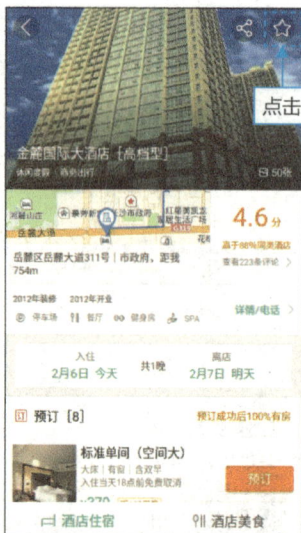

▲ 图 4-52 收藏酒店

另外，点击右下角的"看过"按钮，如图 4-53 所示。执行该操作后，即可查看最近浏览的酒店列表，如图 4-54 所示。

▲ 图 4-53 点击"看过"按钮

▲ 图 4-54 查看最近浏览的酒店列表

点击右上角的"编辑"按钮，可以删除相应的酒店，如图 4-55 所示。

▲ 图 4-55　删除浏览记录中的酒店

专家提醒

　　这些用户行为对于酒店的排序都会产生一定的影响，同时，美团点评系统还会根据用户的浏览行为进行数据分析，在美团 APP 首页下方推荐一些比较合适的酒店给用户，如图 4-56 所示。对于商家来说，这同样是一次比较重要的曝光和引流机会。

受用户行为因素的影响，很多用户浏览、收藏或者消费过的酒店都会出现在该列表中

美团 APP 首页的"猜你喜欢"是非常重要的流量入口

▲ 图 4-56　"猜你喜欢"

2. 商家因素

商家因素主要包括静态信息、周期销量、评价数及差评率、接待效率、平台合作度等方面，如图 4-57 所示。

信息	销量	评价	接待	合作
酒店介绍 设施服务 图片质量	计算周期 7/30/90天	50条评价以上 差评可控范围 （3% - 10%）	确认时长 拒单率	优势产品 平台活动 保留房

▲ 图 4-57　商家因素

4.3.3　提升排序的技巧

对于美团点评的酒店商家来说，提升排序就等于提升酒店的曝光量，让酒店被更多的消费者搜索到、看到，因此这一点非常重要。下面介绍一些提升酒店排序的技巧，帮助商家更好地提高排名和销量。

1. 图片优化

图片越符合要求，质量越高，排名越靠前。

图片优化的技巧如图 4-58 所示。

▲ 图 4-58　图片优化的技巧

（1）首图：放置夜景模式下的酒店外观，如图 4-59 所示。

（2）大厅：保证亮度，尽量横画幅构图拍摄，如图 4-60 所示。

▲ 图 4-59 使用夜景模式下的酒店外观作为首图

▲ 图 4-60 使用横画幅构图拍摄的酒店大厅照片

专家提醒

在美团点评平台的图片中，图片拍摄是线上营销非常重要的一环。其中，横画幅构图法被广泛使用，因为横画幅在大多数情况下给观众一种舒适的感觉。横画幅构图往往以水平线作为参照，利用水平线的特征让画面得到沉稳、平和的展示效果。在拍摄酒店图片时，可以寻找水平参照物或者使用水平仪，确保构图准确。

（3）客房：照片整洁，尽量展示房中的所有设施，如图 4-61 所示。

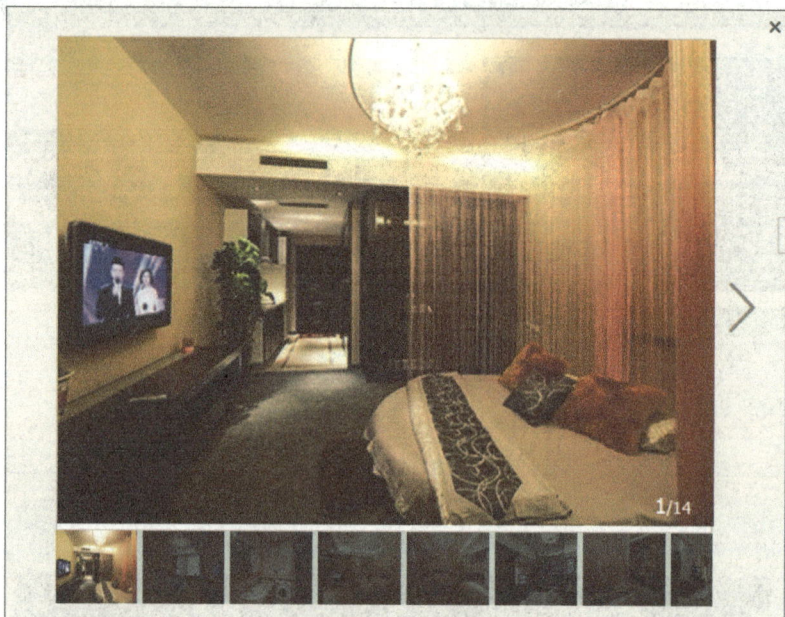

▲ 图 4-61　酒店客房照片

2. 增加销量

一段时期内累计销量越多，排名越靠前。增加销量的技巧如图 4-62 所示。

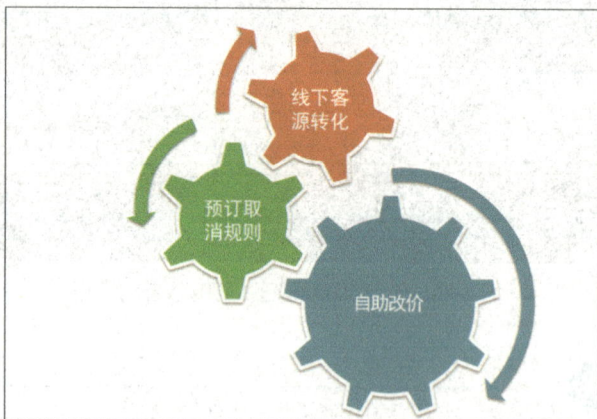

▲ 图 4-62　增加销量的技巧

（1）线下客源转化：线下入住的散客，酒店商家应主动让其通过美团点评平台进行购买入住。例如，目前通过 PC 网页预定的客户都被引流至手机美团购买，这也是一种明显的客源转化，将 PC 用户转化为手机用户，如图 4-63 所示。

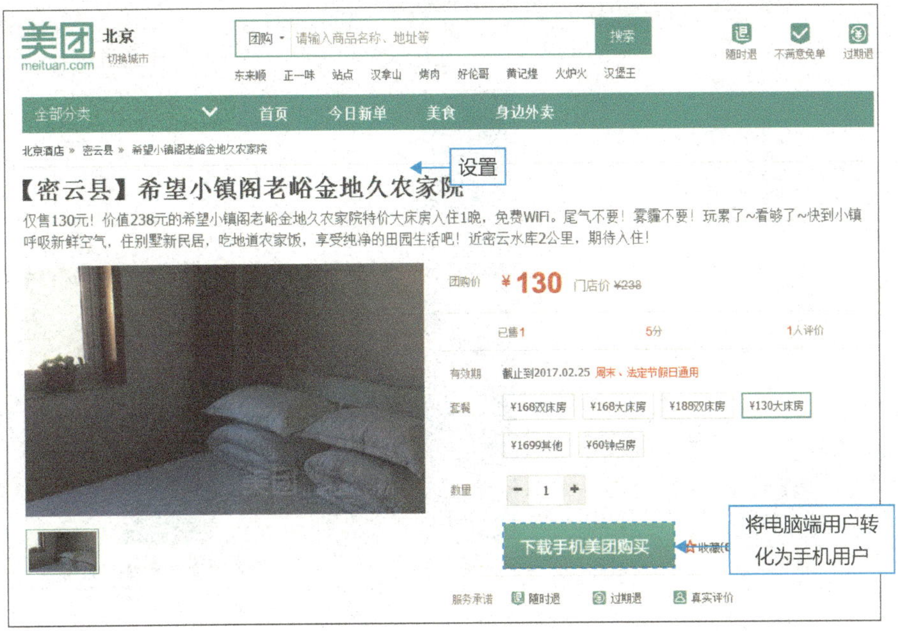

▲ 图 4-63 通过 PC 端下单的用户将被引导至手机端

专家提醒

另外，酒店商家也可以在线下实体店中放置二维码（如图 4-64 所示），利用折扣、优惠等促销方式引导用户扫描二维码关注官方微信或者下载 APP，进行线上消费，改变用户的传统消费习惯，这样不仅可以方便用户，同时也能便于酒店掌握更多的用户信息，进行二次营销。

▲ 图 4-64 酒店二维码营销

（2）预订取消规则：用户预订包含 3 种取消规则，规则设置越宽松，累积销量越高、排名越靠前，如图 4-65 所示。

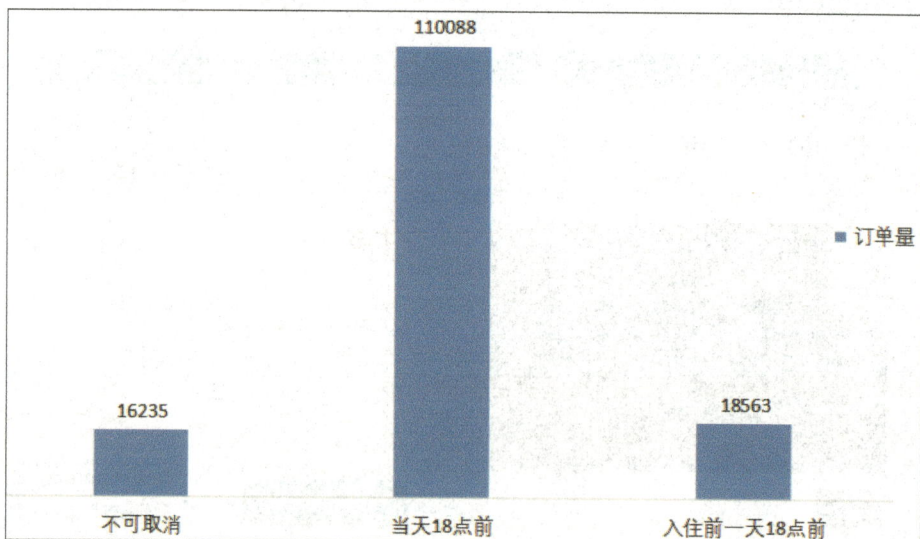

▲ 图 4-65　预订取消规则

（3）自助改价：价格灵活自主掌控，累积销量翻倍，排名越靠前，如图 4-66 所示。

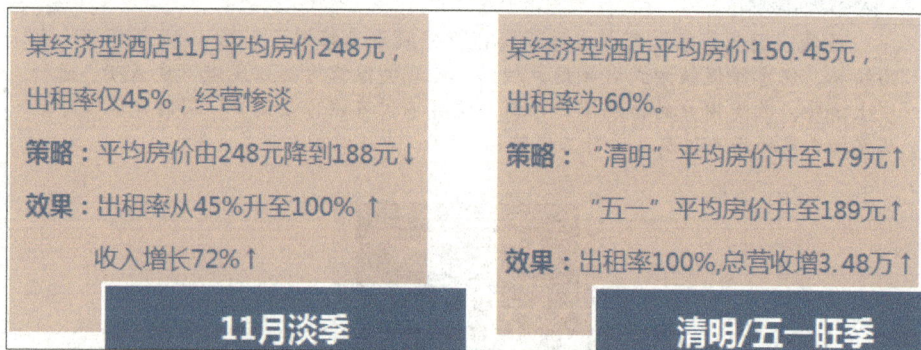

▲ 图 4-66　提前自助改价

3. 评价管理

系统会结合评价条数和评分进行酒店排序。

评价管理的技巧如下。

- 方法一：鼓励客人给好评，如图 4-67 所示。

▲ 图 4-67　鼓励客人给好评

💡 **专家提醒**

　　俗话说，"良言一句三冬暖、恶语伤人六月寒"。一句"欢迎光临""谢谢惠顾"，短短的几个字，却能够让顾客听起来非常舒服，产生意想不到的效果。

　　通过礼貌的待客话语，会让人有一种十分亲切的感觉。并且可以先培养一下感情，这样顾客心理抵抗力就会减弱或者消失。对于彬彬有礼、礼貌的客服，谁都不会把他拒之门外的。

- 方法二：热情服务。
- 方法三：对于有疑问的顾客，应及时回复他们的评价，如图 4-68 所示。

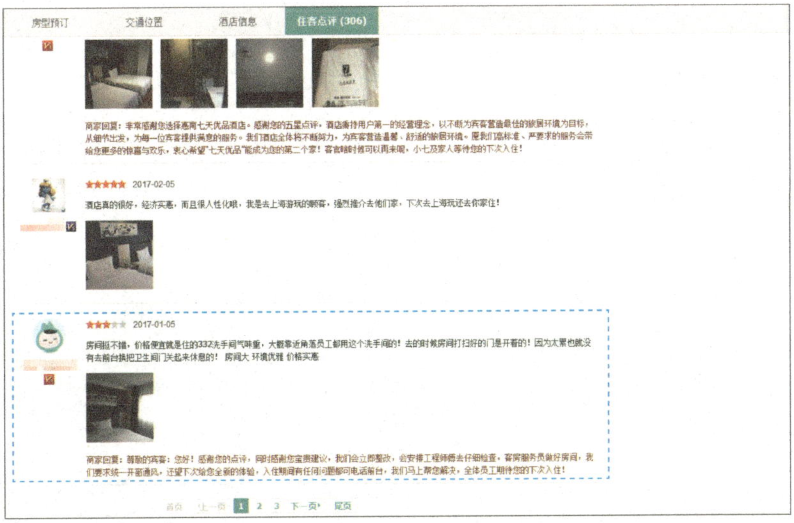

▲ 图 4-68　及时回复顾客的评价

143

- 方法四：降低客人预期。

4. 及时接单不拒单

如发生连续多次拒单，酒店排序将会置底。因此，酒店商家的工作人员一定要做到及时接单不拒单，如图 4-69 所示。

▲ 图 4-69　及时接单不拒单

第5章

用好 HOS 指数，提升酒店经营水平

学前提示

本章从商家的经营管理出发，通过 HOS 指数来确定商家能获得哪些权益。HOS 系统是评测商家经营管理及运营水平的关键。HOS 指数由什么指标组成？商家满足不同指标后能获得哪些收益？如何提高这些经营指标？如何获取更多的广告位推广？以上答案正是本章要介绍的内容。

要点展示

>> HOS 指数的 9 项指标
>> HOS 指数的作用
>> HOS 指数的优化技巧
>> 使用积分，获得更多的流量

5.1 HOS 指数的 9 项指标

HOS 指数可以用来评估酒店的综合水平，科学合理地分配平台资源，发现酒店经营问题，激励酒店提升综合服务。本节讲解 HOS 指数的组成，以及如何在后台查看这些指标。

HOS 指数会根据每月的 9 项指标（如图 5-1 所示）的情况综合评估酒店的经营水平，满分 5 分，仅对开通预订的门店统计。HOS 指数的高低表明了酒店的经营水平，决定了门店所得权益的种类和数量。商家可以在 E-booking 后台查看门店上月的 HOS 指数总分和指标情况，对得分较低的指标重点提升优化，最终提高 HOS 指数的总分，提升酒店经营水平并获得更多的权益。

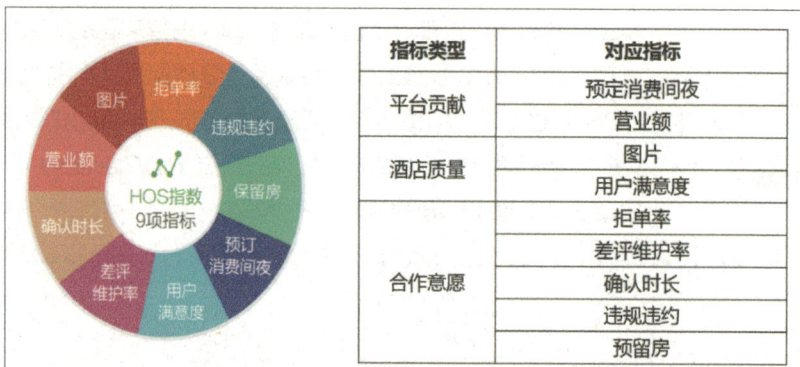

指标类型	对应指标
平台贡献	预定消费间夜
	营业额
酒店质量	图片
	用户满意度
合作意愿	拒单率
	差评维护率
	确认时长
	违规违约
	预留房

▲ 图 5-1　HOS 指数的 9 项指标

知道了 HOS 指数的组成，我们要在系统中找到 HOS 指数。

（1）打开美团酒店 E-booking 后台（http://eb.meituan.com），按照图 5-2 所示的步骤找到 HOS 指数。

▲ 图 5-2　后台 HOS 指数查看

（2）进入 HOS 指数的详细数据界面，这里通过图表和列表的形式展现了 HOS 中 9 项指标的得分情况，如图 5-3 所示。

▲ 图 5-3　单项指标及说明查看

（3）如果我们觉得某些指标的得分很低，要进行优化，单击图 5-3 中的③处，会打开一个优化技巧页面，这里会提供一些提升指标的小技巧，如图 5-4 所示。更多的指标优化方法见 5.3 节。

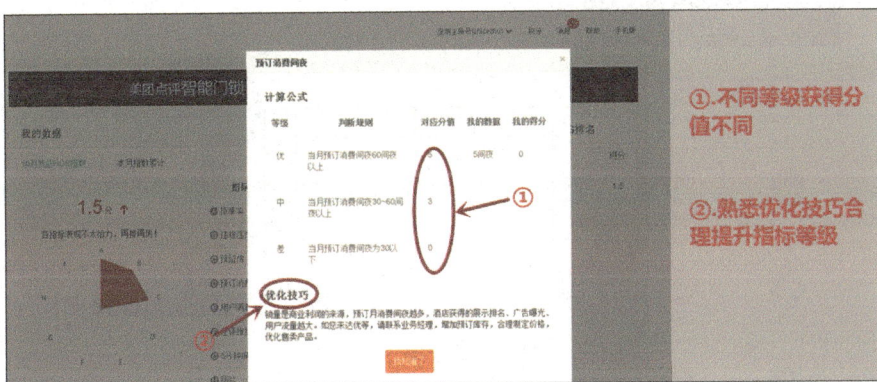

▲ 图 5-4　单项数据等级及优化技巧查看

（4）详细了解图 5-4 所示中的对应分数，可以更好地优化 HOS 指标。本系统的 HOS 指数得分规则如图 5-5 所示。

　　详细的指标分值可让商家及时了解酒店的经营情况，同时通过查看优化技巧（图 5-4）针对较低部分进行优化调整，有效提升各项指标的分值，提升酒店的经营效果。

　　另外，用户也可以通过手机 APP 查看，在主界面中点击"HOS 指数"按钮，如图 5-6 所示。执行操作后，即可进入"HOS 指数"界面，查看上个月的详细得分情况，如图 5-7 所示。

编号	指标名称	优（5分）	中（3分）	差（0分）
A	拒单率	当月拒单率为0	当月拒单率为0~2.5%	当月拒单率大于2.5%
B	违规违约	违规违约为0	—	违规违约不为0
C	预留房	10间/日均	5~10间/日均	<5间/日均
D	预订消费间夜	60间夜/月	30~60间夜/月	<30间夜/月
E	用户满意度	评分4.9分及以上	评分4.7~4.9分	评份4.7分以下
F	差评维护率	维护率为100%/月	维护率为50%~100%/月	维护率<50%/月
G	确认时长(5分钟处理率)	处理率为100%	处理率为80%~100%	处理率<80%
H	营业额	2.7万/月及以上	1万~2.7万/月	1万/月以下
I	图片	>20张	12~20张	<12张

▲ 图 5-5　HOS 指数得分规则总览

▲ 图 5-6　点击"HOS 指数"按钮

▲ 图 5-7　"HOS 指数"界面

　　点击"查看详情"按钮，进入"指数详情"界面，可以查看各项指标的基本得分情况，如图 5-8 所示。点击相应指标右侧的"详细"按钮，如"拒单率"，即可查看该指标的等级、评分规则、等分情况以及优化技巧等信息，如图 5-9 所示。

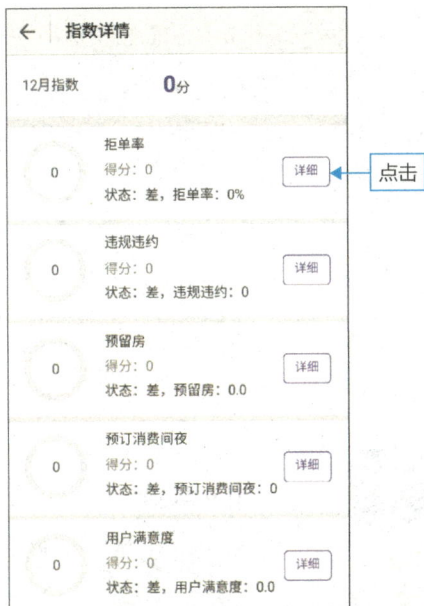

▲ 图 5-8 "指数详情"界面

▲ 图 5-9 "拒单率"指标信息

另外，商家还可以通过手机 APP 查看本月指数累计情况和附近商品排行情况，如图 5-10 所示。

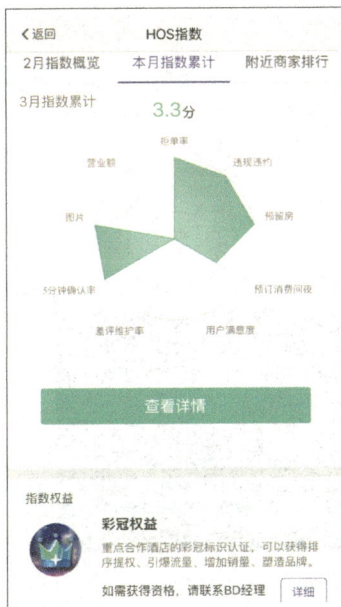

▲ 图 5-10 使用 APP 查看本月指数累计情况和附近商品排行情况

5.2 HOS 指数的作用

商家通过 HOS 指数可以及时发现经营问题，并根据优化建议不断改善；通过提升 HOS 指数来获得多种权益，提升酒店的流量、销量，塑造酒店的品牌。商家通过 HOS 指数可以获取的 4 类权益如图 5-11 所示。

- 广告位权益。
- HOS 银冠。
- HOS 金冠。
- HOS 彩冠。

① 广告位权益
不用砸钱的免费广告推广，
增加酒店品牌曝光。

③ HOS金冠
顶级认证的品质酒店，提升排序、引
爆流量、增加销量

② HOS银冠
权威认证的优选酒店，可增加酒店流量，
提升酒店的销量

④ HOS彩冠
战略合作的彩冠标识认证，资源倾斜
的首选商家，增加销量的绝佳途径。

▲ 图 5-11　HOS 指数权益

本节就详细介绍这些权益的具体表现。

5.2.1 广告位权益

对于商家来说，广告位权益的价值在于：不用砸钱的免费广告推广，增加酒店的品牌曝光。要想获取这个权益，那么 HOS 指数必须在 3 分以上，其他要求如图 5-12 所示。

权益标准	详解
权益内容	酒店频道顶部"优选酒店"、底部"特价酒店"的广告位，底部特价酒店专区
获取资格	HOS指数≥3分的酒店
上线时间	为期1个月，每月15日上线，次月15日下线
升级规则	已获得升级银冠的资格，可联系业务经理签订条款，提交升级申请。

▲ 图 5-12　获取广告位权益的标准

广告位的名称及展示效果如图 5-13 所示。

▲ 图 5-13　广告位的名称及展示效果

获得广告位权益后的主要展示位置如下。

- 位置一：顶部 banner "优选酒店" 活动，在美团 APP 主界面点击 "酒店住宿" 按钮，即可看到优选酒店的顶部 banner 广告位，如图 5-14 所示。

▲ 图 5-14　顶部 banner "优选酒店" 活动

- 位置二：底部特价酒店专区的 "优选酒店" 活动，如图 5-15 所示。

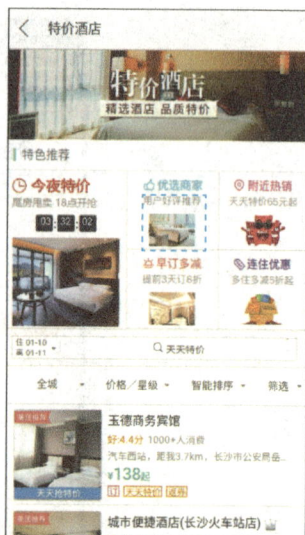

▲ 图 5-15 底部特价酒店专区的"优选酒店"活动

图 5-16 所示为"优选酒店"的专题页面，其特色推荐包括皇冠酒店、有好店、新推荐等。例如，点击"皇冠酒店"即可看到所有的精选皇冠酒店商家，如图 5-17 所示。"优选酒店"的广告位权益价值在于可以帮助商家实现不用砸钱的免费广告推广，拓展酒店流量渠道，增加酒店的品牌曝光。

▲ 图 5-16 "优选酒店"的专题页面

▲ 图 5-17 精选皇冠酒店商家

5.2.2　HOS 银冠

　　HOS 银冠权益价值在于获得银冠标识的权威认证，增加酒店的用户浏览量和用户关注度，提升酒店的销量。

　　银冠权益的主要内容如下。

- 权益内容：银冠标识。
- 上线时间：周期延长为 1 个月，每月 15 日上线，次月 15 日下线。
- 获取规则：HOS 指数 ≥ 3.5 分，且用户综合评分 ≥ 4 分。
- 升级规则：已获取银冠资格的商家，可联系业务经理申请银冠。

　　图 5-18 所示为银冠展示标签的效果。

▲　图 5-18　银冠展示标签的效果

5.2.3　HOS 金冠

　　HOS 金冠权益价值在于，可以帮助酒店商家获得金冠标识的权威认证，对于引爆流量、增加销量、塑造品牌都有很大的作用。

　　金冠权益标准的主要内容如下。

　　权益内容：金冠标识，如图 5-19 所示。

　　上线时间：周期延长为 1 个月，每月 15 日上线，次月 15 日下线。

　　获取规则：HOS 指数 ≥ 4 分，且用户综合评分 ≥ 4 分。

　　升级规则：已获取金冠资格的商家，可联系业务经理申请金冠。

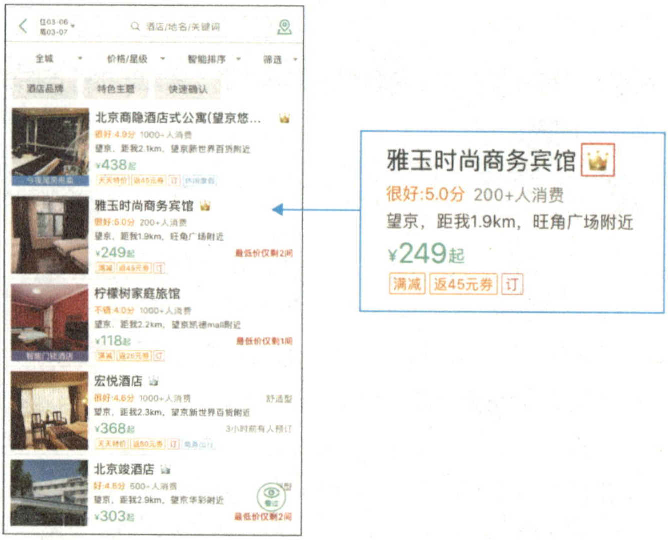

▲ 图 5-19　金冠展示标签的效果

5.2.4　HOS 彩冠

　　HOS 彩冠权益是帮助酒店商家提升排序的重要途径，商家可以享受排序提前，以及更多的客户资源，是增加销量的绝佳方法，如图 5-20 所示。

▲ 图 5-20　彩冠展示标签的效果

彩冠权益标准的主要内容如下。

- 权益内容：彩冠标识，战略合作高度的彩冠标识认证。
- 上线时间：周期延长为 1 个月，每月 15 日上线，次月 15 日下线。
- 申请规则：HOS 指数 ≥ 4 分，而且用户综合评分 ≥ 4 分，且与新美大战略合作的商家，具体咨询业务经理。

5.3 HOS 指数的优化技巧

HOS 指数（Hotel Operation System，酒店经营体系），用于评估酒店经营体系的综合水平，满分 5 分。

对于运营人员来说，要获取更多的权益，就要得到更高的分数，HOS 指数的 9 个指标中的每个指标都可能拉低总分，所以本节提供了一些指标优化的方法。

5.3.1 HOS 指数优先级排序

HOS 指数有 9 项参考指标，分别是：拒单率、违规违约、预留房、预订消费间夜、用户满意度、差评维护率、确认时长、营业额、图片。仅针对开通预订的门店，以月为单位进行统计，对未开通预订业务的门店不统计其 HOS 指数。

根据商家门店上月 9 项指标的得分情况，综合计算 HOS 指数，并在本月授予相应权益。

HOS 指数的 9 个指标虽然同样重要，但在进行优化时还需要遵循一定的先后顺序，首先优化那些最重要的指标。图 5-21 所示为 HOS 指数的优先级排序。

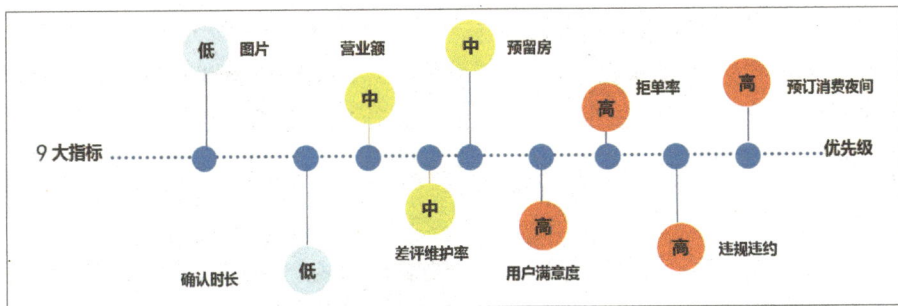

▲ 图 5-21　HOS 指数的优先级排序

HOS 指数与用户评分有所不同：HOS 指数仅针对开通预订的门店，以每月 9 项参考指标的情况进行统计，可以置换相应的权益；而用户评分则用于判定用户对酒店的满意度，是用户对消费酒店的评分，满分 5 分，如图 5-22 所示。

▲ 图 5-22　用户评分

5.3.2　HOS 指数 9 个指标的优化方法

　　要提高 HOS 指数，就必须提高图片、预订消费间夜、差评维护率、用户满意度、拒单率、确认时长、违规违约、营业额、预留房这 9 项参考指标的得分。每项参考指标都有优化技巧，可以点击"计算方式和优化技巧"右侧的箭头查看详情，也可在生意参谋等相关平台了解。

1. 拒单率

　　拒单率是当月商家的拒单比率，是商家配合度和接待能力的主要体现，其计算公式如下。

拒单率＝预约失败订单数 ÷ 预约总订单

　　高拒单率会导致酒店排名下降或置底、取消参与运营活动的资格等，会丧失大量客源。拒单率的提升方法如图 5-23 所示。如酒店满房，应马上点击房态管理及时更新房态；如对产品、价格、房型等不满意，应及时联系业务经理。

▲ 图 5-23　拒单率的提升方法

提升拒单率的具体操作方法如图 5-24 所示。

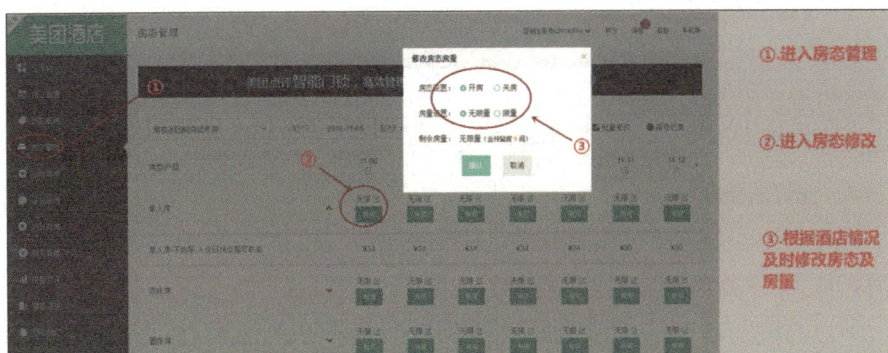

▲ 图 5-24　提升拒单率的具体操作方法

2. 违规违约

违规违约指当月商家逃单、作弊、刷单、到店加价、到店无房、页面信息与实际不符等。

凡是违规违约的商家，美团或大众点评会视情节给予删除销量、排名置底等不同惩罚，严重影响酒店的流量和销量。如商家未达优等，应诚信经营，不违规不违约，真诚与美团合作，热情接待美团用户，如图 5-25 所示。

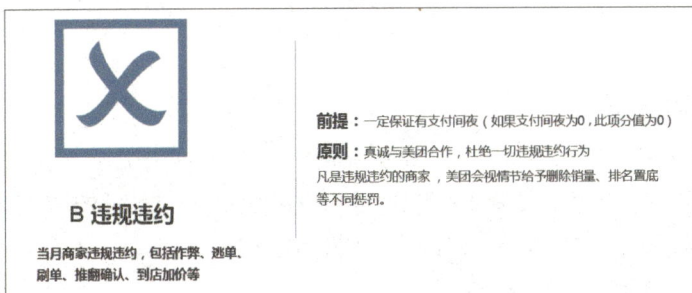

▲ 图 5-25　不违规不违约

3. 预留房

预留房是商家给美团点评提供的预留库存，每天平均预留房量是一个月内每天的预留房数相加后除以当月的天数。预留房提升方法如图 5-26 所示。

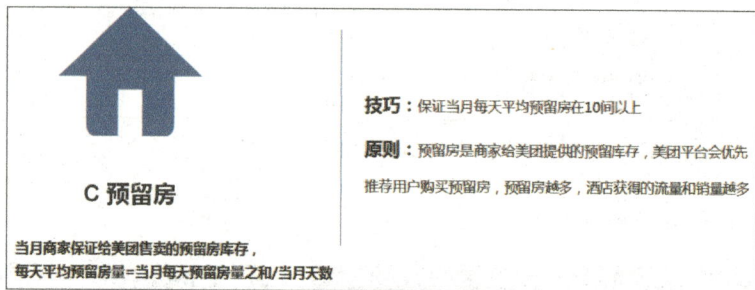

C 预留房

当月商家保证给美团售卖的预留房库存，
每天平均预留房量=当月每天预留房量之和/当月天数

技巧：保证当月每天平均预留房在10间以上

原则：预留房是商家给美团提供的预留库存，美团平台会优先推荐用户购买预留房，预留房越多，酒店获得的流量和销量越多

▲ 图 5-26　预留房提升方法

如商家未达优等，应马上联系业务经理，签约预留房，增加预留房数量。

4. 预订消费间夜

预订消费间夜指当月商家最终确认并接待美团点评用户入住的预订产品间夜量，即用户真实在商家消费过的预订间夜量。

预订消费间夜的提升方法如图 5-27 所示。如商家未达优等，应联系业务经理，增加预订库存，合理制定价格，优化售卖产品。

D 预订消费间夜

当月商家在美团的预订消费间夜量。

原则：提高预订消费间夜（增加预订库存，合理制定价格，参与自促招商，优化售卖产品）

技巧：推出特价房、小时房等
消费间夜是商家利润的来源，预订月消费间夜越多，酒店获得的展示排名、广告曝光、用户流量越大

▲ 图 5-27　预订消费间夜的提升方法

5. 用户满意度

当月酒店用户综合评分，以当月酒店最后一日的线上数据为准，用来评估用户对酒店的认可度和满意度，是消费者购买时重要的参考指标。如商家未达优等，则应诚信经营，完善服务质量，争取用户好评，提升用户满意度。

用户满意度提升方法如图 5-28 所示。

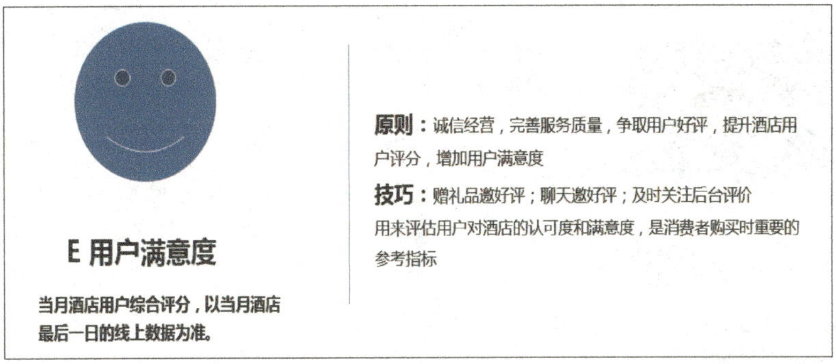

▲ 图 5-28　用户满意度的提升方法

6. 差评维护率

差评维护率是指当月用户给予商家差评后商家的回复比率，其计算公式如下。

差评维护率＝商家对用户差评的回复数 ÷ 用户差评总数

用户评论和商家回复，是消费者选择购买时非常重要的参考因素。商家如不及时维护用户差评，会严重影响销量，如图 5-29 所示。

▲ 图 5-29　及时维护用户差评

如商家未达优等，则应在评价管理第一时间回复差评，及时与用户沟通。差评维护方法如图 5-30 所示。

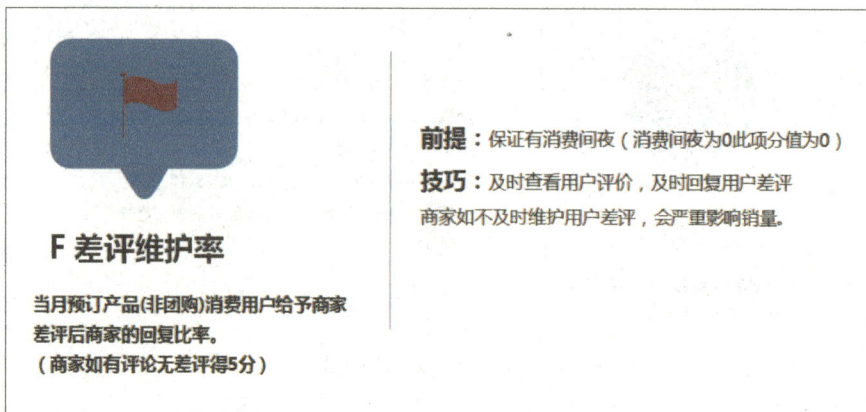

▲ 图 5-30 差评维护方法

差评维护的具体操作手法如图 5-31 所示。商家可以进入"评价管理"页面，查看和处理差评，与差评用户及时联系，真诚地表达歉意，与用户一起分析出现差评的原因，共同商定出解决此类问题的方法，并顺便提出让用户改评价的请求。

▲ 图 5-31 差评维护的具体操作手法

7. 确认时长

确认时长是指酒店当月订单 5 分钟处理率，是商家接单速度的主要体现，其计算公式如下。

5 分钟处理率 = 5 分钟内处理的预订订单量 ÷ 总预订订单量

如商家未达优等，应随时关注美团订单通知，保证在 5 分钟内确认订单。确认时长的提升方法如图 5-32 所示。

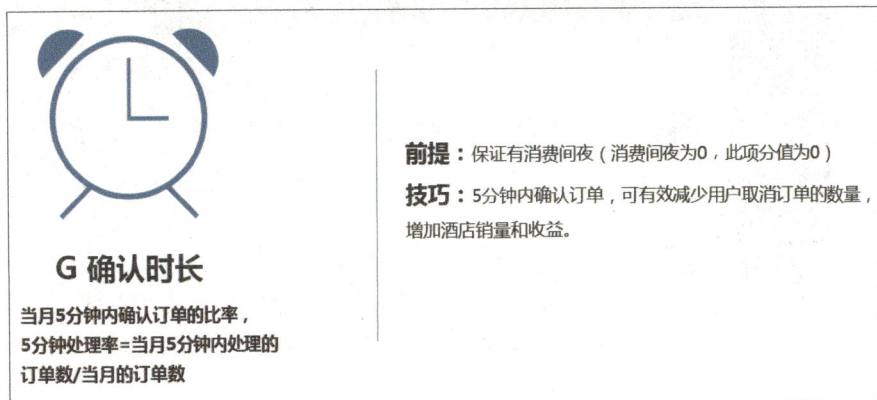

G 确认时长

当月5分钟内确认订单的比率，
5分钟处理率=当月5分钟内处理的
订单数/当月的订单数

前提：保证有消费间夜（消费间夜为0，此项分值为0）

技巧：5分钟内确认订单，可有效减少用户取消订单的数量，增加酒店销量和收益。

▲ 图 5-32　确认时长的提升方法

另外，商家还需要了解订单自处理率，即商家自主处理订单额比率。

订单自处理率＝商家自处理订单量 ÷ 总订单量

订单自处理指除商家通过人工客服以外的途径确认订单，包括商家平台确认、回复手机短信、接听 IVR 语音电话。

8. 营业额

当月营业额，即当月实际消费总额，是衡量酒店经营管理水平的重要依据。不同城市、不同星级的酒店的评分规则不同。酒店可以通过增加销量提升营业额，增加营业额指标的方法如图 5-33 所示。

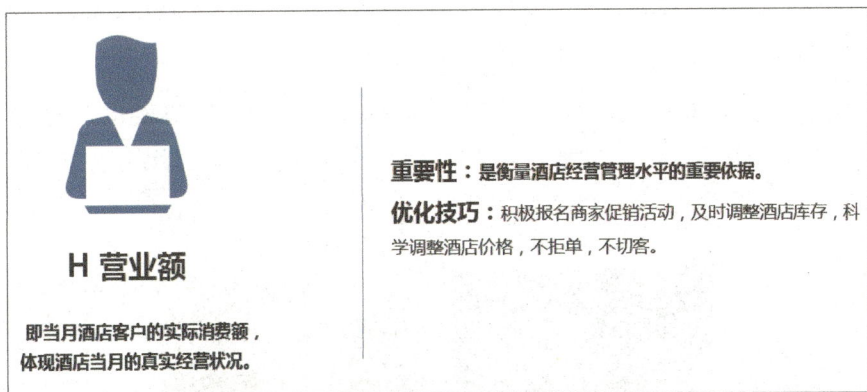

H 营业额

即当月酒店客户的实际消费额，
体现酒店当月的真实经营状况。

重要性：是衡量酒店经营管理水平的重要依据。

优化技巧：积极报名商家促销活动，及时调整酒店库存，科学调整酒店价格，不拒单，不切客。

▲ 图 5-33　营业额优化方法

优化营业额的具体操作手法如图 5-34 所示。

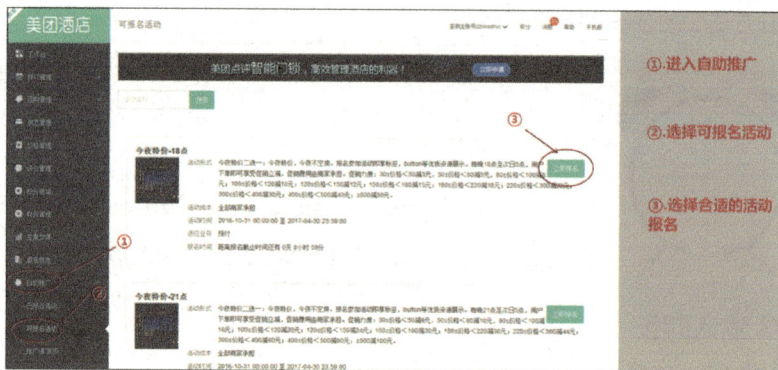

▲ 图 5-34　优化营业额的具体操作手法

9. 图片

大数据统计得出，20 张以上美观的图片，可以给商家带来更多的用户浏览量和销售量。如商家未达优等，可以马上点击图片完善信息，优化图片。图片提升方法如图5-35 所示。

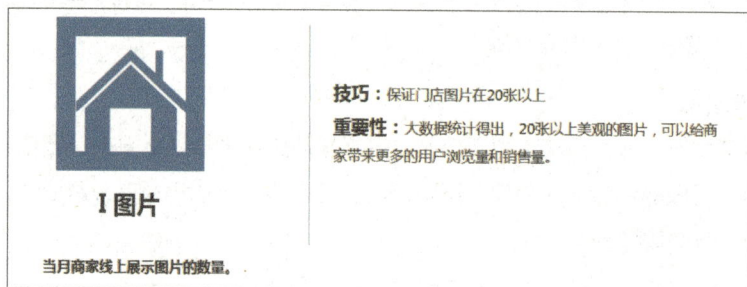

▲ 图 5-35　图片提升方法

商家图片的质量和数量是用户购买时的第一印象，是用户选择酒店的重要依据。因此，在上传酒店图片时，需要注意提供的图片要光线明亮、画质清晰、内容整洁，如图 5-36 所示。

▲ 图 5-36　图片案例说明

专家提醒

　　美团或大众点评中的店铺详情页是介绍酒店客房的页面，这个页面中，商家编辑的文字和上传的图片质量，都会影响顾客的购买欲望，准确、有个性的描述及高清的图片，都是店铺详情页质量的保证。

　　图片提升的具体操作手法如图 5-37 所示。

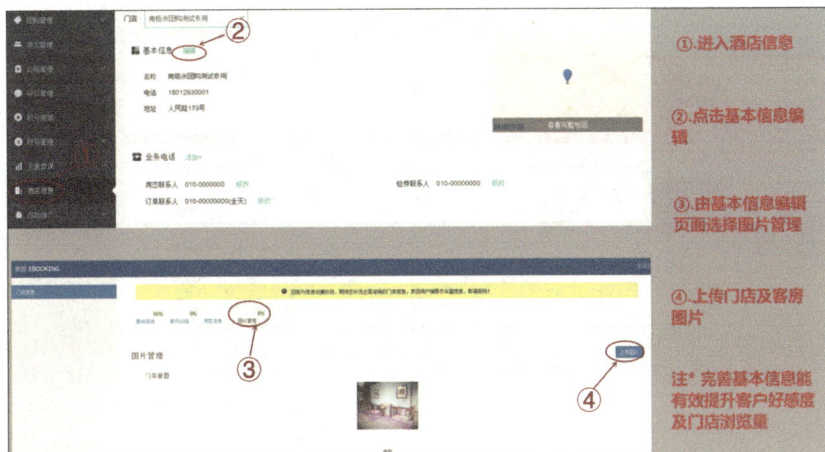

▲ 图 5-37　图片提升的具体操作手法

5.3.3　HOS 指数的常见问题解答

　　下面总结了使用 HOS 指数时，常见的问题及其答案，可以帮助酒店商家解决使用 HOS 指数过程中遇到的一些疑惑。

　　（1）商家没有 HOS 指数，原因是什么？

　　商家没有开通预定业务，没有预订产品在线；商家当月已下线，当月不在线。

　　（2）如何看雷达图？

　　HOS 指标下的图形是 HOS 指标雷达图，表明了 9 项指标和指标得分情况。有色面积越大表示 HOS 指标越大；有色形状越趋近于正九边形表示 HOS 指标越合理，如图 5-38 所示。

　　（3）附近同行分值排名是什么？怎么看？

　　根据当前所选择的门店，展示其附近 1500 米内 HOS 指数前 10 的门店，如图 5-39 所示。本门店的 HOS 指数和排名展示为红色，如果本门店 HOS 指数不在前 10，在排名最后显示本门店的 HOS 指数分值和排名。附近同行分值排名可以清楚了解附近同行的综合水平，并与本门店进行对比。

（4）HOS 指数高，有什么好处？

美团点评会根据 HOS 指数高低授予门店不同的权益，可在商家平台 PC 端查看门店在当月获得的权益，如图 5-40 所示。

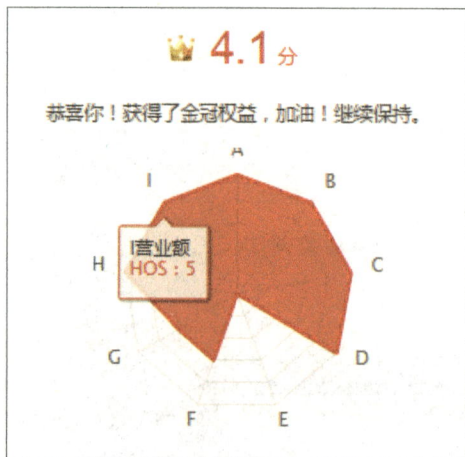

▲ 图 5-38　HOS 指标雷达图

▲ 图 5-39　附近同行分值排名

▲ 图 5-40　查看门店在当月获得的权益

（5）商家反馈没有拒单，但拒单率没得 5 分，原因是什么？

商家反馈没有拒单，但拒单率没得 5 分，原因可能是商家有直连产品，直连产品在当月有拒单行为；商家忘记了当月有拒单。

（6）商家反馈差评维护率计算错误？

差评全部回复了，但没得 5 分，原因有以下几种。

- 月底最后一天产生的差评，没有在当月及时回复。
- 商家不是当月回复的。
- 商家回复的差评不是当月产生的。

如果商家没有差评，但只得了 0 分，则原因可能是商家当月没有产生用户评论，那么只能得 0 分。

（7）HOS 权益如何生效？

月初更新门店的 HOS 指数，并根据 HOS 指数授予相应的权益。每月 5 个工作日后，门店所获权益生效，生效后以消息形式通知商家。

（8）如何计算 HOS 指数？

以月为单位，根据上月 9 项指标的得分情况，综合计算 HOS 指数，满分 5 分，其计算公式如下。

$$HOS\ 指数 = \sum A_i \times Q_i$$

A_i 是参考指标得分，Q_i 是参考指标的权重。参考指标得分直接影响 HOS 指数的高低。

5.4 使用积分，获得更多的流量

积分商城在商家平台 PC 端（即 EB 后台）左侧导航栏，单击"积分商城"按钮即可进入页面，如图 5-41 所示。

▲ 图 5-41 积分商城展示页面

积分的作用：旺季赚积分，淡季兑积分，如图 5-42 所示。

▲ 图 5-42 积分的作用

5.4.1 积分兑换商品的类型

积分可兑换商品主要包括以下 3 种类型。

1. 免费资源位

资源位的价值：不用砸钱的免费广告推广，增加酒店流量曝光，增加销量。

资源位包括以下几种类型。

（1）广告位 –优选商家，相关介绍如图 5-43 所示。

（2）广告位 –月度精选，相关介绍如图 5-44 所示。

▲ 图 5-43　广告位 - 优选商家

▲ 图 5-44　广告位 - 月度精选

（3）广告位 –诚优推荐，相关介绍如图 5-45 所示。

（4）广告位 –本周精选，相关介绍如图 5-46 所示。

▲ 图 5-45　广告位 - 诚优推荐

▲ 图 5-46　广告位 - 本周精选

（5）轮播广告位 –精准推荐，相关介绍如图 5-47 所示。

（6）轮播广告位 –普通推荐，相关介绍如图 5-48 所示。

▲ 图 5-47　轮播广告位 - 精准推荐

▲ 图 5-48　轮播广告位 - 普通推荐

（7）头图标签，相关介绍如图 5-49 所示。头图标签的展示位置位于搜索列表中的商家图片上方，显示"本周推荐酒店"标签，有利于商家的品牌宣传，如图 5-50 所示。

▲ 图 5-49　头图标签

▲ 图 5-50　显示"本周推荐酒店"标签

（8）"点金手第 6 位"是针对部分用户的精准推荐，相关介绍如图 5-51 所示。"点金手第 6 位"会根据商家属性和用户属性，把酒店推送给有需求的用户进行提权展示，但不会针对第 6 位做绝对展示，其实现方法如图 5-52 所示。

▲ 图 5-51　"点金手第 6 位"

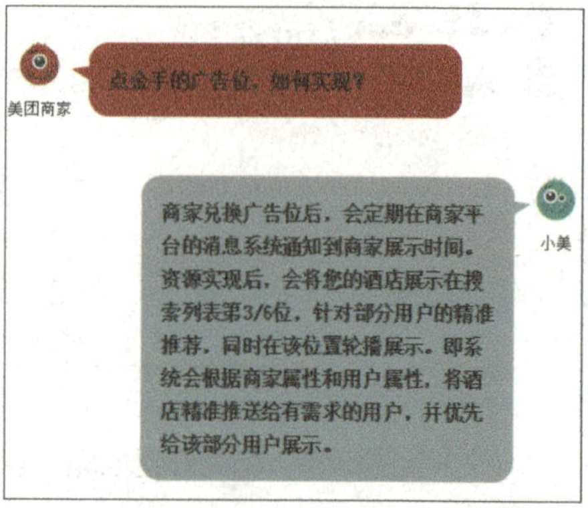

▲ 图 5-52　"点金手第 6 位"的实现方法

（9）"点金手第 3 位"是针对部分用户的精准推荐，不会针对第 3 位做绝对展示，相关介绍如图 5-53 所示。"点金手第 3 位"的兑换规则和流程如图 5-54 所示。

▲ 图 5-53　"点金手第 3 位"

▲ 图 5-54　兑换规则和流程

2. 抵用券

抵用券是美团点评平台发行和认可的购物券，可以在消费付款时抵扣相应面值的金额。抵用券类型分为美食抵用券和酒店抵用券，如图 5-55 所示。

▲ 图 5-55　抵用券

目前，美团点评平台可以兑换的抵用券有以下几种。

（1）酒店 20 元抵用券，相关介绍如图 5-56 所示。

（2）酒店 10 元抵用券，相关介绍如图 5-57 所示。

▲ 图 5-56　酒店 20 元抵用券

▲ 图 5-57　酒店 10 元抵用券

（3）美食 5 元抵用券，相关介绍如图 5-58 所示。

（4）美食 10 元抵用券，相关介绍如图 5-59 所示。

▲ 图 5-58　美食 5 元抵用券

▲ 图 5-59　美食 10 元抵用券

抵用券的使用方法如下。

步骤 ① 登录美团手机 APP 客户端，点击下方导航栏中的"我的"按钮，如图 5-60 所示。

步骤 ② 点击打开"抵用券"，如图 5-60 所示。

▲ 图 5-60　点击"我的"按钮

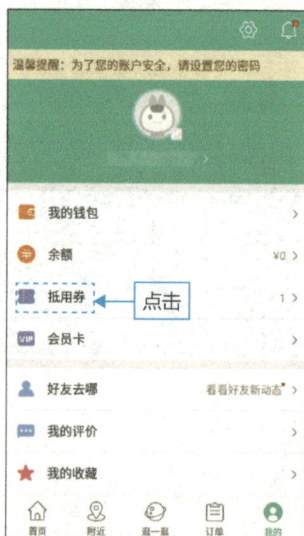

▲ 图 5-61　点击"抵用券"

步骤 ③ 进入"抵用券"界面，点击右上角的"添加"按钮，如图 5-62 所示。

步骤 ④ 弹出"添加抵用券"对话框，输入相应的抵用券密码，点击"确定"按钮即可，如图 5-63 所示。

▲ 图 5-62 点击"添加"按钮

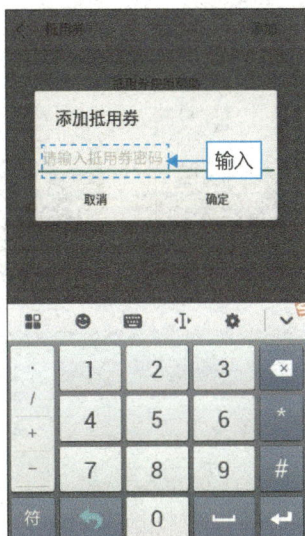

▲ 图 5-63 添加抵用券

在网站或者手机 APP 端付款时，都可以选择使用抵用券，输入抵用券密码验证通过后，即可抵扣相应的金额，如图 5-64 所示。抵用券不找零、不兑现，付款时抵用券会被优先使用，不足支付时才会使用余额支付，如图 5-65 所示。

▲ 图 5-64 手机 APP 中的抵用券

▲ 图 5-65 付款界面

3. 实物类

实物类奖品包括且不限于：物料套装、榨汁机、挂烫机、豆浆机、手机、抱枕等，如图5-66所示。

▲ 图5-66 实物类奖品

单击相应的实物奖品图片，即可查看详情，如图5-67所示。

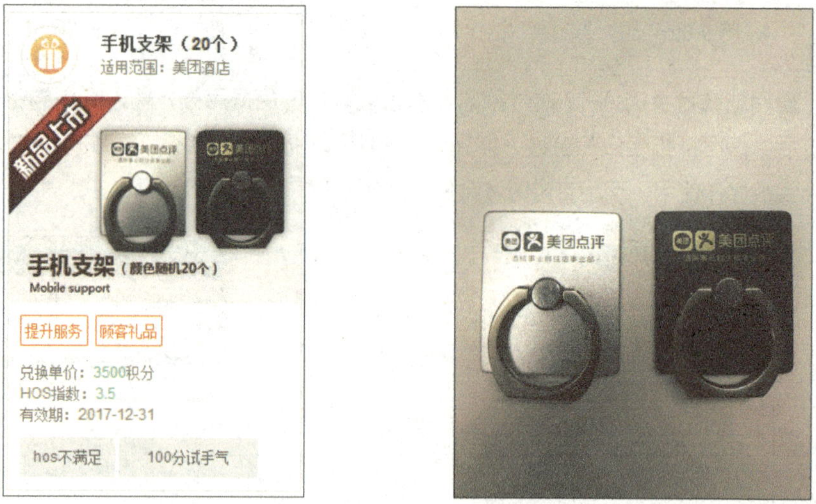

▲ 图5-67 查看实物类奖品详情

5.4.2 赚取与使用积分的方法

商家可以参与美团点评推出的各种活动来赚取积分，如图5-68所示。

商家可以进入"兑换明细"界面，查看获取的积分数额，如图5-69所示。

单击相应活动右侧的"积分明细"按钮，即可在弹出的"积分明细"对话框中查看积分增减详情，如图5-70所示。

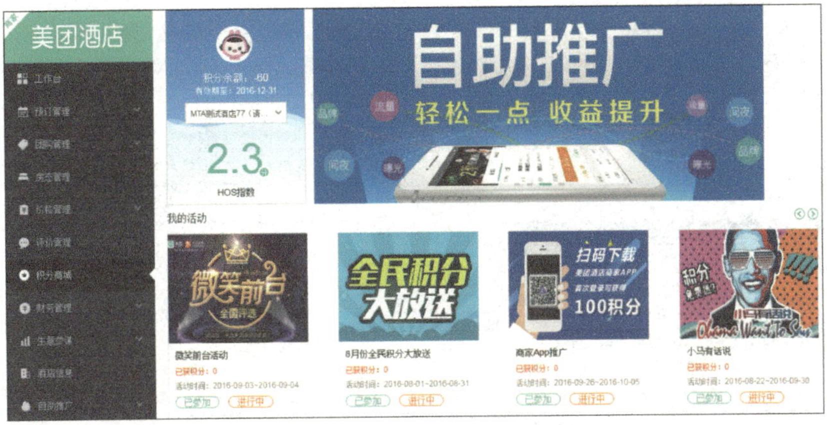

▲ 图 5-68　参与活动赚积分

▲ 图 5-69　"兑换明细"界面

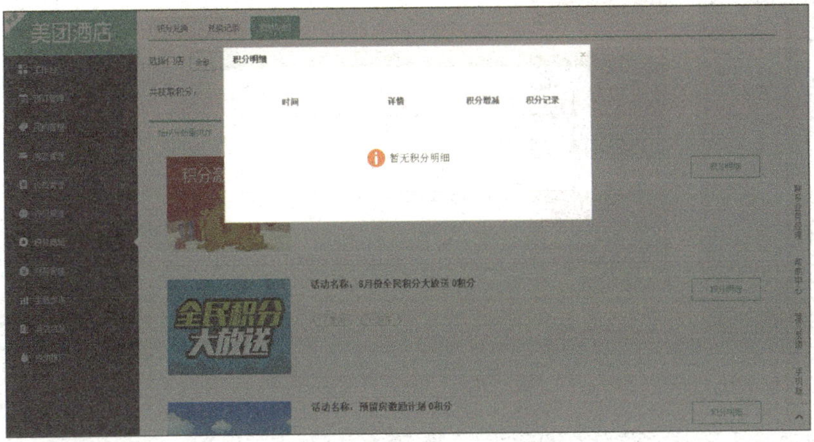

▲ 图 5-70　查询积分明细

点击活动图片或者标题，可以进入活动详情页面，查看活动流程和规则，如图 5-71 所示。需要注意的是，这些赚积分活动通常都具有一定的时效性，因此商家要多到积分商城中查看，避免错过参与活动。

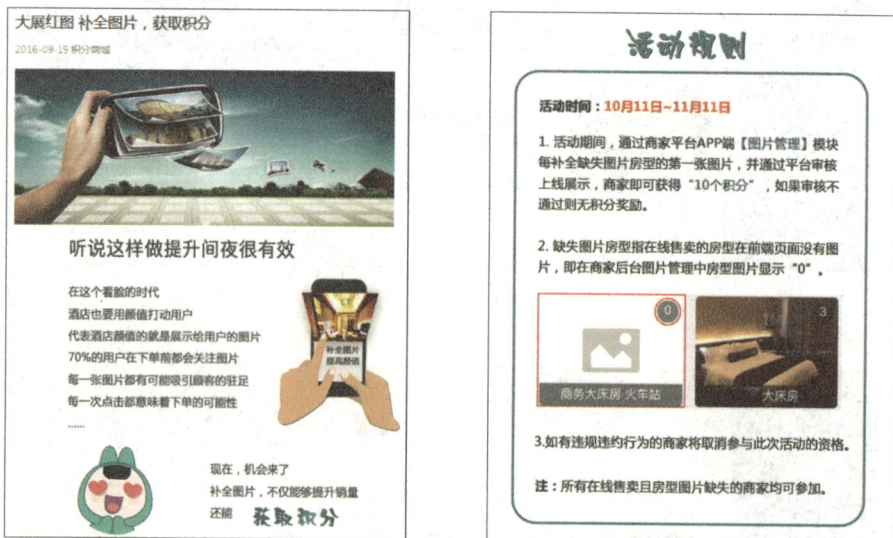

▲ 图 5-71 活动详情页面

商家还可以切换至"按活动时间排序"界面，快速查看和参加最新举行的活动，如图 5-72 所示。

▲ 图 5-72 按活动时间排序

尤其是在节假日期间举行的活动，通常都可以获得大量积分，商家切换不错过，如图 5-73 所示。

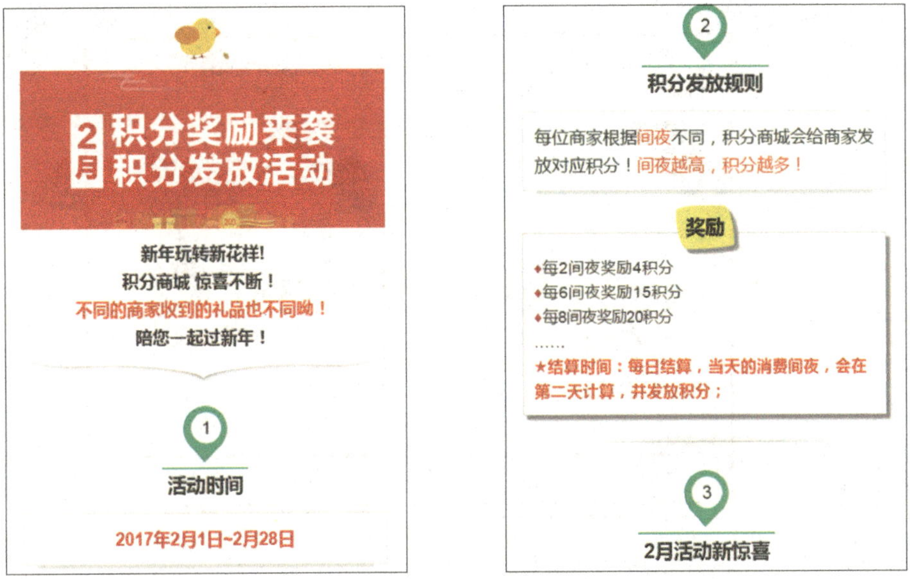
2月 积分奖励来袭
积分发放活动
新年玩转新花样!
积分商城 惊喜不断！
不同的商家收到的礼品也不同呦！
陪您一起过新年！
1
活动时间
2017年2月1日~2月28日
2
积分发放规则
每位商家根据间夜不同，积分商城会给商家发放对应积分！间夜越高，积分越多！
奖励
◆每2间夜奖励4积分
◆每6间夜奖励15积分
◆每8间夜奖励20积分
……
★结算时间：每日结算，当天的消费间夜，会在第二天计算，并发放积分；
3
2月活动新惊喜

▲ 图 5-73　节假日期间的积分活动规则

专家提醒

积分通常在次日结算，即今天结算昨天的积分情况。在积分商城可查看以往积分获取和兑换的明细记录，如图 5-74 所示。

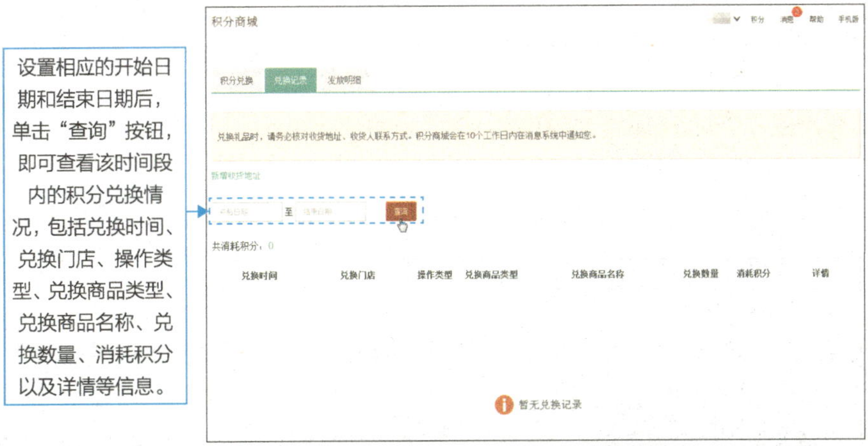
设置相应的开始日期和结束日期后，单击“查询”按钮，即可查看该时间段内的积分兑换情况，包括兑换时间、兑换门店、操作类型、兑换商品类型、兑换商品名称、兑换数量、消耗积分以及详情等信息。
积分商城
积分兑换
兑换记录
发放明细
共消耗积分：0
兑换时间
兑换门店
操作类型
兑换商品类型
兑换商品名称
兑换数量
消耗积分
详情
暂无兑换记录

▲ 图 5-74　兑换记录

当商家累积到一定的积分后，即可使用积分兑换相应的奖励物品。单击想兑换的商品，如果符合兑换规则，即可点击兑换，如图 5-75 所示。

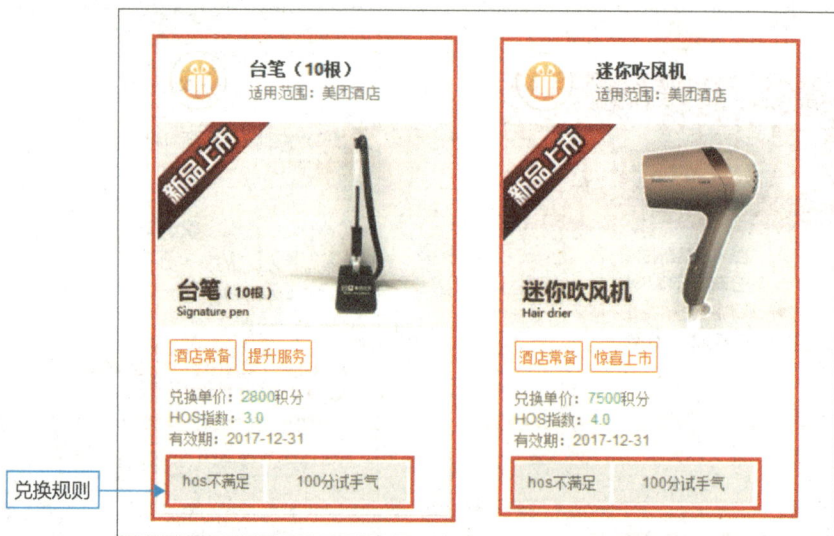

▲ 图 5-75　符合兑换规则后即可兑换相应的物品

5.4.3　使用积分的常见问题

下面整理了一些使用美团点评积分过程中的常见问题。

（1）积分能干什么？

积分可以用来兑换美团酒店频道的广告位、酒店抵用券、美食抵用券、物料套装、手机等，更多精美礼品会陆续上线。

（2）积分怎么获取？

每产生 1 个预订产品的消费间夜，都会奖励相应的积分。

（3）为什么我的积分是 0？

当查看和使用积分的时候，请确定登录的是商家的主账号；是否有过往违规违约记录；具体请咨询业务经理。

（4）商家兑换了资源位，怎么知道什么时候展示？

每周二、周四会通知商家兑换资源位的具体展示时间，可关注消息系统。

（5）点金手的广告位，如何实现？

资源实现后，会将商家的酒店展示在搜索列表第 3/6 位，针对部分用户的精准推荐，同时在该位置轮播展示，如图 5-76 所示。系统会根据商家属性和用户属性，将酒店精准推送给有需求的用户，并优先给该部分用户展示。

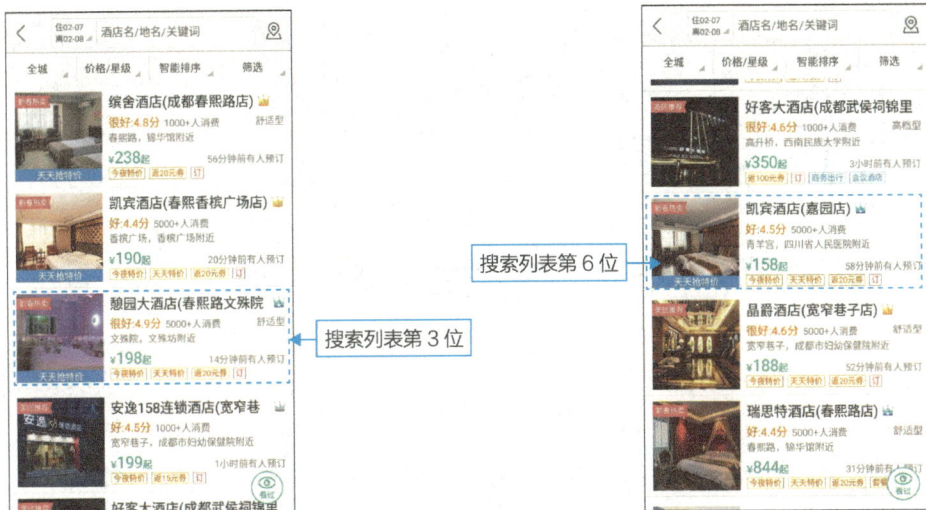

▲ 图 5-76 点金手的广告位

（6）积分会丢失吗？

积分不会丢失，但积分会被扣罚，预订产品每产生 1 个拒单，都会进行相应的积分扣罚。

（7）需要邮寄的实物类积分商品怎么兑换？

工作人员将在 5 个工作日内，与商家确认邮寄的信息和地址，并将实物类商品邮寄的快递单号通知商家，商家需要注意查收商家平台的消息。商家可以进入"兑换记录"页面单击"新增收货地址"链接，在弹出的"寄送地址"对话框中设置收货地址信息，如图 5-77 所示。

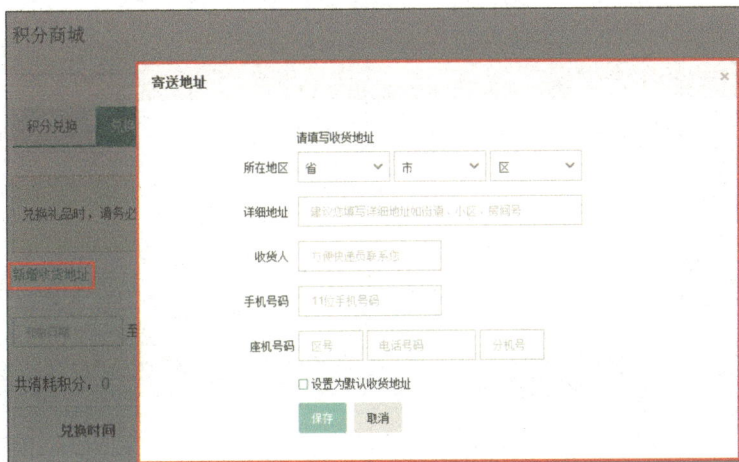

▲ 图 5-77 设置收货地址信息

第6章

参与平台活动，低成本提高销量

学前提示

不管是对新商家还是老掌柜来说，参与各种酒店活动都是非常重要的，无论是参与自促活动，还是购买推广通产品，或是开通房惠业务，对于酒店来说都是一种独特的宣传推广形式，都可以让你的酒店更加出彩，进而增加店铺曝光量和销售量，实现顾客倍增。

要点展示

- ≫ 参加自促活动提高销量
- ≫ 购买推广通产品提高销量
- ≫ 开通房惠业务提高销量
- ≫ 开通生意参谋提高销量

6.1 参加自促活动提高销量

不管是在线上还是在线下，酒店行业的竞争越来越大，单靠传统的线下营销方式已经很难做了，美团点评平台有很多有效的自主推广方式，如今夜特价、天天特价、连住特惠、早订多减、多间立减、特价日等，让消费者获得更多优惠的同时，也可以帮助酒店商家增加销量，减少空房率。

6.1.1 今夜特价：最后一秒钟营销

今夜特价是商家自促活动，活动提供酒店每晚 18 点后的尾房销售服务。通过对酒店库存做"最后一秒钟营销"，将酒店每日剩余库存以非常优惠的价格推出，让酒店商家不再烦恼入住率。

对于酒店每日的剩余库存来说，今夜特价可以进一步增加这些库存客房的曝光量，提升销量，解决尾房销售问题。在美图 APP 的酒店频道中，点击"特价酒店"，如图 6-1 所示。执行操作后，进入"特价酒店"界面，即可在其中看到"今夜特价"活动，如图 6-2 所示。

▲ 图 6-1 点击"特价酒店"

▲ 图 6-2 "特价酒店"界面

1. 展示资源

报名今夜特价活动的酒店将获得以下几个展示资源。

（1）资源一："今夜特价"专题活动页面，如图 6-3 所示。

▲ 图 6-3　"今夜特价"专题活动页面

（2）资源二：banner 位，展示效果如图 6-4 所示。

（3）资源三：点金手 3/6 位，展示效果如图 6-5 所示。

▲ 图 6-4　banner 位

▲ 图 6-5　点金手 3/6 位

（4）资源四：主流程搜索，展示效果如图 6-6 所示。

（5）资源五：主流程筛选，展示效果如图 6-7 所示。

▲ 图 6-6　主流程搜索

▲ 图 6-7　主流程筛选

（6）资源六：酒店大促，展示效果如图 6-8 所示。

（7）资源七：头图标签，展示效果如图 6-9 所示。

▲ 图 6-8　酒店大促

▲ 图 6-9　头图标签

2. 活动效果数据

今夜特价活动对商家的交易额提升有非常大的促进作用，夜销时间段交易额增长比例：POI（64.29%）；全天交易额增长比例：POI（33.59%），如图 6-10 所示。

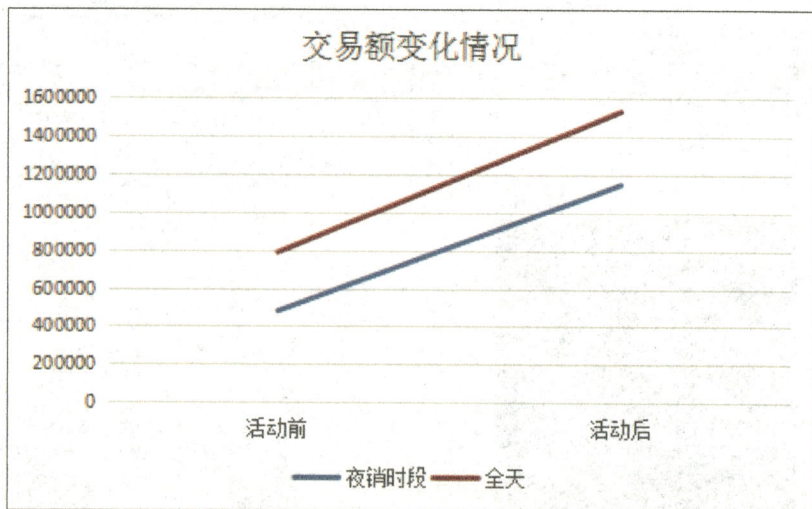

图 6-10 交易额变化情况

今夜特价对于商家的转化率提升有促进作用：整个活动 POI 夜销时间段转化率提升 5.57%；全天转化率提升 2.56%，如图 6-11 所示。

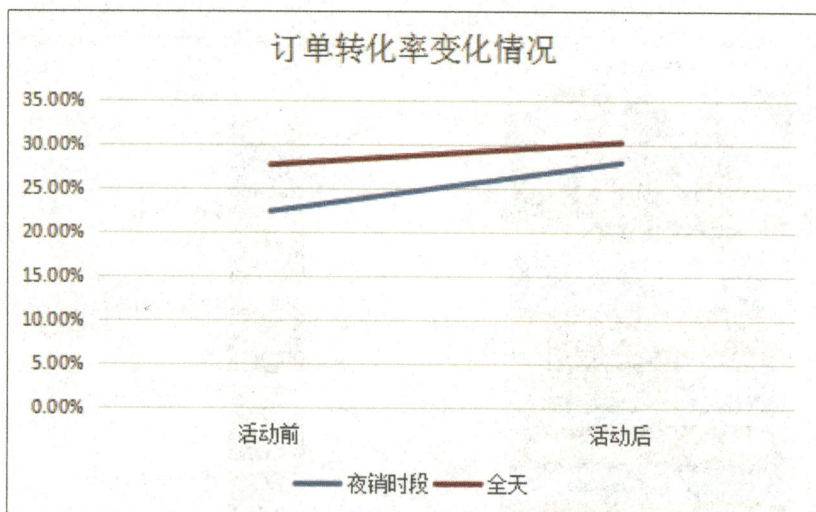

▲ 图 6-11 订单转化变化情况

3. 商家活动案例

酒店名称：某连锁酒店（深圳火车站罗湖口岸店）

所在城市：深圳

酒店介绍：某连锁酒店秉承让顾客"天天睡好觉"的愿景，以直销低价模式，快乐自主的服务理念，致力为会员提供干净、舒适、快乐的住宿环境和氛围，满足客户的核心住宿需求。

参加今夜特价活动前后的交易额/UV 变化情况如图 6-12 所示。

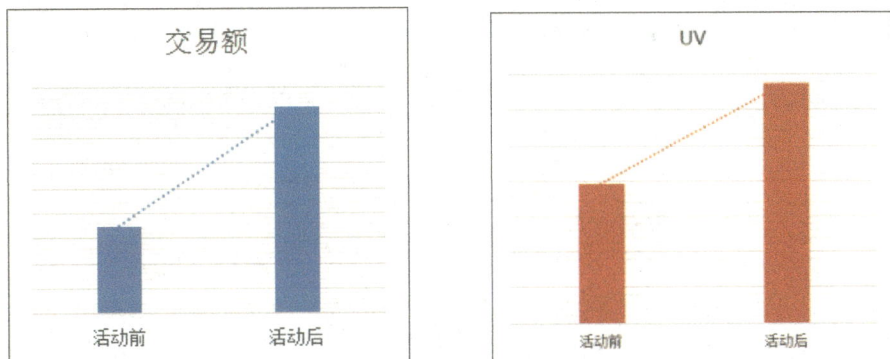

▲ 图 6-12 交易额/UV 变化情况

参加活动的同时，该店还做了以下准备。

- 完善了酒店服务，如提供叫醒服务、Wi-Fi 网络等。
- 优化了酒店图片，如图 6-13 所示。

▲ 图 6-13 优化了酒店图片

- 最后，通过细致的服务换取用户真心的好评，如图 6-14 所示。

▲ 图 6-14 通过细致服务获得好评

4. 招商流程及报名规则

今夜特价活动的报名规则如下。

（1）招商对象：所有支持预订的美团酒店商家。

（2）招商周期：每周一至周日。

（3）活动周期：报名之日起后续 12 周（支持随进随出）。

（4）活动时间及折扣：18:00 ~ 次日 5:00 为 9 折，21:00 ~ 次日 5:00 为 8 折。

今夜特价活动的报名流程如下。

步骤 ① 打开美团商家后台，在左侧导航栏依次选择"自助推广"→"可报名活动"选项，如图 6-15 所示。

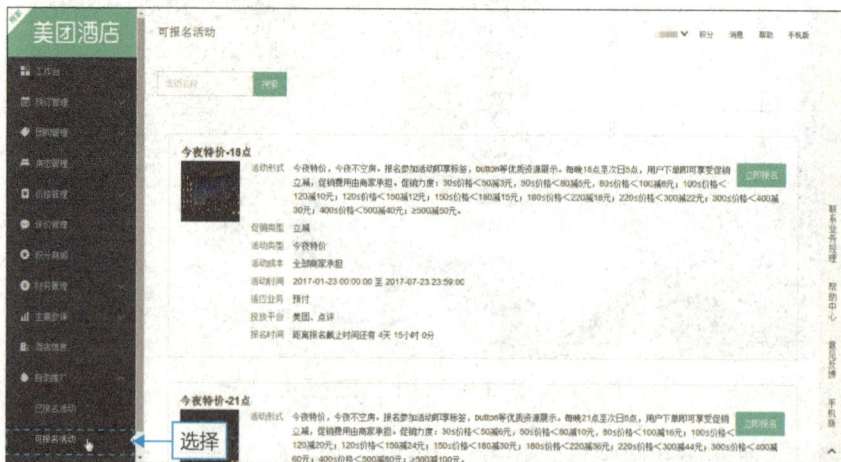

▲ 图 6-15 选择"可报名活动"选项

步骤② 在右侧窗口中，可以看到自促今夜特价活动报名入口，包括"今夜特价-18点"和"今夜特价-21点"两个活动，如图6-16所示。

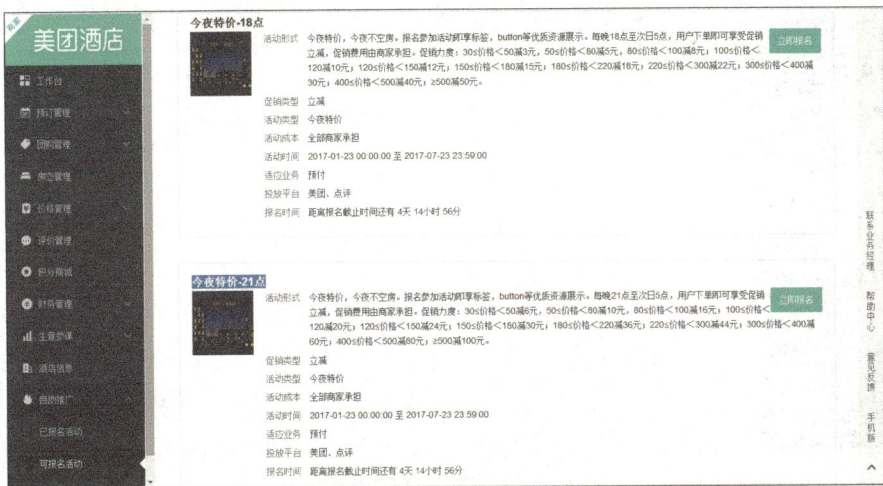

▲ 图6-16 自促今夜特价活动报名入口

步骤③ 选择合适的自促活动，如"今夜特价-18点"，单击右侧的"立即报名"按钮，进入"报名活动"页面，选择要参加活动的门店和房型，如图6-17所示。

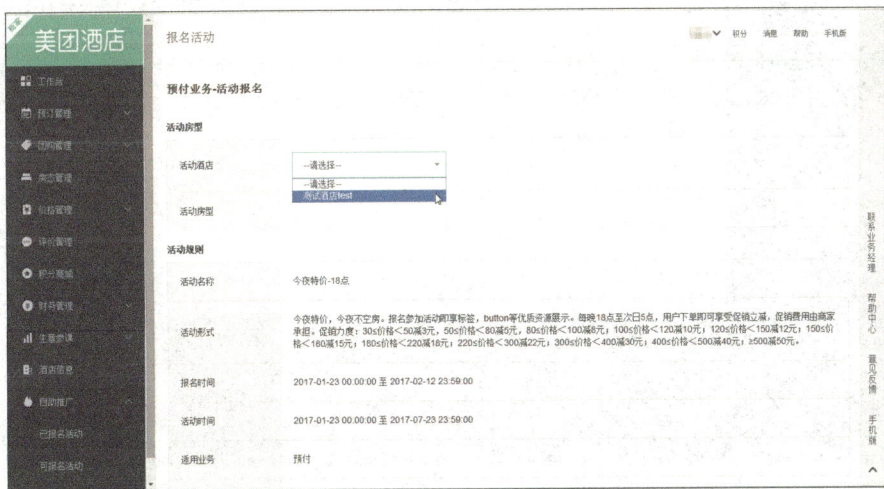

▲ 图6-17 选择门店

步骤④ 在"报名活动"页面，酒店商家还可以查看今夜特价活动的详情，包括活动名称、活动形式、报名时间、活动时间、适用业务、活动类型、促销类型、投放平台、商家限制、抵用券限制、活动规则等，如图 6-18 所示。

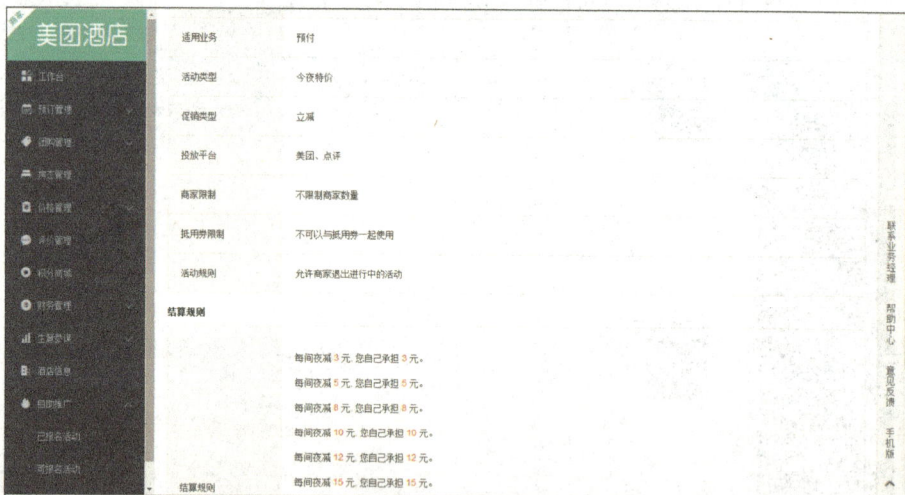

▲ 图6-18　今夜特价活动的详情

步骤⑤ 在"报名活动"页面最下方，显示了今夜特价活动的结算规则，单击"查看详情"可以查看结算规则相关的注意事项和举例说明，如图 6-19 所示。

▲ 图6-19　今夜特价活动的结算规则

步骤⑥ 了解了活动的相关说明后，商家可以单击页面最下方的"报名"按钮参与活动，如图 6-20 所示。之后确认电子协议和进行短信验证即可。

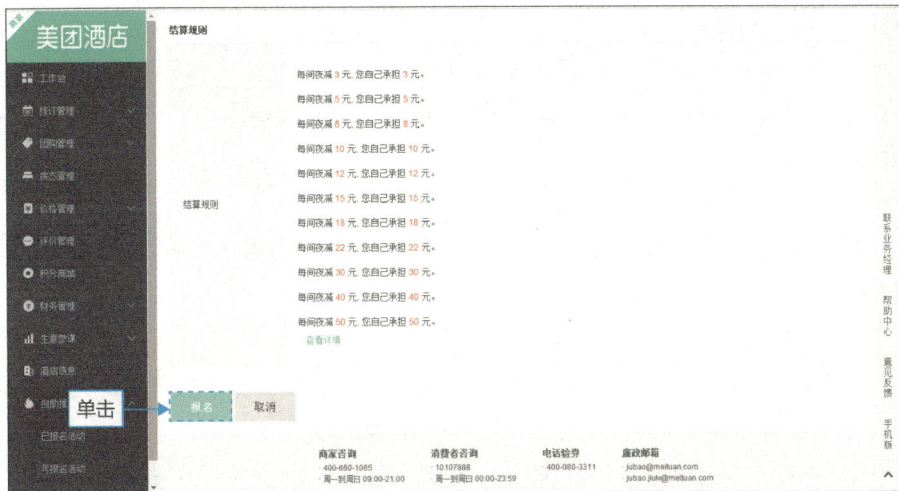

▲ 图 6-20　单击"报名"按钮

报名成功后，活动上线，酒店商家可以通过美团点评后台查看活动详情以及取消报名，如图 6-21 所示。

▲ 图 6-21　活动上线

今夜特价的活动规则如下。

- 在活动期间，用户在每晚特定时间点以后下单，即可享受超低优惠。
- 本活动不能与其他优惠同时使用。
- 在参与活动过程中，如果出现作弊行为，美团网将自动取消作弊商家的本次活动订单，并有权取消商家后续参与其他美团活动的权利。
- 美团网在法律允许范围内对本活动拥有最终解释权。

5. 常见问题解析

（1）从哪里可以接收到活动报名的通知？

商家可以进入后台自促推广模块中的"可报名活动"，以及后台消息通知 – 业务提醒来参与活动。

（2）活动进行了一半想退出怎么办？

今夜特价已经对所有活动商家开通了"随进随出"的功能，商家可以根据自己的情况随时退出进行中的活动。

（3）今夜特价与天天特价的区别是什么？

今夜特价的主要目的是帮助商家消灭尾房，活动从晚上 18 点开始到次日 5 点在线；天天特价的目的是帮助商家提升日常销量情况，活动全天在线。

6.1.2　早订多减：早订更优惠

早订多减活动是指用户越早下订单则优惠越多。对于商家来说，报名参加早订多减活动即可获得相应的标签，以及特价酒店频道等优质资源展示，其相关说明如图 6-22 所示。在早订多减活动期间，用户下单即可享受促销立减，促销费用由商家承担。

早订多减

活动形式	早订多减，早订更优惠！报名参加活动即享标签，特价酒店频道等优质资源展示。活动期间用户下单即可享受促销立减，促销费用商家承担。促销力度：提前订2-3天：价格≥30元每间夜9.5折；提前订4-5天：价格≥30元每间夜9折；提前订6天以上：价格≥30元每间夜8.5折；
促销类型	折扣
活动类型	早订多减
活动成本	全部商家承担
活动时间	2017-01-23 00:00:00 至 2017-07-23 23:59:00
适应业务	预付
投放平台	美团
报名时间	距离报名截止时间还有 4天 14小时 33分

▲ 图 6-22　早订多减活动

早订多减的促销力度如下。

- 提前订 2 ～ 3 天：价格 =30 元每间夜 9.5 折。
- 提前订 4 ～ 5 天：价格 =30 元每间夜 9 折。
- 提前订 6 天以上：价格 =30 元每间夜 8.5 折。

早订多减活动的资源展示位如下。

（1）底部专题，展示效果如图 6-23 所示。

（2）banner 位，展示效果如图 6-24 所示。

▲ 图 6-23　底部专题

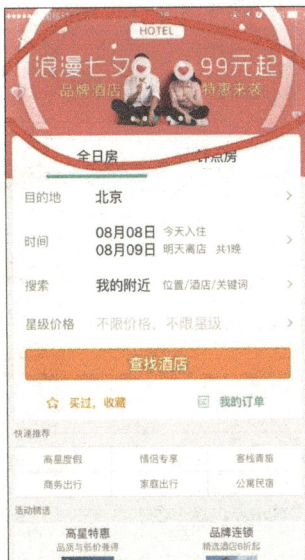

▲ 图 6-24　banner 位

（3）列表页商品标签，展示效果如图 6-25 所示。

（4）酒店大促，展示效果如图 6-26 所示。

▲ 图 6-25　商品标签

▲ 图 6-26　酒店大促

另外，在酒店的客房列表中也会显示相应的"早订多减"标签，如图 6-27 所示。点击标签可以查看具体的"早订多减"活动的优惠详情，如图 6-28 所示。

▲ 图 6-27 客房列表中的"早订多减"标签

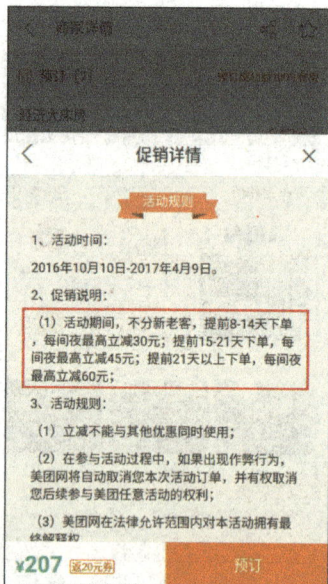

▲ 图 6-28 "早订多减"活动的优惠详情

需要注意的是，早订多减活动的折扣由商家自行承担，例如，每订单折扣 95%，则商家自己承担订单金额的 5%。

6.1.3 连住特惠：多天连住更实惠

酒店全量开通预付功能，商家均可报名参加连住特惠活动，其活动规则如图 6-29 所示。需要注意的是，参与连住特惠活动后，商家不能选择折扣和时间，报名后全部折扣和预定时间都要参加。

▲ 图 6-29 连住特惠活动规则

连住特惠活动的资源展示位如下。

（1）列表页标签（连住特惠），展示效果如图 6-30 所示。

（2）详情页标签（连住特惠），展示效果如图 6-31 所示。

▲ 图 6-30　列表页标签

▲ 图 6-31　详情页标签

在详情页中点击有"连住特惠"标签的客房名称，在详情窗口中可以看到"连住特惠，下单立减"的字样，如图 6-32 所示。点击"连住特惠，下单立减"，即可查看具体的促销详情，如图 6-33 所示。

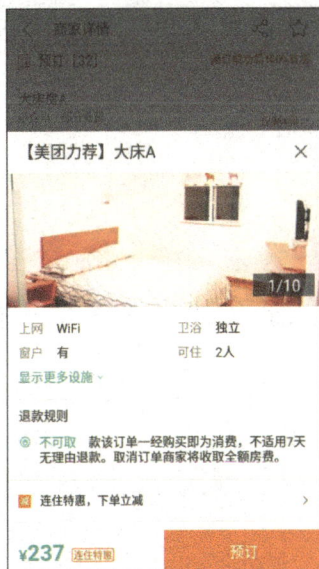

▲ 图 6-32　客房详情窗口

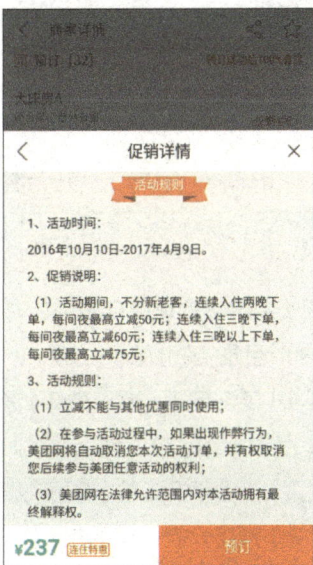

▲ 图 6-33　连住特惠促销详情

专家提醒

连住特惠活动的促销力度如下。

·连续预定两天 9 折。

·连续预定三天 8.8 折。

·连续预定三天以上 8.5 折。

6.1.4 天天特价：吸引消费者的眼球

酒店全量开通预付功能的商家均可报名参加天天特价活动，活动种类包括全天 9.5 折和全天 9.2 折两种，如图 6-34 所示。

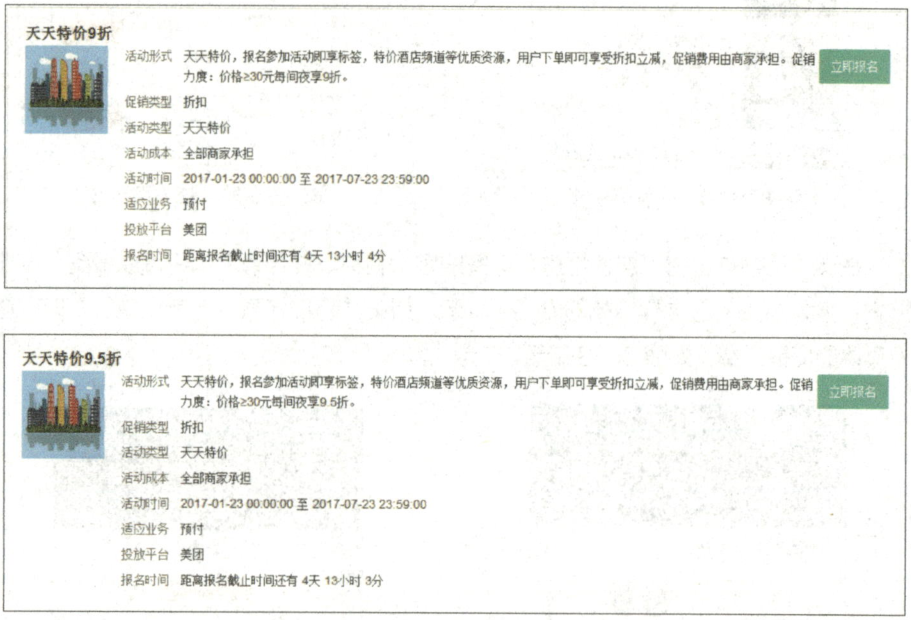

▲ 图 6-34 天天特价活动

天天特价商家进行促销时所喊的"口号"，用来吸引消费者的眼球并促进销售。天天特价活动的资源展示位如下。

（1）底部专题，展示效果如图 6-35 所示。

（2）banner 位，展示效果如图 6-36 所示。

（3）点金手 3/6 位，展示效果如图 6-37 所示。

（4）酒店大促，展示效果如图 6-38 所示。

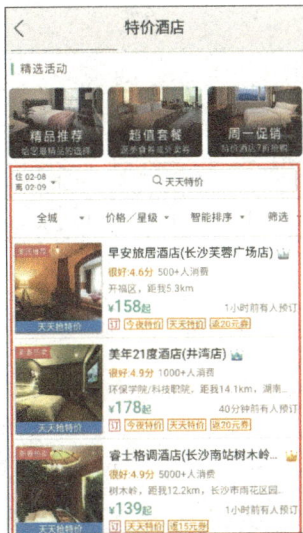

▲ 图 6-35　底部专题

▲ 图 6-36　banner 位

▲ 图 6-37　点金手 3/6 位

▲ 图 6-38　酒店大促

专家提醒

天天特价活动的相关规则如下。

• 商家限制：不限制商家数量。

• 抵用券限制：不可以与抵用券一起使用。

• 活动规则：允许商家退出进行中的活动。

（5）主流程搜索，展示效果如图6-39所示。

（6）主流程筛选，展示效果如图6-40所示。

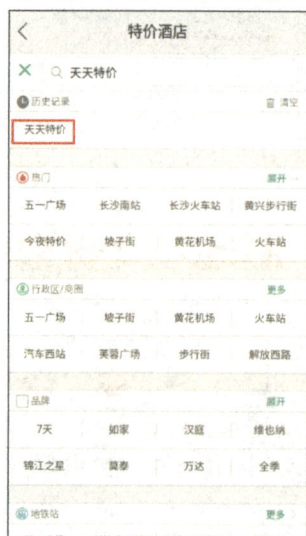

▲ 图6-39 主流程搜索

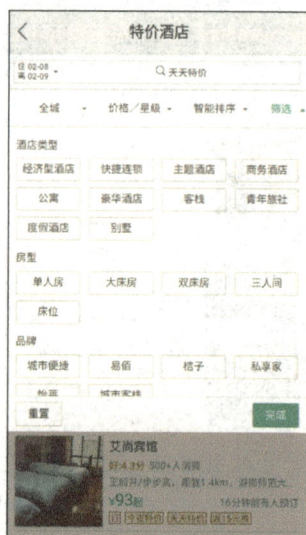

▲ 图6-40 主流程筛选

（7）主图标签和列表页标签（天天特价），展示效果如图6-41所示。

（8）详情页标签（天天特价），展示效果如图6-42所示。

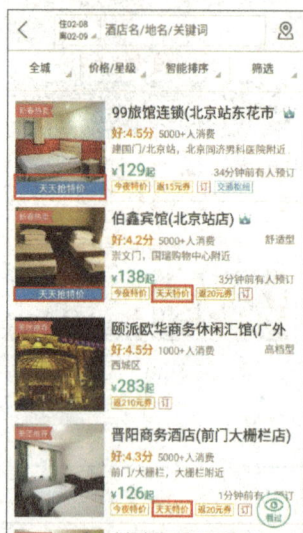

▲ 图6-41 主图标签和列表页标签

▲ 图6-42 详情页标签

在详情页中点击有"天天特价"标签的客房名称，在详情窗口中可以看到"天天特价，下单立减"的字样，如图 6-43 所示。点击"天天特价，下单立减"，即可查看具体的天天特价促销详情，如图 6-44 所示。

▲ 图 6-43　客房详情窗口

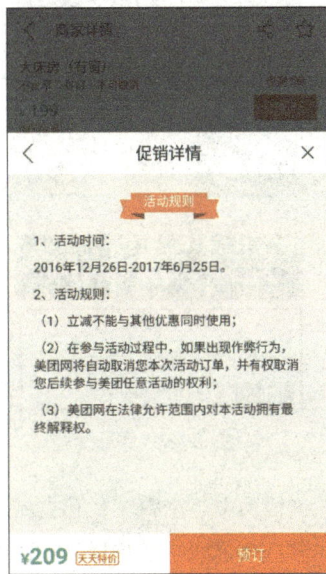

▲ 图 6-44　天天特价促销详情

6.1.5　多间立减：薄利多销，促销利器

多间立减促销活动主打价格优势，以薄利多销的特价形式，帮助酒店商家同时销售更多的客房，成为众多商家制胜的法宝，其活动介绍如图 6-45 所示。

▲ 图 6-45　多间立减促销活动

多间立减活动的资源展示位如下。

（1）底部专题，展示效果如图 6-46 所示。

（2）详情页标签（连住特惠），展示效果如图 6-47 所示。

▲ 图 6-46　底部专题

▲ 图 6-47　详情页标签

在详情页中点击有"多间立减"标签的客房名称，在详情窗口中可以看到"多间立减，多订多优惠"的字样，如图 6-48 所示。点击"多间立减，多订多优惠"，即可查看具体的促销详情，如图 6-49 所示。

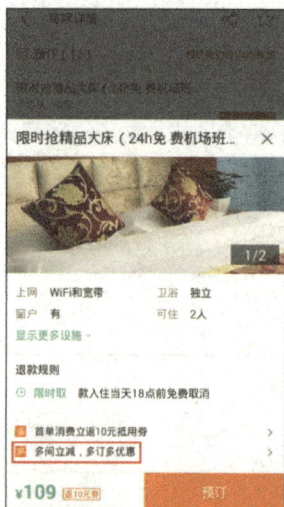

▲ 图 6-48　客房详情窗口

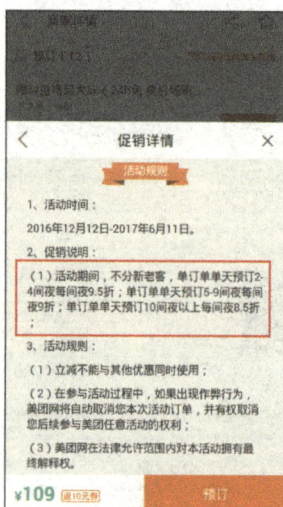

▲ 图 6-49　多间立减促销详情

6.1.6　特价日：指定日期优惠

特价日促销活动的主要形式是"周一 7 折特惠"，商家报名参加活动即享标签、

button 等优质资源展示，其活动介绍如图 6-50 所示。

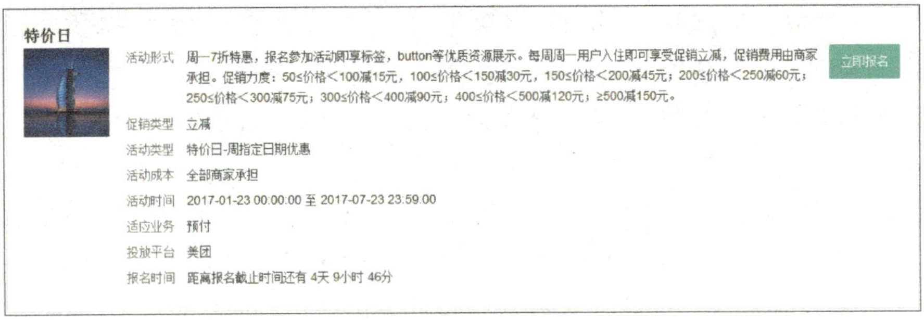

▲ 图 6-50 特价日促销活动

💡 **专家提醒**

　　店铺如果设置了音乐，则需要在显眼的位置设置一个暂停音乐按钮，以免给不喜欢背景音乐的浏览者造成困扰。

特价日促销活动的促销力度与结算规则如下。

- 50 ≤价格＜ 100，每间夜减 15 元，商家自己承担 15 元。
- 100 ≤价格＜ 150，每间夜减 30 元，商家自己承担 30 元。
- 150 ≤价格＜ 200，每间夜减 45 元，商家自己承担 45 元。
- 200 ≤价格＜ 250，每间夜减 60 元，商家自己承担 60 元。
- 250 ≤价格＜ 300，每间夜减 75 元，商家自己承担 75 元。
- 300 ≤价格＜ 400，每间夜减 90 元，商家自己承担 90 元。
- 400 ≤价格＜ 500，每间夜减 120 元，商家自己承担 120 元。
- 价格≥ 500，每间夜减 150 元，商家自己承担 150 元。

6.2　购买推广通产品提高销量

　　推广通是一款为酒店商户量身打造，帮助酒店商户推广门店的营销工具，如图 6-51 所示。

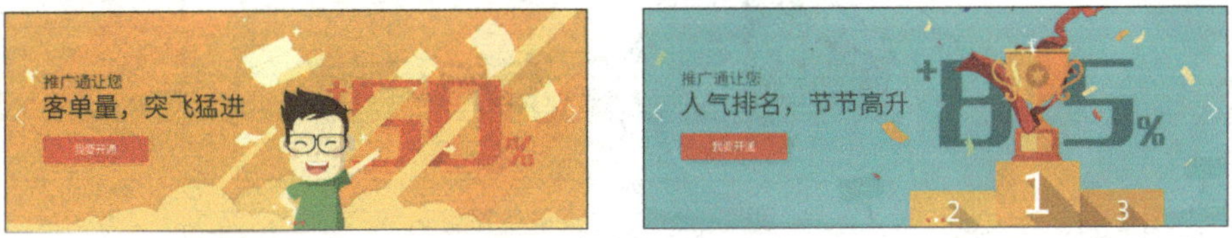

▲ 图 6-51 认识推广通

6.2.1 了解推广通业务及其优势

推广通按照实际有效点击计费，免费曝光，不点击，不收费。推广通的广告曝光展示全部免费，只在广告被真实消费者实际点击后计费：消费者在 APP 端搜索信息时，在载有商户信息的推广通搜索结果推荐位上发生点击行为后，下一个页面成功加载出来，则产生一次点击计费。

推广通可以让商户无烦恼，推广更简单，是美团与大众点评唯一同时覆盖移动端和 PC 端的广告产品，通过分析消费者行为智能抓取目标客流，海量导流到店消费，如图 6-52 所示。

▲ 图 6-52 推广通具有强大的导流功能

推广通可以帮助酒店提升排名、增加曝光、提高销量。图 6-53 所示为推广通的优势。

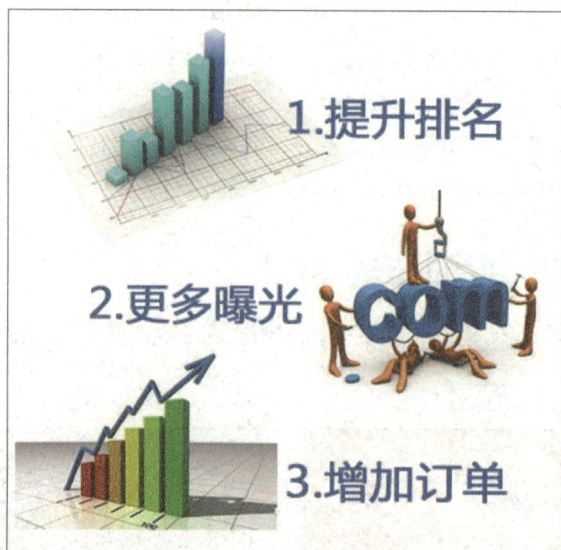

▲ 图 6-53 推广通的主要优势

商户必须有账号才能在线签约推广通业务，若没有账号，则必须先去注册认领一个商家账号。登录美团点评后台，在左侧导航栏中依次选择"自助推广"→"推广通－首页"，在右侧窗口中单击"我要开通"按钮，设置相应的手机号码、所在城市、门店名称等信息，单击"提交"按钮，如图6-54所示，稍后销售团队会联系商家在线签约，开通后即可创建绑定门店的广告。

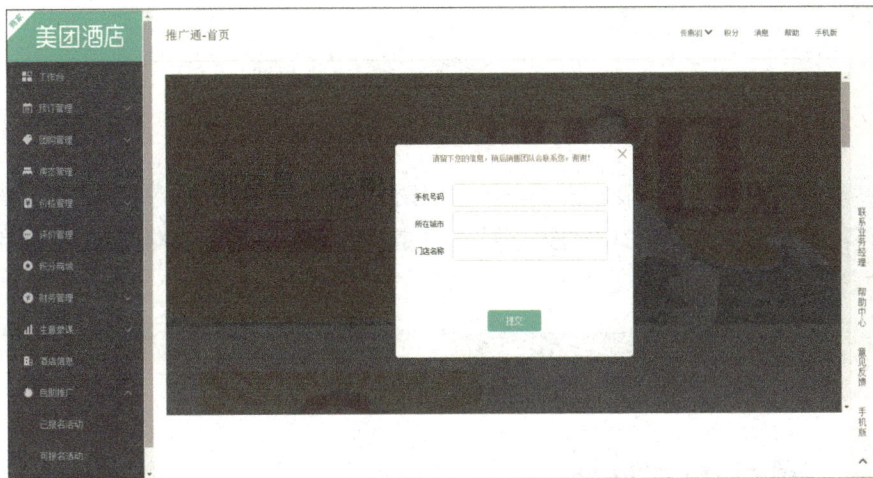

▲ 图6-54 开通推广通

下面介绍一些在开通推广通时可能遇到的问题。

（1）在线签约推广通，需要付多少钱？

为了保证商户首次投放广告的时长，从而获得最佳的广告效果，签约推广通需要充值任意金额，不同类目、不同城市的最小充值金额会有区别。

（2）不同门店绑定和最小充值金额

如果账号绑定了两个门店A和B，选择不同门店签约推广通，有可能会出现最小充值金额不同的情况。因为门店A和B的类目不同或者城市不同，不同类目、不同城市最小充值金额会有区别。

账号绑定了A门店，签约推广通时只能创建A门店的广告。同理绑定了B门店，签约推广通时只能创建B门店的广告。

（3）签约推广通为什么要选营销顾问？

目的是方便后续的客户跟进维护，如果商家选了营销顾问，后续在产品使用过程中遇到问题都可以咨询营销顾问。

6.2.2 广告展位覆盖移动端和PC端

推广通全面覆盖了移动端和PC端，并联合点评站内及优质社交媒体平台（如图

6-55 所示），为商家提供丰富多样的广告展位。

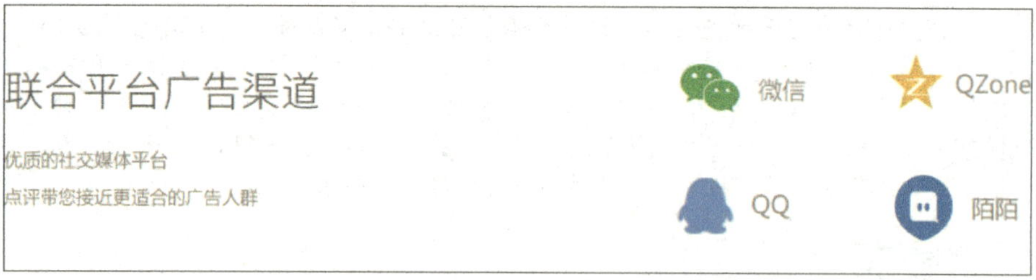

▲ 图 6-55　推广通联合平台广告渠道

1. 移动端广告展位

开通推广通的商家可以获得美团酒店搜索列表页排位，并且有"广告"标识，根据不同的定向条件，竞价得到推广位不同关键词的搜索结果页，都有推广位，如图 6-56 所示。

▲ 图 6-56　美团酒店搜索列表页排位

商家通过推广通可以获得以下移动端广告展位。

（1）首页猜你喜欢第一位，展示效果如图 6-57 所示。

▲ 图6-57　首页猜你喜欢第一位

　　"猜你喜欢"主要是根据消费者的浏览记录、收藏记录、购买记录，提取该客房商品的属性标签，然后根据这些标签做相似性推荐。

（2）搜索内容广告位，展示效果如图6-58所示。

▲ 图6-58　搜索内容广告位

（3）搜索补余广告位：是指消费者搜索列表下方出现的"你可能会喜欢"列表，用来补充消费者的搜索结果，形成一种间接推荐的营销效果，展示效果如图6-59所示。

▲ 图 6-59　搜索补余广告位

（4）商户页底部广告位：在酒店商家的详情页面底部有一个"小伙伴们还喜欢"频道，将根据用户行为推荐相关的产品或服务，展示效果如图 6-60所示。

▲ 图 6-60　商户页底部广告位

（5）闪惠交易成功页：在美团点评的"闪惠"支付页面中有一个"小伙伴们还喜欢"频道，将根据用户行为推荐相关的产品或服务，展示效果如图 6-61所示。

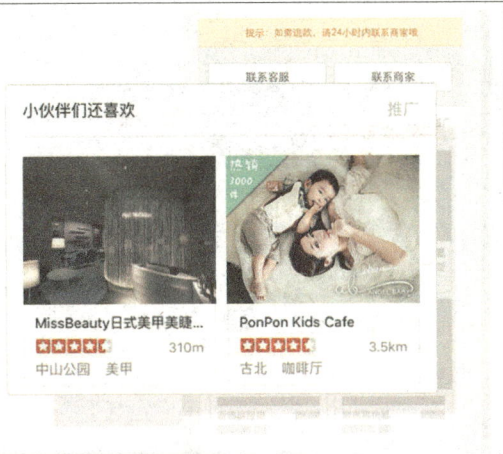

▲ 图 6-61　闪惠交易成功页

专家提醒

　　闪惠是一个"先到店消费，后进行折扣优惠结算"的支付工具，其捆绑在美团点评结算系统中。

2. PC 端广告展位

商家通过推广通可以获得以下 PC 端广告展位。

（1）搜索结果右侧推荐位，展示效果如图 6-62 所示。

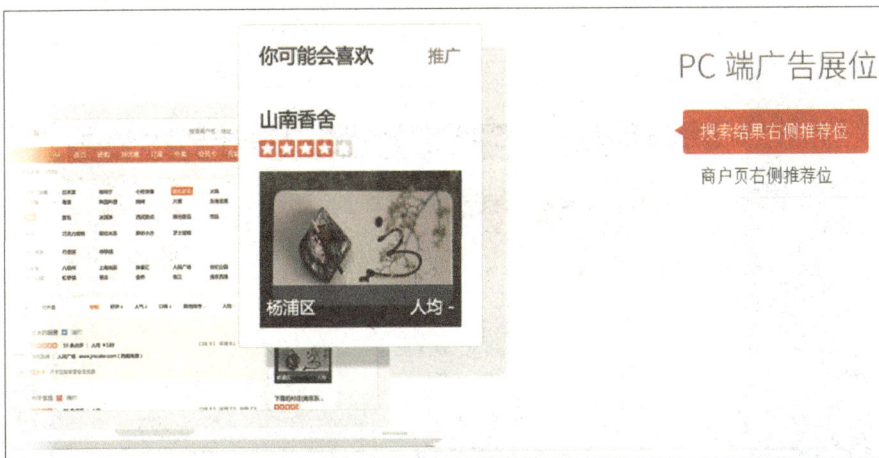

▲ 图 6-62　搜索结果右侧推荐位

（2）商户页右侧推荐位，展示效果如图 6-63 所示。

▲ 图6-63　商户页右侧推荐位

6.2.3　推广通的使用方法

下面介绍推广通的使用方法，包括开通签约流程、精准投放广告、提升效果、取消规则以及合作商家案例等。

1．开通签约流程

在线签约是指商户可直接通过线上签约的方式自助申请开通推广通业务，节省线下复杂的纸质签约流程，提高申请效率。

步骤 ① 商户可以登录酒店商家平台PC端 http://eb.meituan.com，进入"自助推广"→"推广通"页面，设置推广目标和门店，单击"我要开通"即可，如图6-64所示。

▲ 图6-64　推广通页面

步骤 2 开通后，选择门店，设置每天广告的花费金额、充值金额、支付方式，在线完成充值即可开始推广，如图 6-65 所示；设置的门店广告在运营审核通过后根据设置时间自动发布广告。

▲ 图 6-65 设置推广通

2. 精准投放

开通推广通后，酒店商家可以自主设置广告的投放时间、投放用户群以及实时查看广告数据，实现更加精准的广告投放效果，如图 6-66 所示。

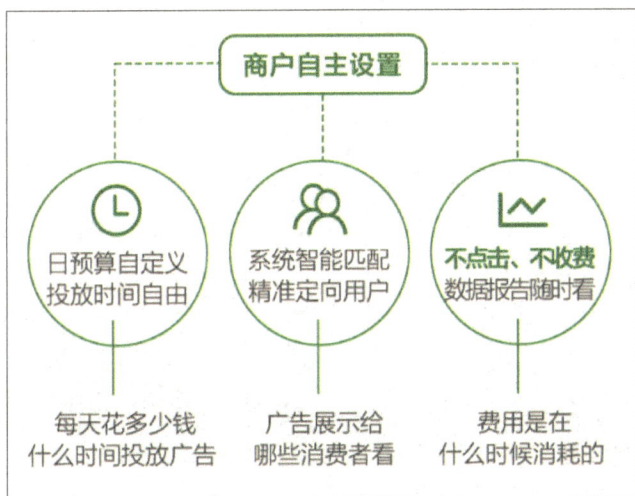

▲ 图 6-66 推广通的精准投放特性

（1）新建推广计划，如图 6-67 所示，包括制定规则、每天花多少钱、什么时候需要投广告等。

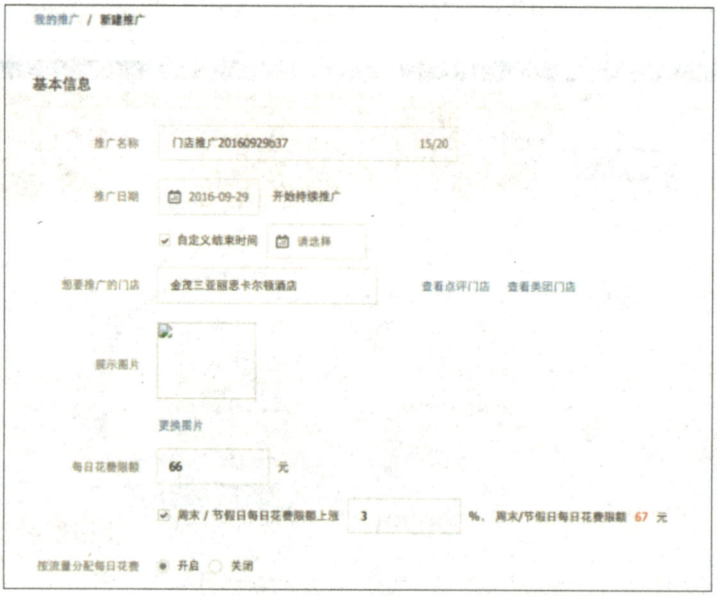

▲ 图 6-67　新建推广计划

（2）覆盖最多人群：根据系统智能匹配，精准覆盖最多人群，如图 6-68 所示。

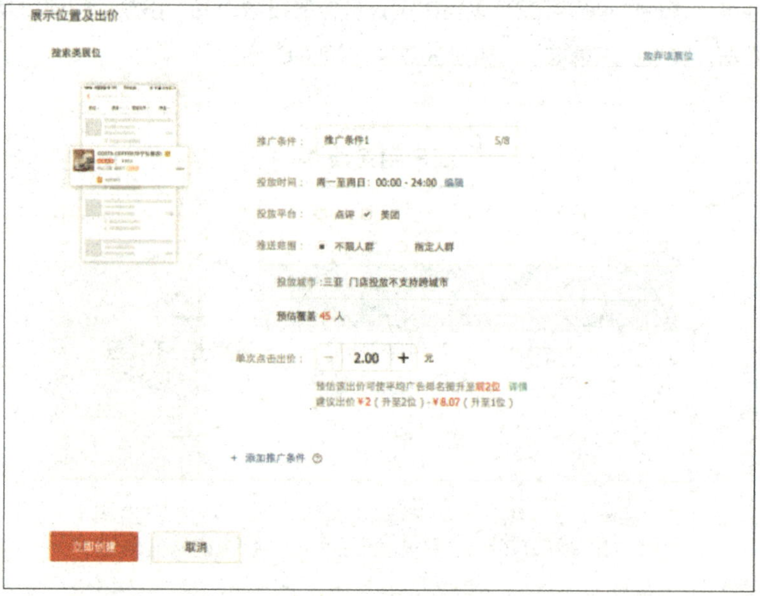

▲ 图 6-68　覆盖最多人群

（3）推送精准人群：多维度定向发布，只展现在商户选定的消费者面前，如图
6-69 所示。

▲ 图 6-69 推送精准人群

（4）实时效果查看：推广通投放效果数据可以实时查看，如图 6-70 所示。

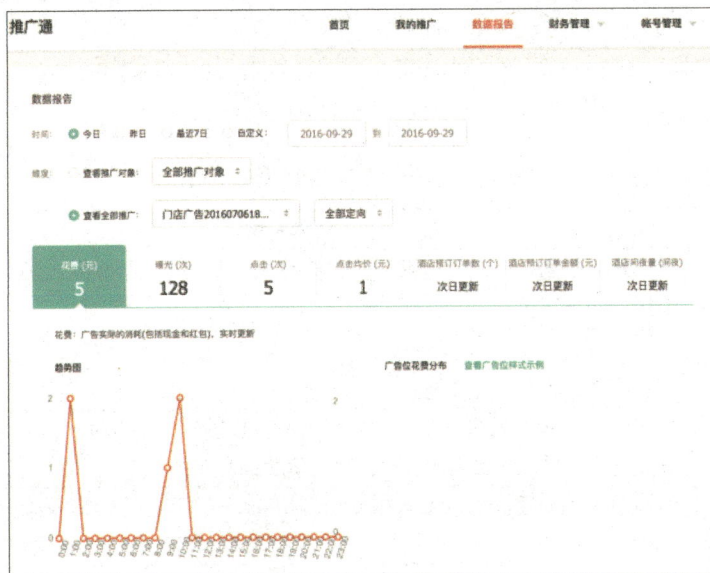

▲ 图 6-70 实时效果查看

3. 投放 + 运营提升效果

要将推广通精准用户转为能带来收益的入住客户，商户最好满足以下几个条件。

- 在美团、点评平台可预订，如图 6-71 所示，价格有优势。
- 全房型覆盖。
- 商户的用户评分高于 3.5 分，如图 6-72 所示，建议那些自然转化率、房价不低于其商圈平均水平的商家做推广通。

▲ 图 6-71 支持线上预订

▲ 图 6-72 较高的用户评分

商户需要同步做好相关运营优化工作，提升酒店的 HOS 指数得分。其中，提升订单和间夜是运营优化工作的重中之重，其方法如表 6-1 所示。

表 6-1 提升订单和间夜的方法

提升项目	具体方法
用户评论	增加好评数量，可以通过好评送饮料等方式促进客人留好评，通过好评帮助新用户决策下单。
取消政策	尽量和周边酒店保持相同的取消政策，如果周边酒店可免费取消，投放酒店不可取消，会造成竞争弱势。
库存状态	门店推广时要保证有房率，避免所有房型超过 50% 都满房，当满房严重时建议先停止推广，或者设置停止某个满房时段的投放。
价格竞争力	设置合理的门店价格，和其他条件相当的周边酒店相比价格相当，避免价格劣势。
定向投放	可以选择后台的定向包，如客人的历史消费能力、消费偏好等定向锁定更精准的用户展示广告。

4．推广通取消规则

推广一段时间之后无效果，是否可以退款？

当然可以，系统会退还商家未消耗的费用，已消耗的费用不予退款。退款后，推广业务将不再向该商家开放。

退款流程如下。

（1）签署订单变更协议书。

（2）美团业务经理在系统中终止方案。

（3）签订退款协议书，并退回发票（如有）。

（4）美团业务经理邮件申请退款。

（5）美团业务经理提交打款相关资料。

（6）财务审核信息无误后安排打款。

5．推广通合作商家案例

（1）案例一：厦门鼓浪屿某客栈

合作前：在美团鼓浪屿的整体排名第320，日均曝光量5+，订单少。

合作后：在鼓浪屿搜索排名第4名，日均曝光量1204，日均订单量提升50%～60%，如图6-73所示。

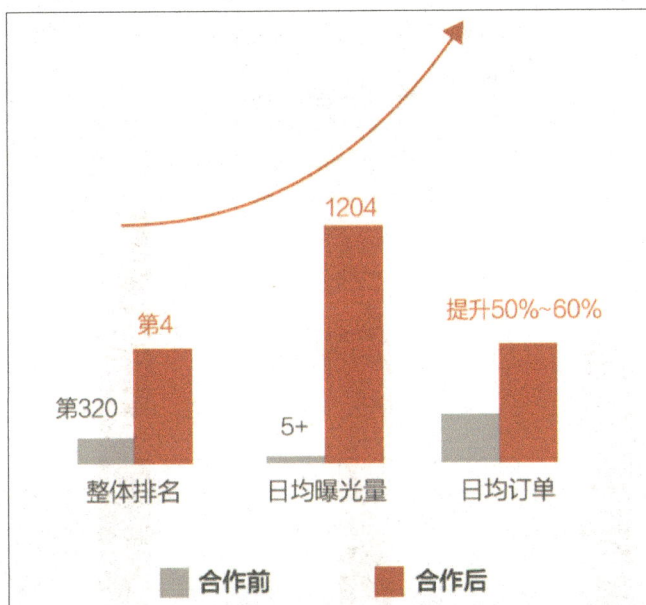

▲ 图6-73　实时效果查看

（2）案例二：温馨现代的A客栈、时尚舒适的B酒店、居家简约的C旅店开通推广通前后 3 个不同类型商家的日订单量的变化情况如图 6-74 所示。

开通推广通前后数据对比

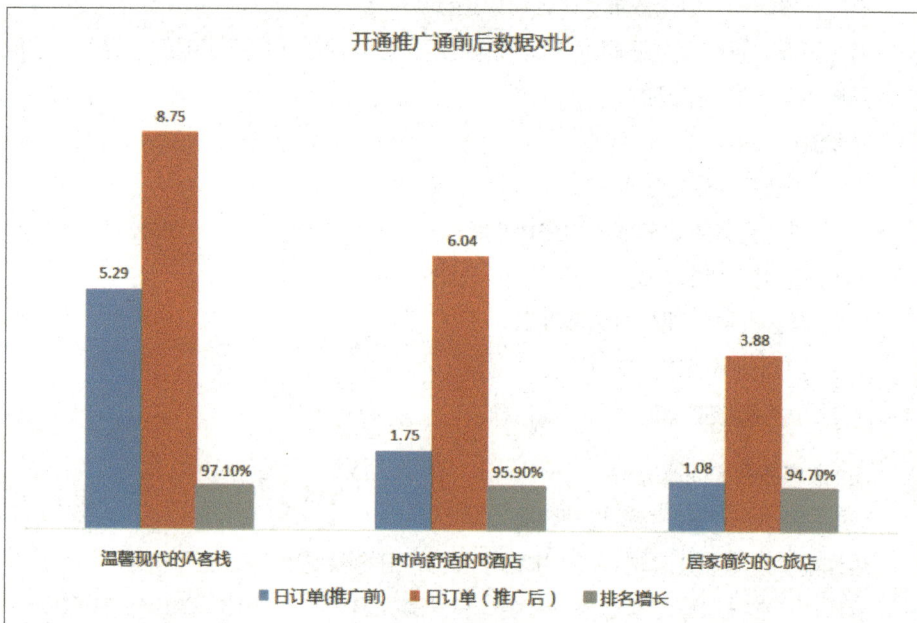

▲ 图 6-74　日订单量的变化情况

开通推广通前后 3 个不同类型商家的酒店排名变化情况如图 6-75 所示。

推广前后排名变化

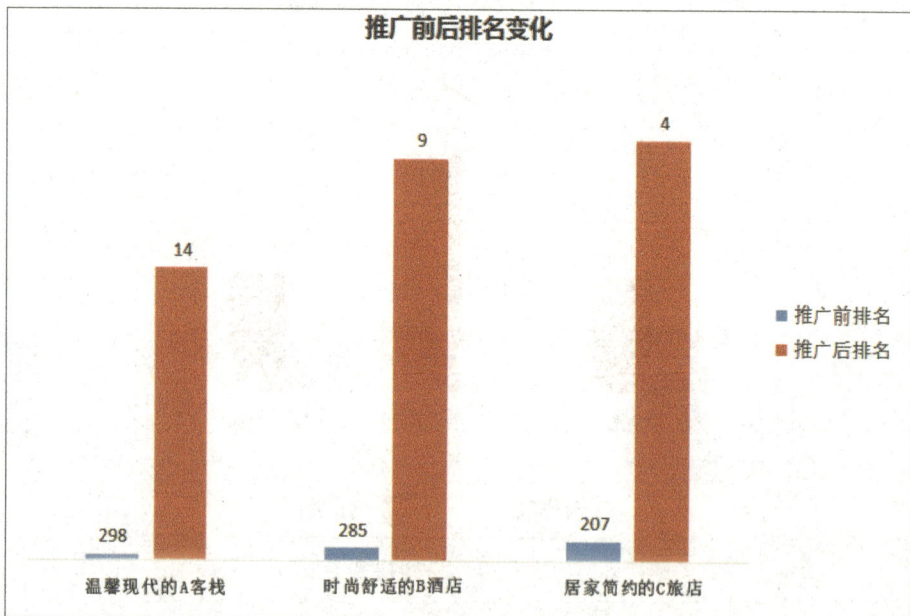

▲ 图 6-75　酒店排名变化情况

6. 推广通的常见问题解析

下面整理了一些使用推广通过程中经常会遇到的问题以及相关解答。

（1）什么样的账号可以在线签约推广通？

无论是主账号还是子账号，只要账号绑定了门店，就可以在线签约。

（2）我的账号绑定了两个门店 A 和 B，选择不同的门店签约，为什么最小充值金额不一样呢？

说明门店 A 和 B 的类目不同或者城市不同，不同类目、不同城市的最小充值金额会有区别。

（3）支付成功后，产品功能是否开通？广告多久可以发布？

支付成功后，推广通权限和功能就开通了。广告创建成功后一个工作日之内会被审核，广告审核通过后系统就会自动开始发布广告。如未通过审核，会通过短信方式通知商家。

（4）不同用户展示的第 4 位内容是否一样？

每个手机用户看到的第 4 位都有可能不一样，广告会根据不同用户的历史浏览和消费行为偏好为其推荐酒店，另外每个商家都有可能应用不同的定向推广，因此不同用户在相同位置看到的广告也会不一样。

（5）推广通效果怎么评估、如何优化？

以周为单位，评估效果，优化投放，不要过于在意一天的投放效果。按照经验值，一个广告门店累计到达 450 个点击会形成稳定的订单转化，由量变达到质变。

6.3　开通房惠业务提高销量

房惠业务是一种酒店前台支付工具，主要针对酒店到店散客，通过微信或支付宝的扫一扫功能快速支付，如图 6-76 所示。

▲ 图 6-76　微信或支付宝扫一扫快速支付

6.3.1 房惠业务的优势与功能

房惠可以理解为酒店业务的"到店买单"，具体来说，即线下到店（没有预订或者仅仅是口头预订）的客人，到店后办理入住时，通过微信或支付宝扫二维码支付入住的房费和押金，完成入住办理，退房时，由商家在计算机上一键完成押金退还。

房惠业务还具有一些独特的优势与功能，下面分别进行介绍。

1. 房惠的优势

房惠业务的主要优势如图 6-77 所示。

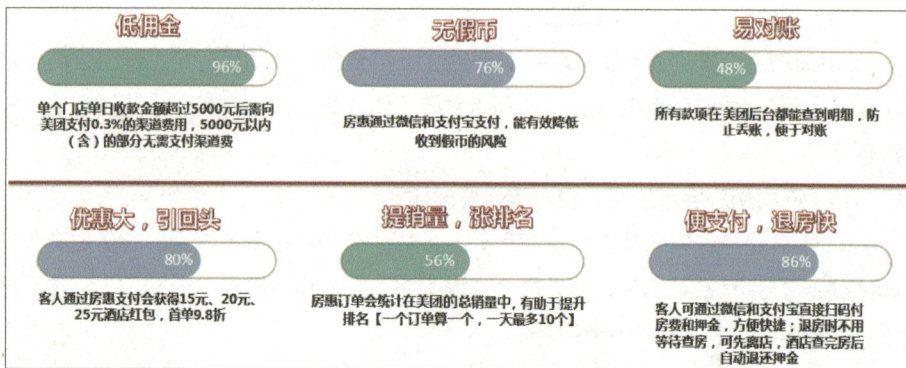

低佣金 96%
单个门店单日收款金额超过5000元后需向美团支付0.3%的渠道费用，5000元以内（含）的部分无需支付渠道费

无假币 76%
房惠通过微信和支付宝支付，能有效降低收到假币的风险

易对账 48%
所有款项在美团后台都能查到明细，防止丢账，便于对账

优惠大，引回头 80%
客人通过房惠支付会获得15元、20元、25元酒店红包，首单9.8折

提销量，涨排名 56%
房惠订单会统计在美团的总销量中，有助于提升排名【一个订单算一个，一天最多10个】

便支付，退房快 86%
客人可通过微信和支付宝直接扫码付房费和押金，方便快捷；退房时不用等待查房，可先离店，酒店查完房后自动退还押金

▲ 图 6-77 房惠业务的主要优势

2. 房惠的功能

房惠业务的主要功能如图 6-78 所示。

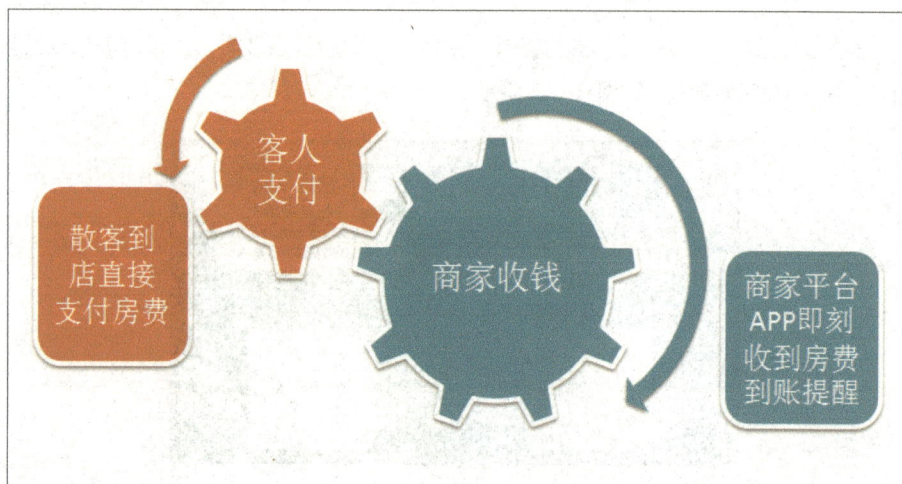

客人支付
散客到店直接支付房费
商家收钱
商家平台APP即刻收到房费到账提醒

▲ 图 6-78 房惠业务的主要功能

6.3.2 房惠业务的操作流程

下面主要介绍房惠业务的相关操作流程，包括开通房惠、商家收钱、客人支付、商家退还押金、房惠订单查询、常见问题等内容。

1. 开通房惠

开通房惠业务的具体操作如下。

步骤 ① 进入商家平台 APP 端，在首页点击"房惠"按钮，如图 6-79 所示。

步骤 ② 进入"房惠开通"页面，点击底部的"去开通"按钮，如图 6-80 所示。

▲ 图 6-79 点击"房惠"按钮

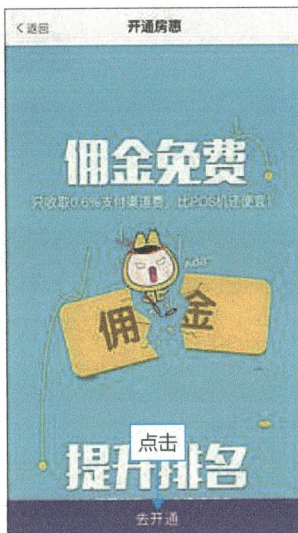

▲ 图 6-80 点击"去开通"按钮

> **专家提醒**
>
> 开通房惠的优点如下。
> - 把线下的散客拉到线上，方便酒店商家的客流管理，维护客情关系，通过一些营销活动拉取回头客。
> - 客人很多有刷卡付房费的需求，通过 POS 机刷卡需要收取酒店一定数目的手续费，而通过房惠扫码付款，平台只收取 0.6% 的支付渠道费率，比 POS 机刷卡的手续费率更低。
> - 酒店开展创新的业务模式，给烦琐的押金支付退还过程提供了线上的解决方案，顾客的入住体验提升了，对酒店的印象自然会加分，这也是赢取顾客再次光顾的重要因素。

步骤 ③ 进入开通房惠页面，确认渠道费率和结算信息无误后，点击"确认开通"

按钮即可开通房惠业务，如图 6-81 所示。

▲ 图 6-81　点击"确认开通"按钮

2. 商家收钱

商家收钱的具体操作方法如下。

步骤 ❶　进入商家平台 APP 端，在首页点击"房惠"按钮，进入"房惠"界面，再点击"收钱"按钮，如图 6-82 所示。

步骤 ❷　进入"收钱"页面，输入房费或押金，如图 6-83 所示。

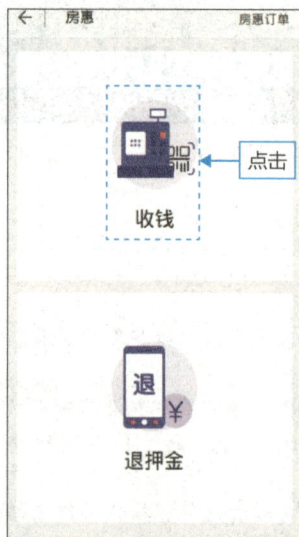

▲ 图 6-82　点击"收钱"按钮

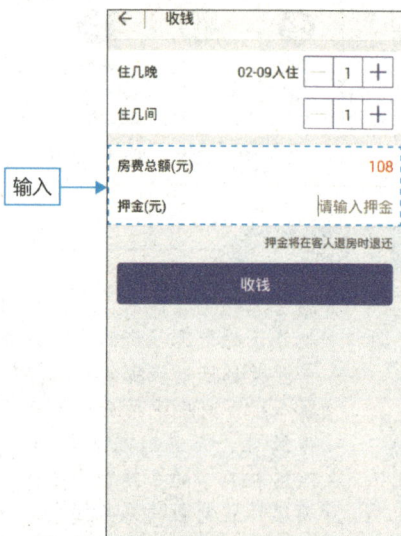

▲ 图 6-83　输入房费或押金

步骤 ❸　点击"收钱"按钮，即可生成收钱二维码，如图 6-84 所示。

步骤 ❹　把收钱二维码展示给客人，客人用微信或支付宝扫码即可立即支付，客人支付成功后，商家平台 APP 端页面会收到一个红色弹窗，提示"收钱成功"，如图 6-85 所示。

▲ 图 6-84　生成收钱二维码

▲ 图 6-85　收钱成功

如客人支付成功商家未收到此弹窗，可在房惠页面点击右上角"房惠订单"查看是否收到此订单。

另外，也可以进入酒店商家平台 PC 端，在左侧导航栏找到"预订管理"，选择"下载二维码"，在右侧单击二维码下方的"下载"按钮即可完成，如图 6-86 所示。

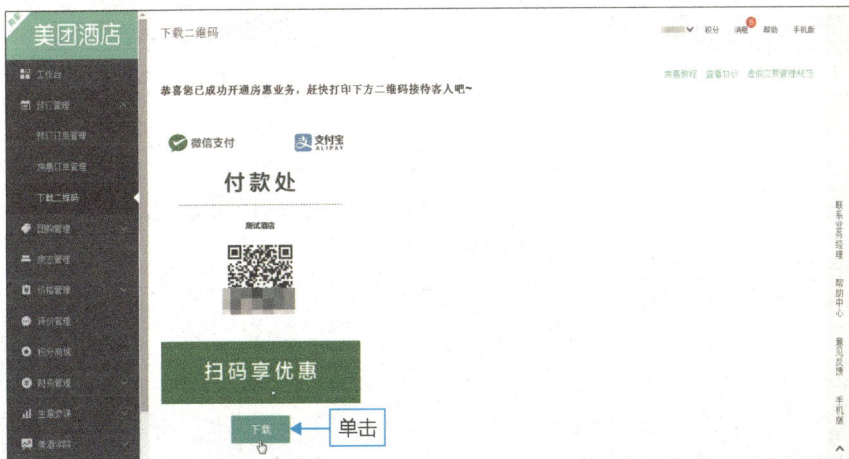

▲ 图 6-86　下载客人扫描付款的房惠二维码

3. 客人支付

客人扫码后，如果是第一次扫码付款，需要输入手机号及验证码才能支付，如图 6-87 所示；如之前有过支付记录，则无需输入手机号及验证码，可直接支付，如图 6-88 所示。

▲ 图 6-87　输入手机号及验证码支付

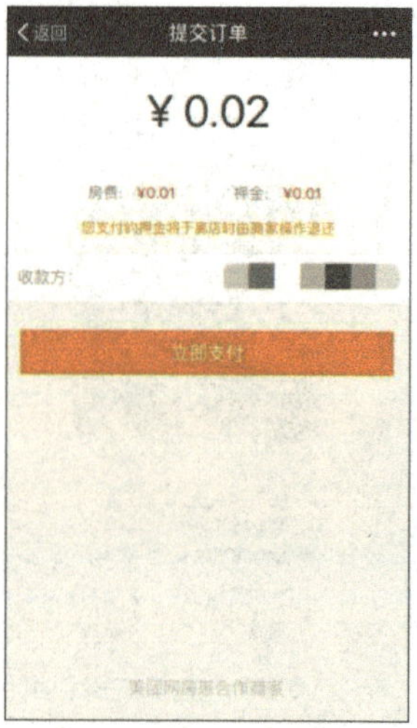

▲ 图 6-88　直接支付

支付成功后，如果客人是第一次使用房惠业务，则可以获得一个 50 元的红包，红包会自动放入客人在订单页填写的手机号注册的美团点评账号里，如图 6-89 所示；如客人不是第一次使用房惠，则不会获得红包，如图 6-90 所示。

首次成功使用房惠入住的用户还会收到美团点评的立减红包，吸引用户下次使用美团点评入住或续住

▲ 图 6-89　首次支付可获得红包

▲ 图 6-90　再次支付无红包

4. 商家退还押金

商家退还押金的具体操作方法如下。

步骤 ① 客人离店时，商家在房惠页面点击"退押金"按钮，进入"房惠订单"页面，如图 6-91 所示。

步骤 ② 点击"退押金"按钮，弹出退押金弹窗，默认金额会显示客人支付的押金金额，如客人在店有消费，可直接在押金扣除；点击弹窗上的"退押金"按钮，退押金成功，客人可离店，如图 6-92 所示。

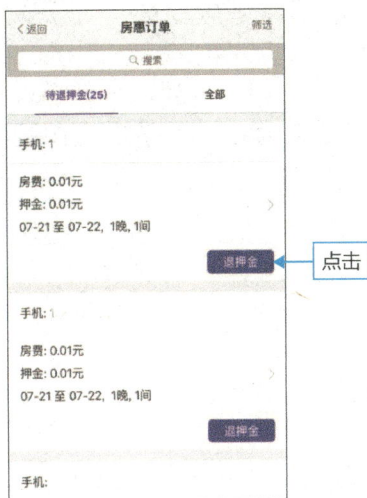

▲ 图 6-91 "房惠订单"页面

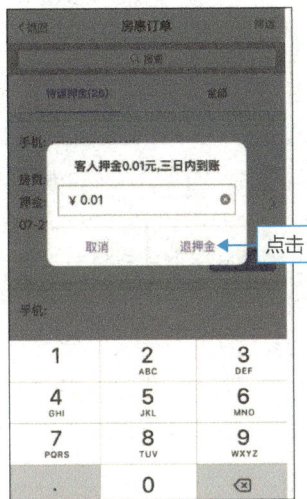

▲ 图 6-92 点击"退押金"按钮

另外，商家也可以登录酒店商家平台 PC 端，在左侧导航栏找到"预订管理"，选择"房惠订单管理"选项，选择需要退还押金的门店，单击右侧"退房"按钮，如图 6-93 所示。

▲ 图 6-93 单击"退房"按钮

输入退还金额，单击"退款"按钮即可，如图 6-94 所示。

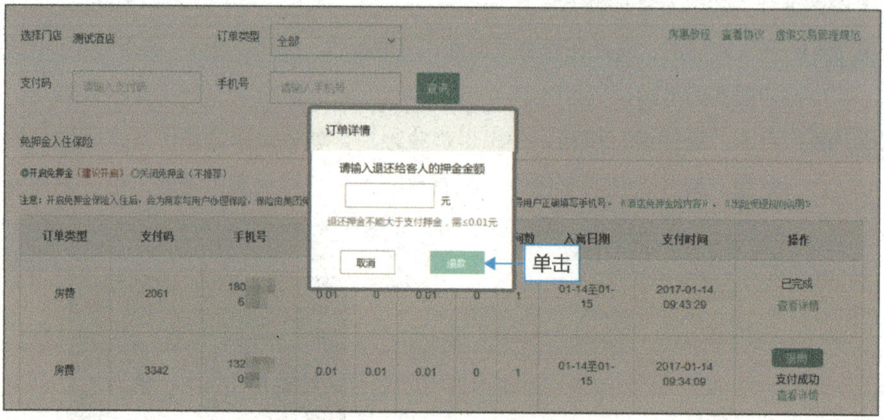

▲ 图 6-94　单击"退款"按钮

5. 房惠订单查询与管理

房惠订单查询与管理的具体操作方法如下。

步骤① 进入酒店商家平台 PC 端，在左侧导航栏中依次选择"预定管理"→"房惠订单管理"选项，选择特定门店，通过支付码或手机号即可查询订单详情，如图 6-95 所示。

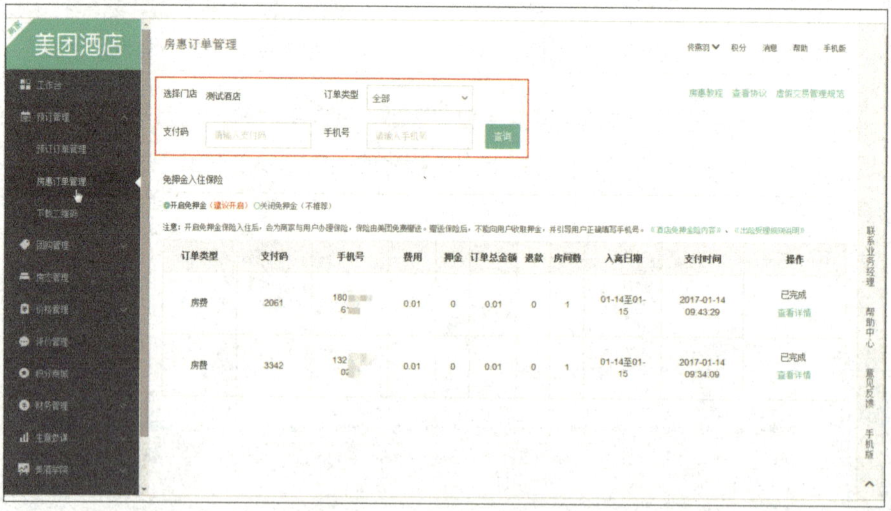

▲ 图 6-95　"房惠订单管理"界面

步骤② 点击"查看协议"链接，可以查看美团点评『房惠』补充协议正文，如图 6-96 所示。

美团点评『房惠』补充协议正文

2016-09-06

【审慎阅读】
本协议关于您将要开通的美团点评房惠业务具体内容及代收净额的结算，请务必审慎阅读，确认已知悉全部条款且无异议。

【协议生效】
本协议包括以下内容及美团点评将在美团点评商家中心公布的与房惠业务相关的全部内容。一经确认，即视为您已知悉并同意本协议及前述公布信息的全部内容，并承诺按约定履行。

【协议正文】
鉴于您与美团网就酒店团购/预订等业务合作事宜，签订的服务合同（以下简称"原合同"）。在原合同基础上，就您开通酒店房惠业务事宜，签订本补充协议，以兹遵守。

【开通说明】
此业务一经开通，将对该账号所在的供应商下所有商家生效，请务必仔细确认。

【结算说明】
1.渠道费用（率）：因公司推广活动，2016年12月31日前（含）单个门店单日收款金额超过5000元后需向美团点评支付0.3%的渠道费用，5000元以内（含）的部分的无需支付渠道费；
2.结算价：计算结算价以消费者的实际消费金额为准；结算价=实际消费金额-（实际消费金额*渠道费率）
3.结算周期：房惠业务结算周期与您的团购/预订业务结算周期一致，如有疑问可咨询业务经理。

【法务说明】
如您点击「我已阅读协议并认可协议内容」，则视为您对本协议中的全部内容知悉并同意，后续如遇因上述协议内容中的相关内容及事项产生纠纷，美团点评将以此协议为依据进行权责判定，请您知悉。

▲ 图 6-96 美团点评『房惠』补充协议正文

步骤 3 点击"虚假交易管理规范"链接，可以查看"『房惠产品』虚假交易管理规范"，如图 6-97 所示。

第一条 目的

为保障商户与消费者合法权益，维护平台正常经营秩序，实现商户规范化运营，根据国家法律法规及《服务合同》等相关协议，对商户使用房惠产品制定本规范。

第二条 适用范围

本规范中相关条款仅适用于房惠产品，与酒店品类下其他产品相关条款不冲突。

本规范是《酒店虚假交易管理办法》有效补充，本规范有特殊规定的，按照本规范执行，未有规定的，依据《酒店虚假交易管理办法》执行。

第三条 定义

虚假交易：由商户发起、参与的或委托、唆使、怂恿、联合他人进行的与其门店相关的，以获取虚假的销量、排名、评价、评分，或以套取美团点评的优惠补贴、现金为目的，制造的并未有真实客人到店消费的虚假订单的各种行为。虚假交易订单不涉及美团点评补贴的，为刷单；虚假交易订单涉及美团点评补贴的，为作弊；虚假交易订单涉及通过信用支付方式套取现金的，为套现。

第四条 违规处罚

商户进行上述虚假交易行为，将受到如下处罚：

1.删除虚假交易订单产生的销量、积分；

2.商户警告和房惠产品停用；

违规类型	违规类型	违规处罚
刷单/作弊	第一次	商户警告
	第二次	房惠产品停止使用
套现	第一次	房惠产品停止使用

3.对于作弊行为，商户已向美团点评支付的渠道费/手续费，美团点评无需退还，同时商户应向美团点评偿还套取的补贴款项；

4.对于套现行为，商户已向美团点评支付的渠道费/手续费，美团点评无需退还，同时将另外扣除套现金额的0.6%用以支付美团点评损失。

第五条 附则

▲ 图 6-97 『房惠产品』虚假交易管理规范

步骤④ 单击"开启免押金（建议开启）"单选按钮，弹出"提示"对话框，单击"确定"按钮，如图 6-98 所示。

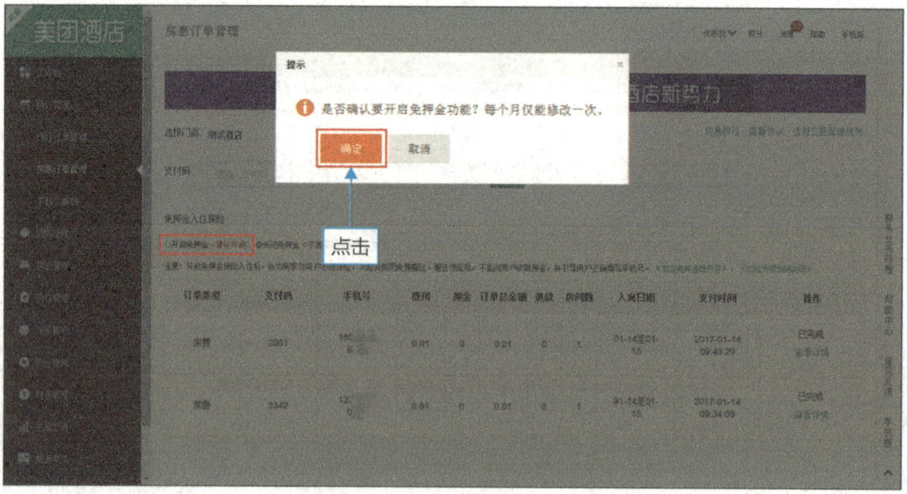

▲ 图 6-98　单击"确定"按钮

步骤⑤ 执行操作后，即可选中"开启免押金（建议开启）"单选按钮，开启免押金服务，如图 6-99 所示。

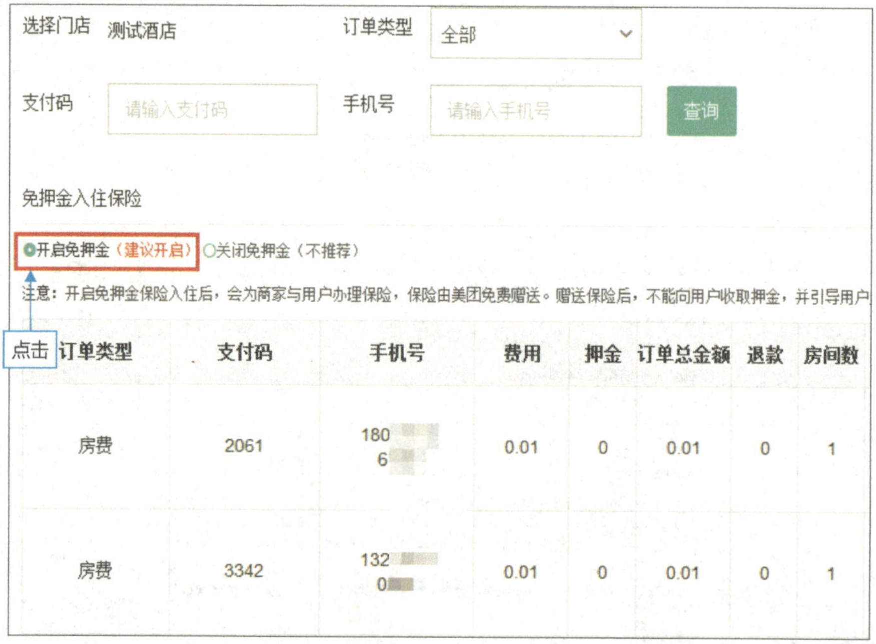

选择门店	测试酒店		订单类型	全部	
支付码	请输入支付码		手机号	请输入手机号	查询

免押金入住保险

⦿开启免押金（建议开启）　◯关闭免押金（不推荐）

注意：开启免押金保险入住后，会为商家与用户办理保险，保险由美团免费赠送。赠送保险后，不能向用户收取押金，并引导用户

订单类型	支付码	手机号	费用	押金	订单总金额	退款	房间数
房费	2061	180 6	0.01	0	0.01	0	1
房费	3342	132 0	0.01	0	0.01	0	1

▲ 图 6-99　开启免押金服务

步骤 6 点击“《酒店免押金险内容》”链接，可以查看《酒店免押金险内容》，如图 6-100 所示。

针对所有选择免押金的房惠订单，美团将免费赠送“美团酒店免押金险”一份，若客户在酒店入住期间造成酒店物品损坏，将由保险公司进行赔偿。

保险名称：美团酒店免押金险（房惠订单版）

保险金额：住客在入住期间造成的酒店室内物品损坏或丢失，保额5000元；酒店房屋因洪水、泥石流等自然灾害及火灾、爆炸等意外事故造成的损失（房屋主体及室内财产），保额20000元；客户在酒店入住期间因遭受有明显入室盗抢痕迹的案件造成财产损失（不包括数码产品及现金），依法应由酒店赔偿的部分，保额10000元。

免赔额：住客在入住期间造成的：（1）物品损坏：免赔为50元或损失金额的10%，以高者为准。（2）物品丢失：免赔为100元或损失金额的20%，以高者为准。

保险期限：自客户入住时起，至客户退房时止。

承保范围：中华人民共和国境内，不包括港澳台地区。

承保公司：中意财产保险有限公司

适用条款：《中意财险（备-企财）[2013]（主）13号-财产一切险条款》、《中意产险（备-财产）[2015]（附）1-35号-财产保险附加险条款》

▲ 图 6-100 《酒店免押金险内容》

步骤 7 点击“《出险受理规则说明》”链接，可以查看美团酒店免押金险（房惠订单版）理赔流程，如图 6-101 所示。

一、流程总述

1、被保险人报案。发生保险事故后，被保险人最晚出险48小时以内拨打保险公司报案电话进行报案（中意财险：4006002700），告知出险酒店名称、美团房惠订单号、房间号、出险时间、原因等；如发生盗抢事故，被保险人知道后应立即向当地公安部门如实报案。

2、保险公司调度查勘。电话坐席记录保险事故发生的时间、地点及事故经过，核实保险信息，安排保险查勘人员到场，核实、清点损失。

3、递交资料申请索赔。根据保险公司提示，被保险人递交理赔申请资料。

4、双方协商确定保险损失。根据保险人的现场查勘资料和被保险人的索赔资料，保险双方当事人就损失的原因、损失对象、损失金额、保险赔偿责任等进行确认，达成一致意见并签字。

5、赔付结案。对双方确定的保险赔偿责任，保险理算支付赔款；若双方确定不属保险赔偿责任的，双方签字结案。

二、理赔资料

（一）出险报告和索赔申请

（二）原因证明资料

1、自然灾害事故，提供气象证明；

2、火灾、爆炸事故，提供当地派出所报案证明及现场照片；

3、入室盗窃事故，提供明显盗窃痕迹照片和当地派出所报案及立案证明；

4、客人造成店家财产损失，提供损失照片、肇事客人姓名及准确的联系电话。

（三）损失证明资料

1、酒店房屋损失，双方确认的损失清单、修理发票；

2、酒店室内财产损失，提供损失标的财产的价值原始凭证，以及损失标的财产处于室内的证明材料；

（四）特别说明

1、财产损失需要扣除折旧。

2、客人造成酒店室内物品损坏的，若与肇事客户核实过程中客户对造成损坏进行否认，则保险公司有权拒绝赔偿。

3、保险赔偿涉及住客的，被保险人需提供住客入住的证明材料。

三、其他说明

▲ 图 6-101 美团酒店免押金险（房惠订单版）理赔流程

步骤 8 选择相应的订单后，单击“查看详情”链接，可以在弹出的对话框中查看订单详情，单击“打印”按钮可以打印该页面，如图 6-102 所示。

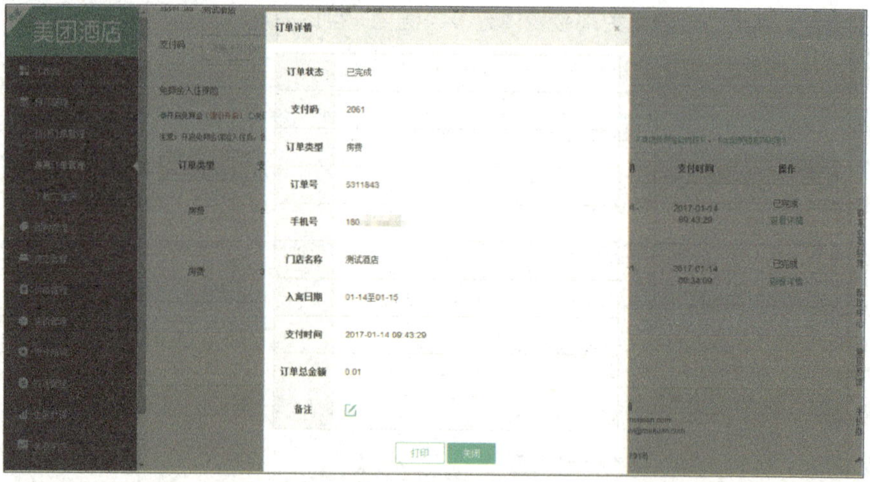

▲ 图 6-102　查看订单详情

6．常见问题解析

（1）房惠业务对商家来说收费吗？

房惠业务不收取佣金，只收取 0.6% 的支付渠道费率，低于刷卡及支付宝等第三方渠道的费率；产生的房惠订单单日支付超过 5000 元会收取支付渠道费，小于 5000 元不收取任何费用。

（2）房惠订单量会计入商家的销量吗？

计入。房惠订单也会计入商家的累计销量，有利于提升商家排名。

（3）房惠业务是怎么和商家结算的？

房惠业务的结算金额，会打到商家和美团点评合作的预付银行账户；结算周期也和预付一样，每周结一次款（BD 可帮商家申请日结）。

（4）客人支付的押金怎么退？

客人离店时，由商家在商家平台 APP 端上操作退押金；如果客人在店里有消费，退押金时从客人的押金中扣除消费金额再退。

6.4　开通生意参谋提高销量

生意参谋展示了商家在美团点评的经营效果和同行竞争分析，有 4 个版块，分别是：经营效果、项目效果、门店效果、附近同行，下面分别进行介绍。

6.4.1　查看生意参谋的经营效果

经营效果可以看全部、团购、预订、直连业务在不同时间段的交易数据，包括浏览人数、支付人数、支付间夜、支付转化率、消费间夜、退款率，商家能清楚地了解酒店在酒店商家平台上的交易情况，如图 6-103 所示。

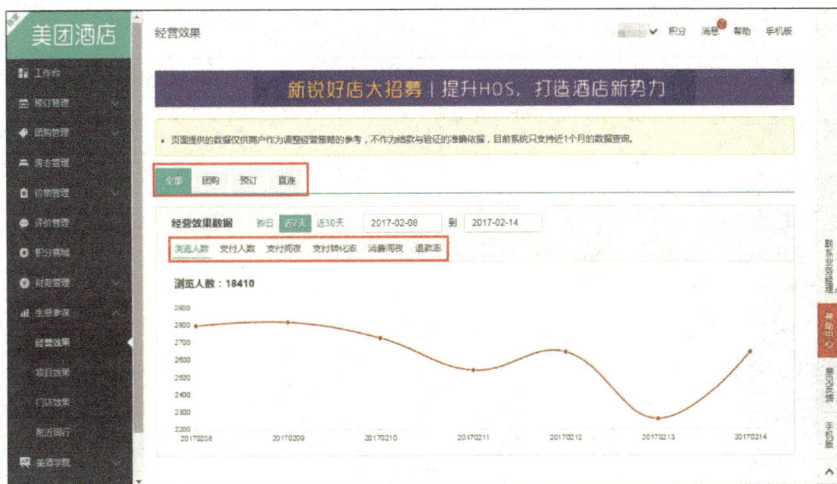

▲ 图 6-103　查看经营效果

💡 **专家提醒**

单击"经营效果数据"下方的标签，即可查看不同的图表数据。图 6-104 所示为生意参谋的支付转化率图表。

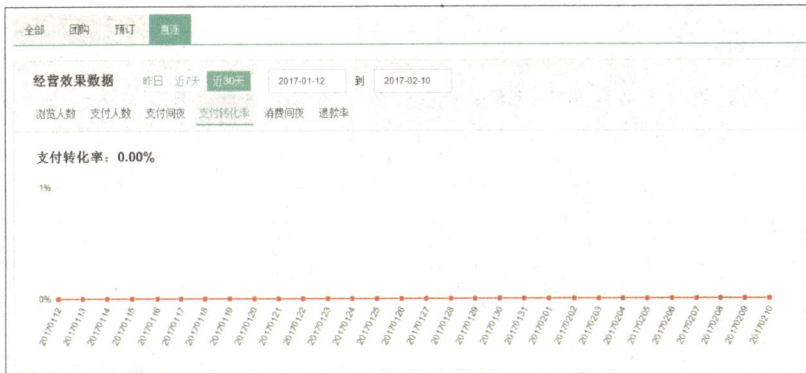

▲ 图 6-104　生意参谋的支付转化率图表

支付转化率是查看本酒店的用户购买支付的比率，计算方法如下。

- 支付转化率＝购买人数 ÷ 浏览人数 ×100
- 全部转化率＝总支付人数 ÷POI 的意向 UV
- 预订转化率＝预订产品购买人数 ÷POI 的意向 UV
- 团购转化率＝团购产品购买人数 ÷POI 的意向 UV

6.4.2　查看生意参谋的项目效果

经营效果只能查看不同业务类型在不同分数段的交易统计数据。而在项目效果中，可以查看不同产品项目在不同时间段的详细交易数据，比经营效果更详细，如图6-105所示。

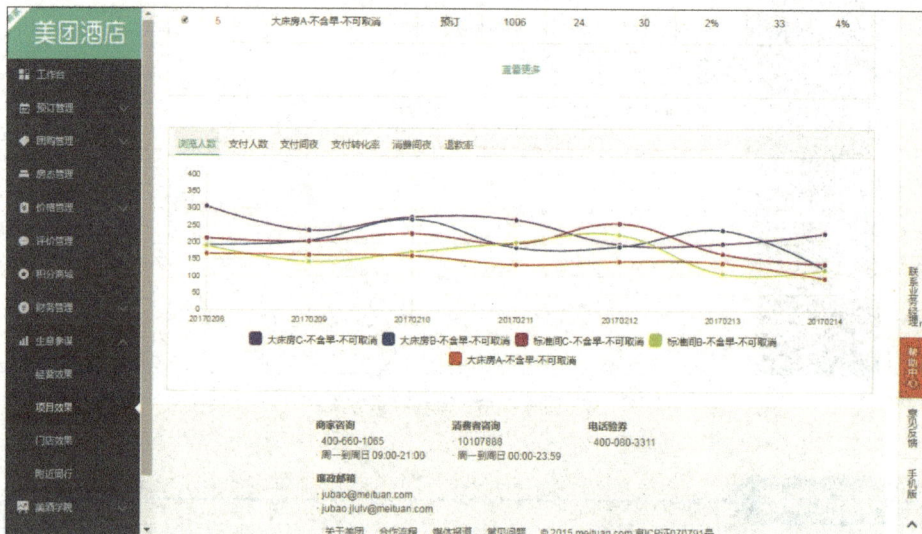

▲　图 6-105　查看项目效果

6.4.3　查看生意参谋的门店效果

在门店效果中，可以查看门店消费间夜的排名数据，如图6-106所示。

单击日期框，可以在推出的日历调板中选择相应的起始日期，如图6-107所示。

2016年全年，美团点评双平台的酒店间夜量超 1.3 亿，酒旅业务的总用户量已经达 7000 万，并展现出旺盛的消费力。

▲ 图 6-106　查看门店效果

▲ 图 6-107　设置起始日期

6.4.4　附近同行近 7 日的销售对比

　　附近同行是在酒店商家平台上的一种酒店经营竞争力的分析，展示了商家本门店周围 1.5 千米范围内的销量前 30 的酒店经营数据，如不足 30 家，则显示实际数量，如图 6-108 所示。

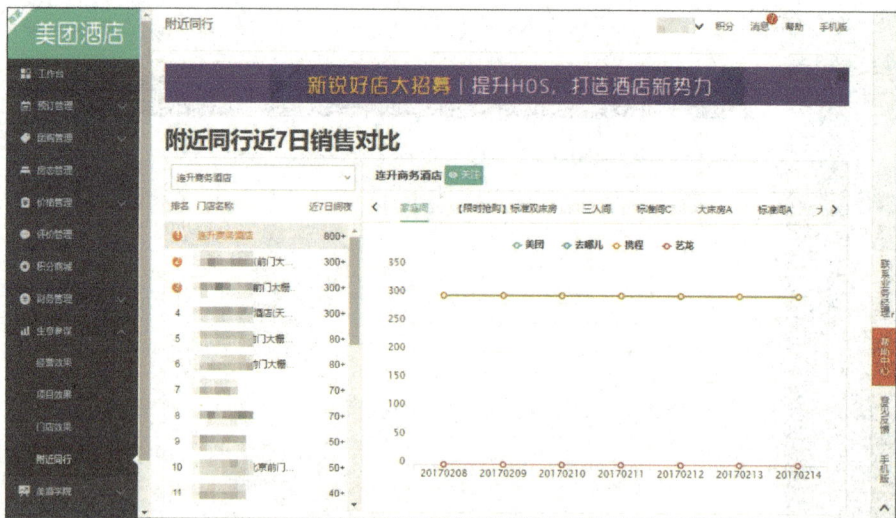

▲ 图 6-108　查看附近同行

　　附近同行页面右侧数据是同行不同房型在美团、去哪、携程、艺龙 4 个渠道同一匹配房型的近 7 天该房型的价格。单击左侧附近同行的店名，可以查看该店的价格。在附近同行页面中，单击"关注"按钮，如图 6-109 所示。

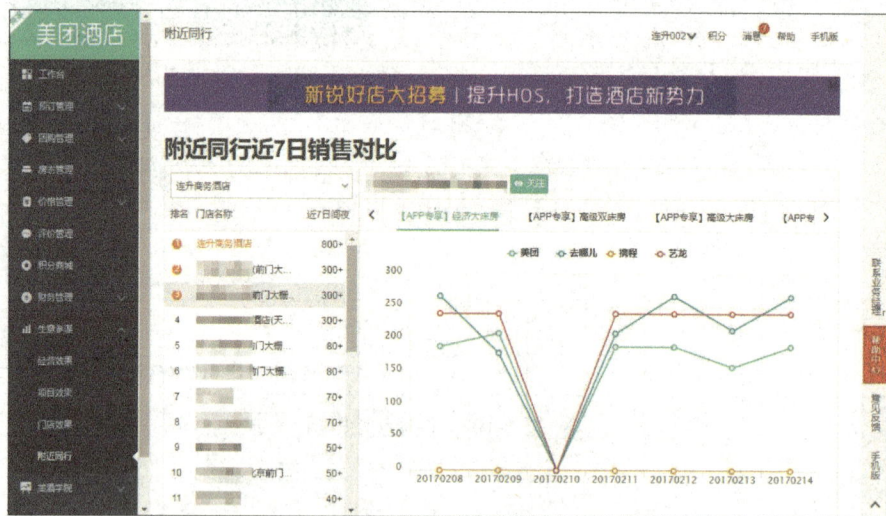

▲ 图 6-109　单击"关注"按钮

　　关注某个同行后，该同行在排行的列表中就必须显示，且有明确的"小眼睛"标识，如图 6-110 所示。最多可以关注 10 个同行。如果用户已经关注达到上限 10 个，那么此按钮为灰色，除非用户取消其他关注者，才可以继续关注其他同行。

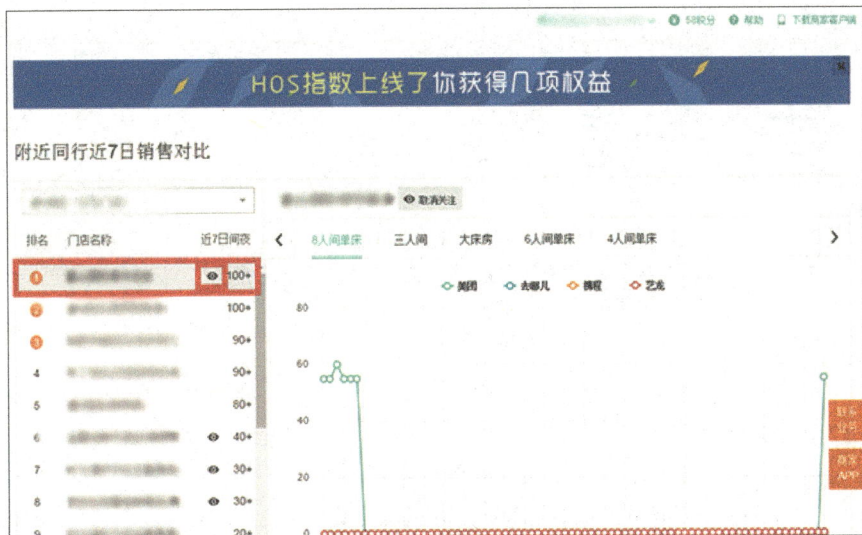

▲ 图6-110 关注附近同行

第7章

美团点评酒店管理系统及硬件

学前提示

美团点评酒店管理系统及硬件为酒店商家带了更多优质的卖房渠道、更加灵活的销售模式以及更加有效的营销工具，为酒店商家的经营分析提供了强大的依托，是酒店的经营好帮手。

要点展示

- 》》 移动支付硬件——智能 POS 机
- 》》 酒店智能管理硬件——智能门锁

7.1　移动支付硬件——智能 POS 机

2016 年，美团点评在移动支付领域接连布局。

2016 年 9 月底，美团点评全资收购第三方支付公司钱袋宝，借此获得第三方支付牌照，如图 7-1 所示。

▲ 图 7-1　钱袋宝

> 💡 专家提醒
>
> 　　钱袋宝是 2011 年 5 月 18 日，首批获得央行第三方支付牌照的企业，此后"转战线下"，提升与银联线下市场的合作层级，全线对接银联系统。

2016 年 10 月中旬，美团点评与银联联手打造银联云闪付"互联网 +"示范商圈，如图 7-2 所示。

▲ 图 7-2　银联云闪付

● 专家提醒

银联云闪付是银联移动支付新品牌，支持智能手机、可穿戴设备及银联 IC 卡的支付。银联云闪付旗下的产品既能在有"银联云闪付"标识的销售终端一挥即付，也能支持移动互联网支付，如图 7-3 所示。

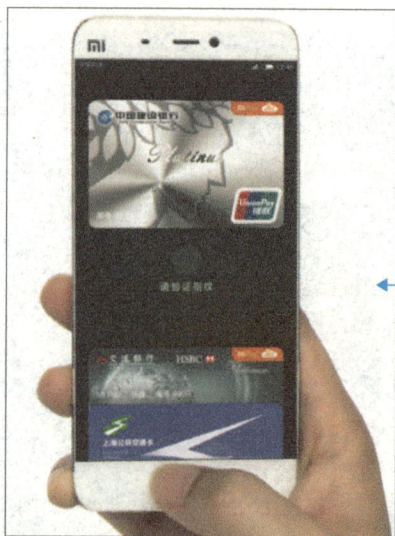

例如，小米手机用户将自己的银行卡添加到自己的小米手机上，验证并激活完成"空中发卡"，即可享受安全、便捷、简单的银联云闪付服务。

▲ 图 7-3　银联云闪付的使用案例

2016 年 11 月 15 日，美团点评投放首款智能 POS 产品，如图 7-4 所示。据悉，该 POS 机与银联合作具备全渠道收银能力，商户通过该产品还可实现精准营销等功能。

▲ 图 7-4　美团点评首款智能 POS 产品

7.1.1　美团点评智能 POS 机概览

美团点评 CEO 王兴表示："当用户的增长红利过去之后，我们一方面要继续让另一半人口能逐渐用上智能手机，成为互联网用户；另一方面，需要深入结合各行各业，把'互联网 +'落实到实处。"

智能 POS 机就是美团点评把"互联网 +"落实到实处的表现之一，其外观功能如图 7-5 所示。

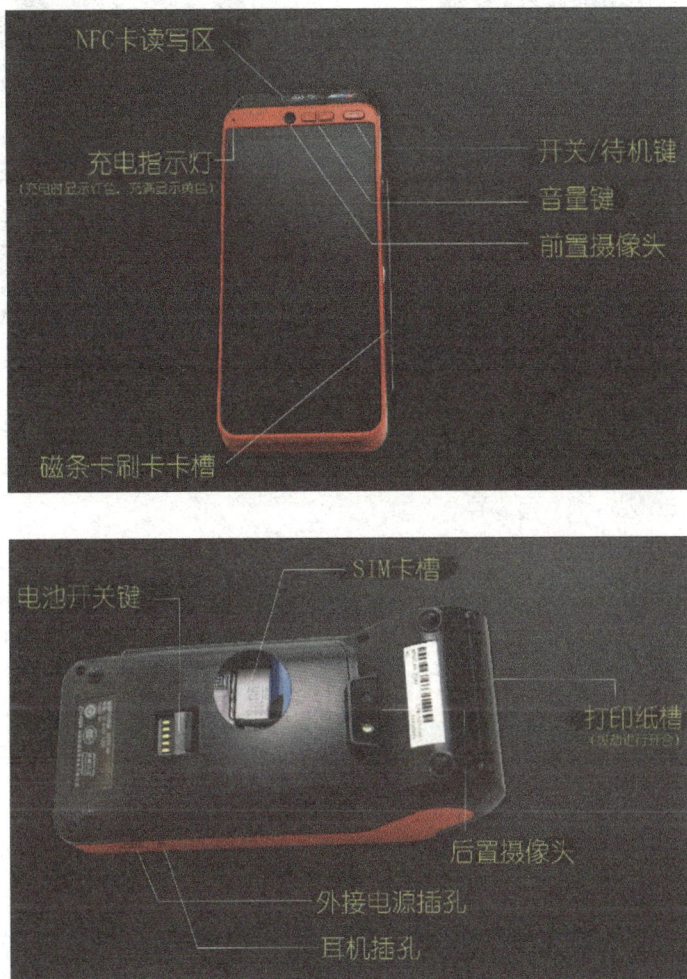

▲ 图 7-5　美团点评智能 **POS** 的外观功能

美团点评智能 POS 机的主要优势如下。

（1）速度更快：相关数据统计显示，业内传统 POS 机的平均支付时长为 3 ~ 5 秒，而美团点评智能 POS 机的平均耗时仅为 0.1 秒，可以加快酒店商家的收银速度，如图 7-6 所示。

（2）兼容强性：美团点评智能 POS 机可与商户财务端进行无缝对接，商家不管在哪都能实时看到收款情况，对应商家后台，对账和财务管理都很方便。

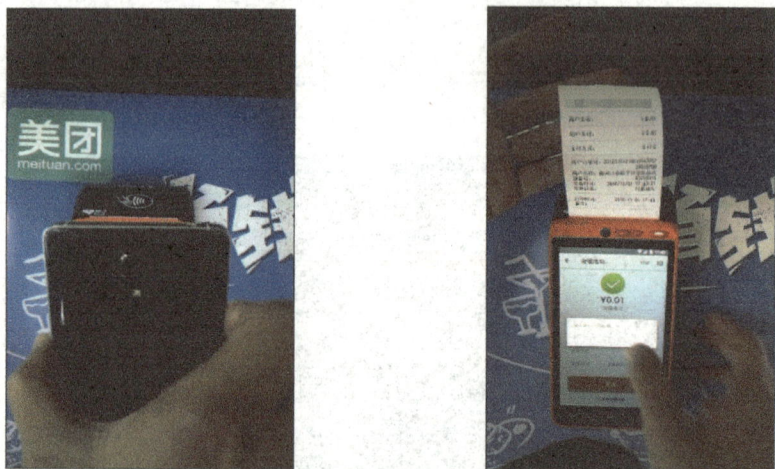

▲ 图 7-6　美团点评智能 POS 可以快速收银

（3）可开发性：美团点评智能 POS 机可以整合 ERP（企业资源管理与业务流程管理的计算机系统、外卖接单打单系统）系统、电子发票管理等模块，可以根据商家的特定需求进行一对一专属开发定制。

（4）营销服务：通过美团点评的商家智能终端，商户还可获得消费即会员、立体营销等服务。

7.1.2　美团点评智能 POS 机配置简介

使用美团点评智能 POS 机，酒店商家可通过统一收银、消费即会员、立体营销等更好的服务消费者。同时，O2O 服务闭环的建立，也为酒店商家创造了更大的价值。

下面介绍美团点评智能 POS 机的网络接入、打印功能以及支付方式。

1. 互联网接入方式

目前，美团点评智能 POS 机支持两种互联网接入方式，即无线 Wi-Fi 和 4G 联通网卡。

（1）无线 Wi-Fi 接入

无线 Wi-Fi 设置的方法比较简单，只需开机后开启"设置"界面中的 WLAN 功能，即可实现网络连接。

（2）4G 联通网卡接入

另外，酒店商家也可以使用 4G 联通网卡接入网络，通过"POS 机右上角显示的是几 G、几格"检测信号质量，保证使用。

信号质量判断方法如下。

当 POS 机显示"4G"网络：信号强度为 3 格或以上，可放心使用；信号强度在 3 格以下，可手动降级网络，通过"POS 机第二屏→设置→更多→移动网络→首选网络格式→3G/2G（自动选择）"完成。

当 POS 机信号显示"3G"网络或手动降级网络为"3G/2G"：信号强度为 3 格及以上，可放心使用；若信号强度为 3 格以下，网络不可用。

> **专家提醒**
>
> 温馨提示：POS 机内的 SIM 卡只用于本 POS 机的业务，不得挪为它用。

2. 打印功能

美团点评智能 POS 机内置 2 英寸（约 5.08 厘米）热敏打印机，配合 58 毫米（宽）*40 毫米（直径）纸仓，为业务提供一体化的打印功能。

7.1.3　美团点评智能 POS 机的功能介绍

美团点评智能 POS 机的功能包括收银支付、团购验券、闪惠买单、明细查询、银行卡退款等。

1. 收银支付

美团点评智能 POS 机支持的银行卡交易方式包括：刷卡、插卡、Apple Pay、银联闪付等 NFC（Near Field Communi Cation，近距离无线通信技术）非接触支付方式，如图 7-7 所示。

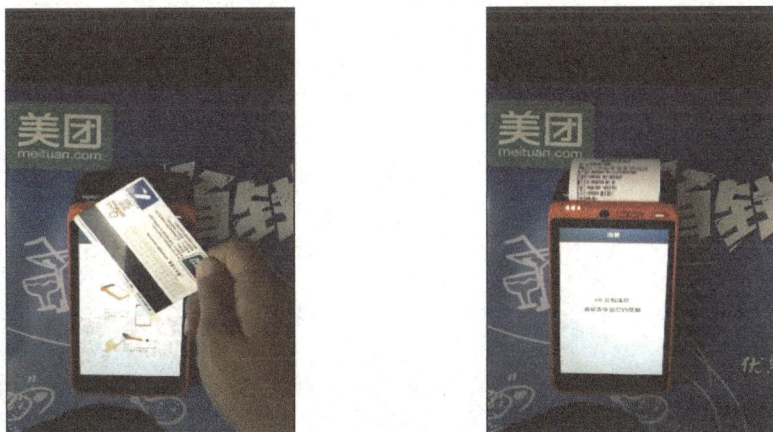

▲ 图 7-7　刷卡支付

同时，支持微信、支付宝、美团点评等客户端的扫码支付，用户扫商家与商家扫用户双向支持。美团点评智能 POS 机的支付步骤如下。

步骤① 在美团点评智能 POS 机系统主界面点击"收银"按钮，如图 7-8 所示。

步骤② 进入"收银"界面，输入相应金额并点击选择支付方式，如图 7-9 所示。

▲ 图 7-8 点击"收银"按钮

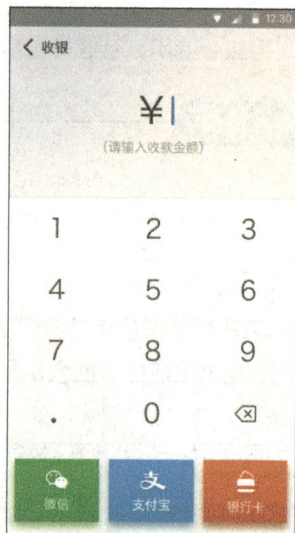

▲ 图 7-9 设置金额和支付方式

步骤③ 根据提示，操作支付，如图 7-10 所示。

步骤④ 完成支付，自动打印小票，可查看收银明细，如图 7-11 所示。

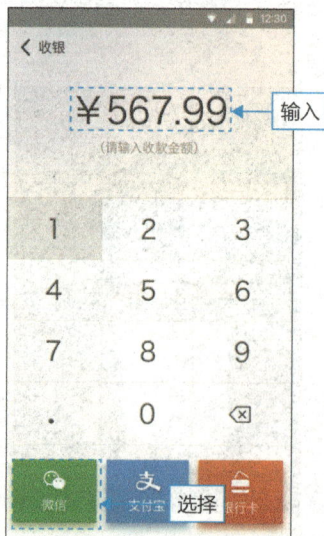

▲ 图 7-10 操作支付

▲ 图 7-11 完成支付

· 带 Quick Pass 的银行卡（如图 7-12 所示）可挥卡支付。

▲ 图 7-12　带 Quick Pass 的银行卡

· 不带 Quick Pass 的芯片卡（如图 7-13 所示），可插卡支付。

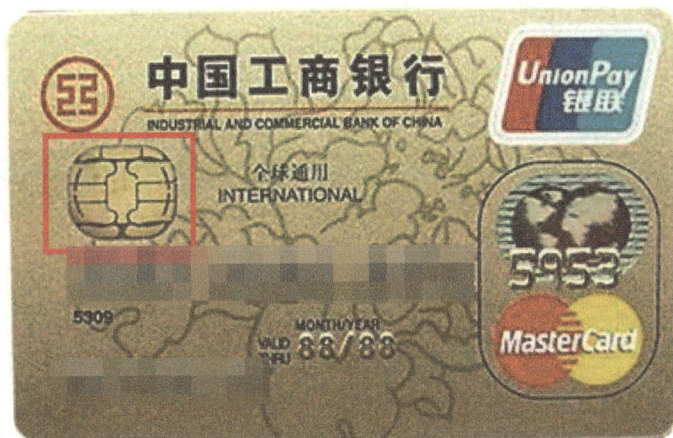

▲ 图 7-13　不带 Quick Pass 的芯片卡

· 不带 Quick Pass 的磁条卡，可刷卡支付。

2. 团购验券

美团点评智能 POS 机支持输码验券、扫码验券（可自由选择验证张数），打印小票，具体操作步骤如下。

步骤① 在智能 POS 机系统主界面点击"团购验券"按钮，如图 7-14 所示。

步骤② 执行操作后，可以输入验证码或点击"扫码验券"，如图 7-15 所示。

▲ 图 7-14　点击"团购验券"按钮

▲ 图 7-15　验证界面

步骤③ 扫码验券时，需选择验券张数，如图 7-16 所示。

步骤④ 完成验券，点击打印，支持打印小票，如图 7-17 所示。

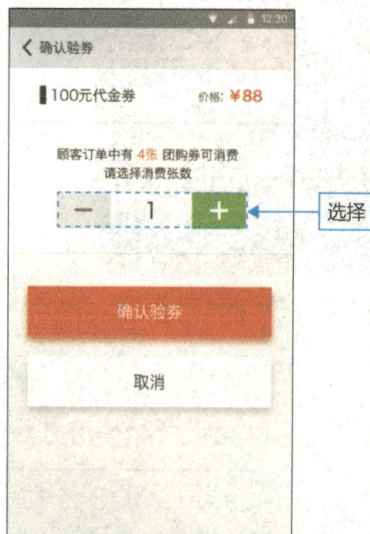

▲ 图 7-16　选择验券张数

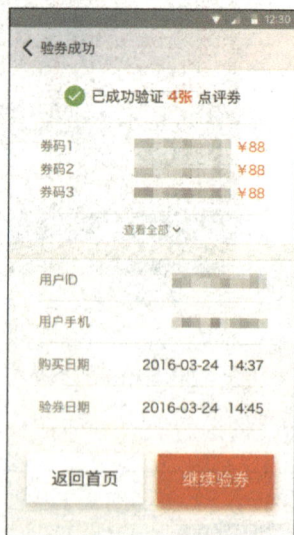

▲ 图 7-17　完成验券

3. 闪惠买单

美团点评智能 POS 机支持扫码支付、明细查询、打印小票等功能。

步骤 ① 点击进入"闪惠买单"界面，输入买单金额，如图 7-18 所示。

步骤 ② 点击"扫码收款"按钮，进入"闪惠买单收款"界面，如图 7-19 所示。

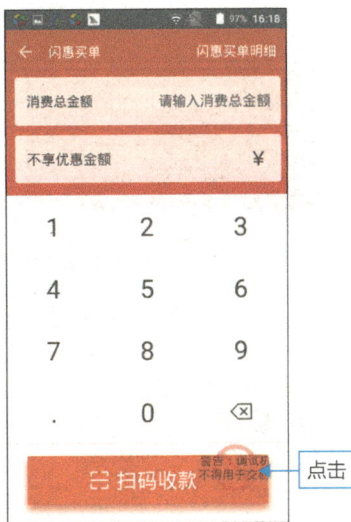

▲ 图 7-18 "闪惠买单"界面

▲ 图 7-19 "闪惠买单收款"界面

步骤 ③ 将付款码对准前置摄像头，扫二维码收款，如图 7-20 所示。

步骤 ④ 收款后，显示收款结果和收款成功明细，如图 7-21 所示。

▲ 图 7-20 扫二维码收款

▲ 图 7-21 完成收款

4. 明细查询

美团点评智能 POS 机支持明细查询（包括收银明细、团购明细），打印小票。

步骤① 在智能 POS 机系统主界面点击"收银明细"按钮，如图 7-22 所示。

步骤② 执行操作后，进入"收款明细"界面，选择日期，如图 7-23 所示。

▲ 图 7-22 点击"收银明细"按钮

▲ 图 7-23 "收款明细"界面

步骤③ 执行操作后，即可查看收款明细，如图 7-24 所示。

▲ 图 7-24 查看收款明细

5. 银行卡退款

美团点评智能 POS 机支持银行卡交易退款，退款将原路返回；到账时间视开卡行而定，一般 2 ~ 5 个工作日。

步骤 ① 在智能 POS 机系统主界面点击"收银明细"按钮，如图 7-25 所示。

步骤 ② 点击进入"交易详情"界面，点击"退款"按钮，如图 7-26 所示。

▲ 图 7-25　点击"收银明细"按钮

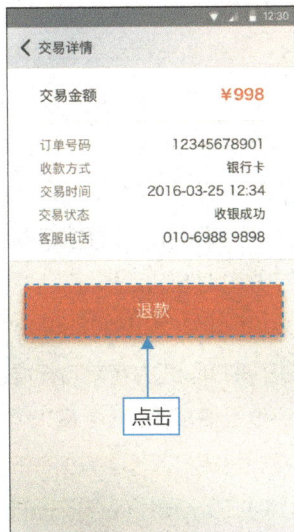

▲ 图 7-26　点击"退款"按钮

步骤 ③ 进入"受理结果"界面，点击"完成"按钮即可，如图 7-27 所示。

▲ 图 7-27　"受理结果"界面

> • 银行卡退款有时间限制，只能退前一天 23：00 到当天 23：00 的订单（即当日交易的订单支持退款）。
> • 微信、支付宝暂时不支持通过 POS 机退款，建议商家和消费者线下解决。

6. 常见问题

（1）二维码为什么老是扫描不成功？

- 平稳放置 POS 机：POS 机需要放在一个非常平稳的地方，不能晃动，否则会扫描不到二维码。

- 光线好：光线太暗的时候，会导致扫不到。

- 距离 10 厘米左右：手机距离 POS 机太近或太远都会导致扫描不上。

- 将二维码对准前置摄像头。

（2）提供 POS 机打印纸吗？

- POS 机打印纸由商家自行准备。

- 打印纸纸槽规格为 57 毫米（宽度）*40 毫米（直径）。

- 一卷一般能打印 50 笔左右的交易。

（3）打印小票纸保存多长时间？

至少 18 个月（一般 2 年左右）。

（4）POS 机提示"正在充正"怎么办？

等待充正结果，按照结果区分处理：

- 第一种结果"交易失败已充正"：当用户未扣款，用户重新付款即可；当用户已扣款，请用户重新付款，上笔付款将原路退回。

- 第二种结果"充正失败"：检查网络，联网状态下刷一分钱发起充正，查看结果；也可联系商服上报总部处理。

7.2　酒店智能管理硬件——智能门锁

门锁是房间的第一道安全屏障，在智能家居的大浪潮下，门锁的智能化是一种趋势。美团点评针对酒店商家推出了酒店智能管理硬件——智能门锁。

7.2.1　美团点评智能门锁介绍

美团点评针对酒店公寓行业，利用高端无线通信核心技术、互联网云端系统开发技术和传统电子门锁硬件，研发了能够通过互联网远程管理和控制的智能门锁硬件和酒店管理系统，为公寓提供了更加便捷、安全、高效的服务，如图 7-28 所示。

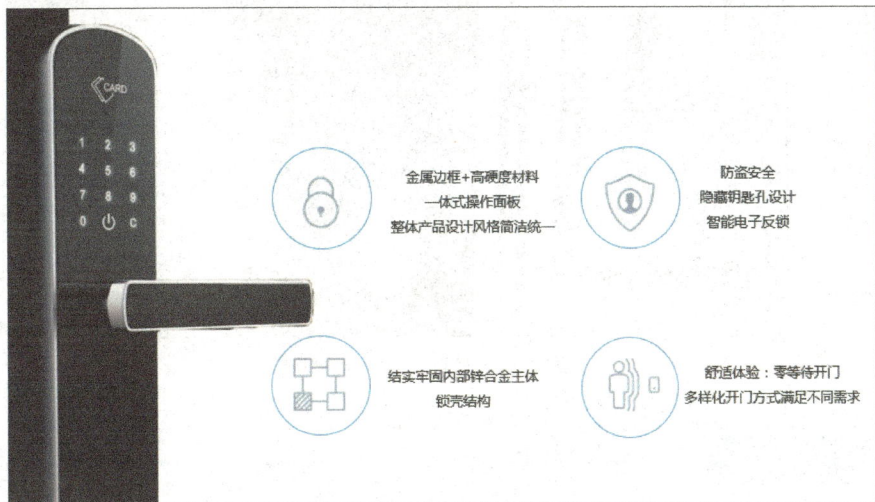

▲ 图 7-28　智能门锁的介绍

1. 智能门锁的四大保障

智能门锁无缝对接酒店（公寓）管理系统，解决房屋门锁电子化管理问题，实现在线实时管理，如图 7-29 所示。

设备管控	安全保障	无缝对接	安装实施
7*24动态密码管理	多重数据存储备份	无缝接入酒店管理系统	专业团队上门服务
零等待远程开门	断网断电密码开门	安全密匙设计	售后维护及时响应
支持刷卡管理	美团环境服务支撑	满足个性化需求	
轻松应对管家权限	安全加密防攻击		
	操作历史可追溯		

▲ 图 7-29　智能门锁的四大保障

在性能上，美团点评智能门锁的指令成功率达到 98.05%，门锁在线率99.10%，密码和刷卡开门时间 1 秒以内，远程开门时间在 3 秒以内，十分牢靠安全，如图 7-30 所示。

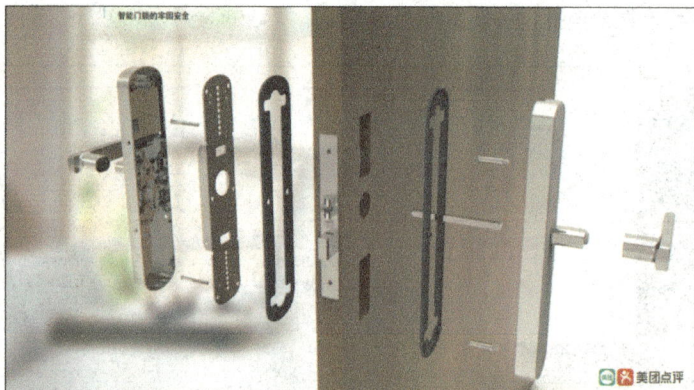

▲ 图 7-30 智能门锁的性能特点

💡 专家提醒

　　功耗方面，美团点评智能门锁采用了独有的控制电机算法，大大降低了门锁对电池的损耗，4 节 5 号电池可达一年的超长使用。

2. 智能门锁多种开门方式

智能门锁具有多种开门方式，如图 7-31 所示。

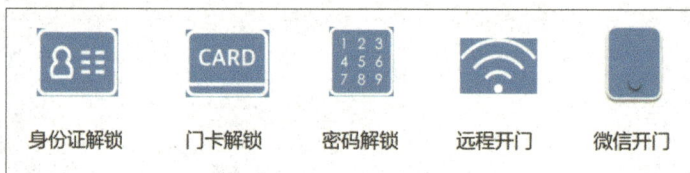

| 身份证解锁 | 门卡解锁 | 密码解锁 | 远程开门 | 微信开门 |

▲ 图 7-31 智能门锁的多种开门方式

（1）密码开门：具体方法如图 7-32 所示。

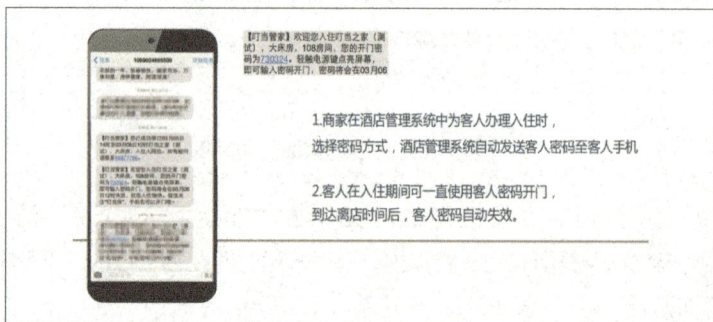

▲ 图 7-32 密码开门介绍

（2）微信开门：具体方法如图 7-33 所示。

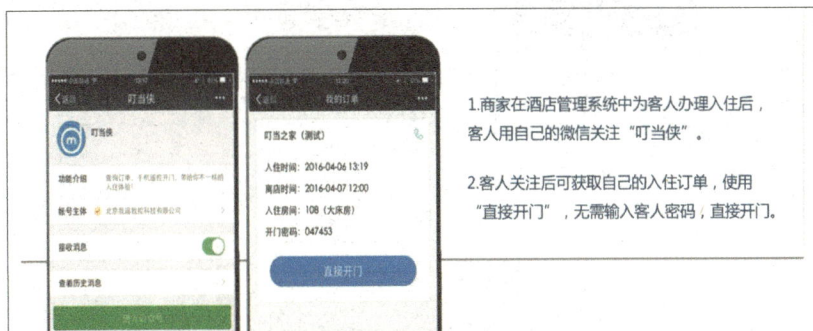

1.商家在酒店管理系统中为客人办理入住后，客人用自己的微信关注"叮当侠"。

2.客人关注后可获取自己的入住订单，使用"直接开门"，无需输入客人密码，直接开门。

▲ 图 7-33　微信开门介绍

（3）刷卡开门：具体方法如图 7-34 所示。

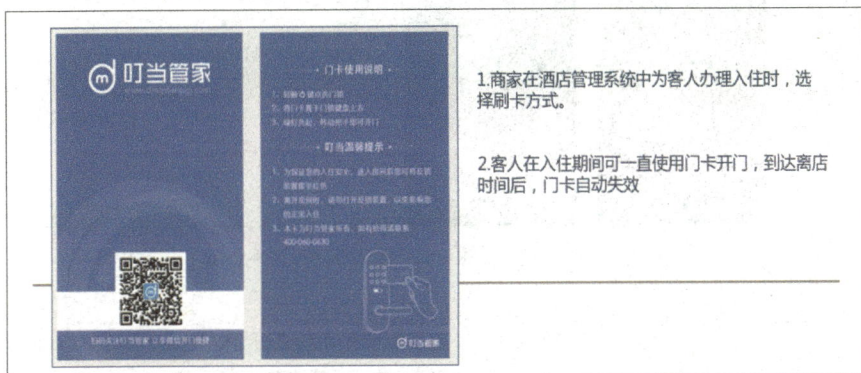

1.商家在酒店管理系统中为客人办理入住时，选择刷卡方式。

2.客人在入住期间可一直使用门卡开门，到达离店时间后，门卡自动失效

▲ 图 7-34　刷卡开门介绍

（4）远程开门：具体方法如图 7-35 所示。

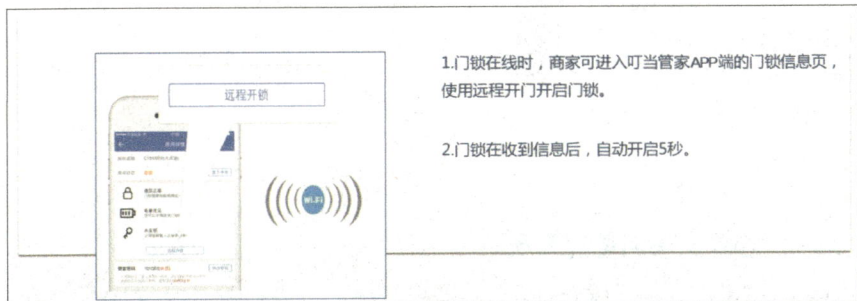

1.门锁在线时，商家可进入叮当管家APP端的门锁信息页，使用远程开门开启门锁。

2.门锁在收到信息后，自动开启5秒。

▲ 图 7-35　远程开门介绍

（5）管家密码开门：具体方法如图 7-36 所示。

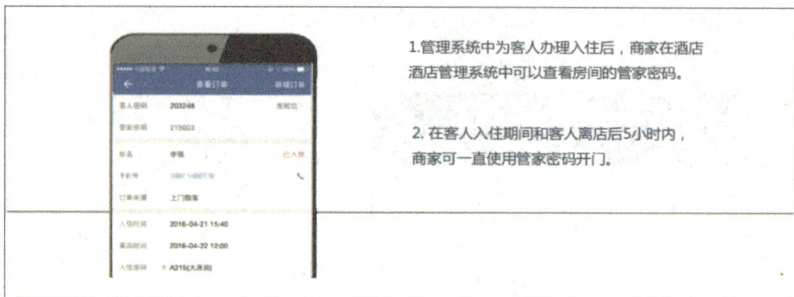

▲ 图 7-36　管家密码开门介绍

（6）管家 / 保洁卡刷卡开门：具体方法如图 7-37 所示。

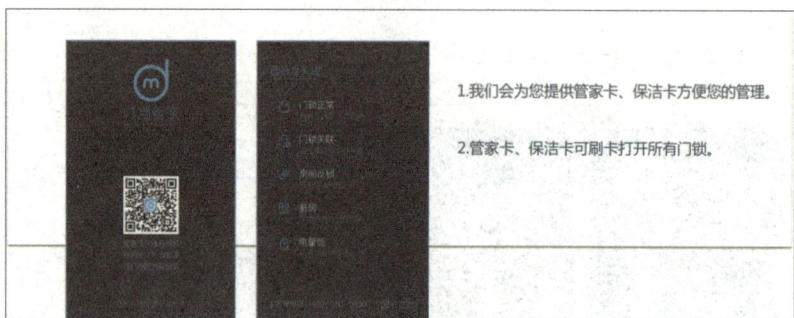

▲ 图 7-37　管家 / 保洁卡刷卡开门介绍

（7）商家身份证开门：具体方法如图 7-38 所示。

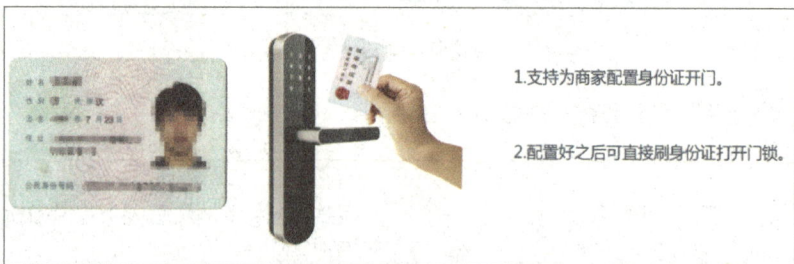

▲ 图 7-38　商家身份证开门介绍

7.2.2　叮当管家酒店管理系统

　　叮当管家酒店管理系统，在满足预订、入住、收银等需求的基础上，还有多渠道对接管理、自助短信发送、记账统计等多项实用功能，让酒店商家的管理更加轻松便捷。

叮当管家为酒店商家提供了一整套智能管理解决方案，完美结合了云端管理系统与智能硬件，是商家在经营酒店过程中不可或缺的"伙伴"。进入叮当管家主页面，单击"申请注册 ≫"链接，如图 7-39 所示。

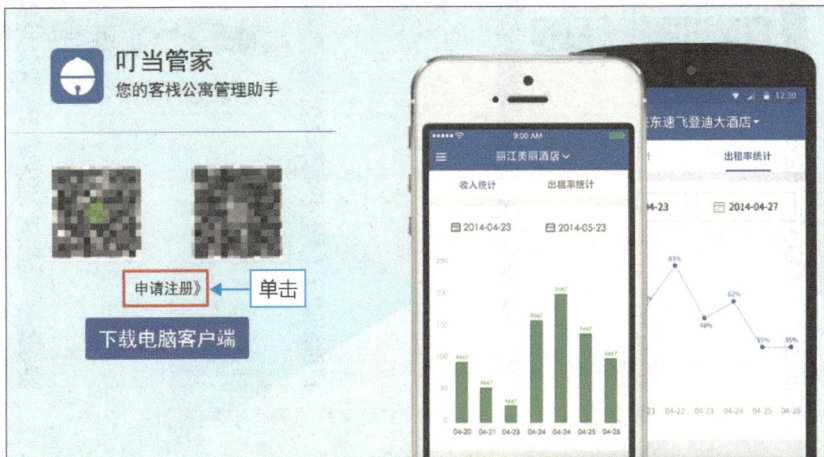

▲ 图 7-39　单击"申请注册 ≫"链接

执行操作后，弹出"请填写注册申请信息"对话框，设置相应的门店城市、门店名称、联系人姓名、联系人手机选项，单击"提交"按钮即可，如图 7-40 所示。提交申请后，需要保持手机畅通，叮当管家的服务人员会尽快与你取得联系。

▲ 图 7-40　填写注册申请信息

叮当管家具有以下 7 大优势。

（1）优化管理：先进的智能房控系统，智能管理房间状态，无需手工统计，摆脱复杂软件，是商家管理房态和经营门店的好帮手，如图 7-41 所示。

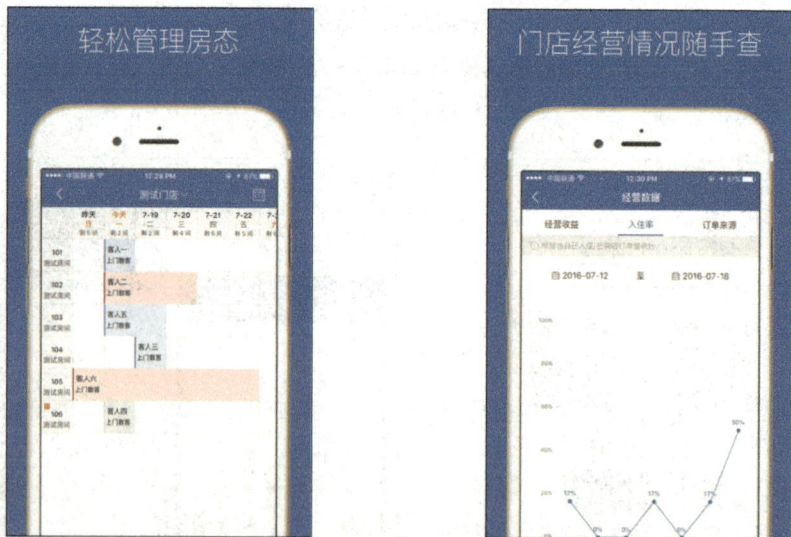

▲ 图 7-41　叮当管家可以帮助商家管理房态和经营门店

（2）提升效益：简明易懂的订单管理（如图 7-42 所示）和财务统计功能，精细
　　稳定的统计模块，收入支出一目了然，让酒店商家对生意情况了如指掌。

▲ 图 7-42　简明易懂的订单管理

（3）方便易用：简明实用的房态界面，无需培训，所见即所得，手机、计算机都
　　能轻松管理，如图 7-43 所示。

▲ 图 7-43　叮当管家酒店管理系统具有计算机客户端和手机 APP 两个平台

（4）多渠道对接：可对接美团等多个渠道，房量订单即时同步，无需登录多个后台，即可轻松管理各渠道订单，如图 7-44 所示。

▲ 图 7-44　叮当管家的多渠道对接优势

（5）永久免费：叮当管家永不收费，为酒店商家省去高额的软件支出费用，如图 7-45 所示。

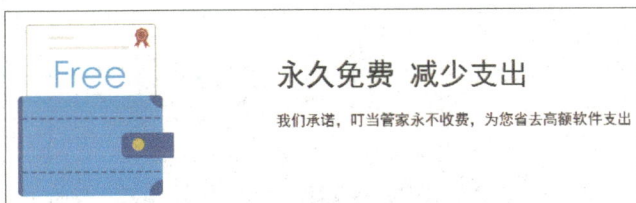

▲ 图 7-45　叮当管家酒店管理系统采用永久免费的方式

（6）智能门锁：可提供智能门锁配套服务，远程控制，办理入住更快捷。智能门锁有多种开门方式，且安全稳定，开门速度快，如图 7-46 所示。

▲ 图 7-46　叮当管家酒店管理系统具有智能门锁配套服务

　　酒店商家可以配合使用"叮当管家酒店管理系统＋智能门锁＋智能控制盒"，如图 7-47 所示，加强酒店的服务质量，提升客户的入住体验。通过使用美团点评智能门锁解决方案，可以帮助更多的酒店商家提升管理效率和客户体验，提升酒店行业信息化管理水平的同时，保证酒店业务更好地进行线上线下融合，高效、可持续发展。

①叮当管家酒店管理系统　　②智能门锁　　③智能控制盒

▲ 图 7-47　叮当管家酒店管理系统＋智能门锁＋智能控制盒

　　其中，智能控制盒主要用于控制智能门锁。智能控制盒负责连接外网，门锁和控制盒之间进行通信，用来控制门锁，所有给门锁发布的指令都是通过它来实现的。目前，控制盒和门锁是 1 : 2 的配比，安装在走廊里，或者房间里面。

（7）云端安全：叮当管家使用云端加密存储，顶级互联网技术支持，保障数据的安全性和隐私性，如图 7-48 所示。

▲ 图 7-48　云端技术，保障安全

7.2.3　资源位强势推广

采用智能门锁的酒店商家，还可以获得拥有强势推广效果的资源位。

（1）美团酒店顶部轮播展示位置，如图 7-49 所示。

▲ 图 7-49　顶部轮播展示位置

（2）美团酒店专题特别推荐展位，如图 7-50 所示。

▲ 图 7-50　专题特别推荐展位

（3）美团酒店列表智能门锁标签，如图 7-51 所示。

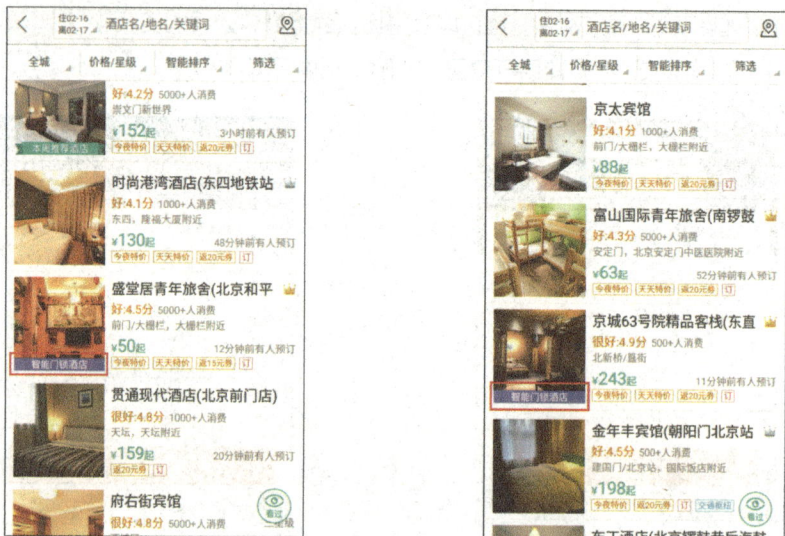

▲ 图 7-51　酒店列表智能门锁标签

💡 专家提醒

智能门锁相关的常见问题解析。

（1）智能门锁有备用钥匙吗？

一把锁有一把备用钥匙。注意，智能门锁的钥匙孔需要把门把手上的螺丝拆下才能看到。

（2）智能门锁分左开右开吗？

不分，门锁把手可以现场更换左右开的方向。

（3）如果大厦整层停电了，智能门锁还可以用哪种方式开门呢？

智能门锁是用电池供电的，密码和刷卡都开门。只是停电了就无法使用远程开门了，因为控制盒断线了。

（4）智能门锁的几种开锁方式可以并行使用吗？

可以并行使用。商家的开门方式有：叮当管家手机 APP 远程开门、管家卡、管家密码、身份证；客人的开门方式有：密码、叮当侠微信开门、客人卡（需要单独购买制卡器）。

第 8 章

在线教育打造专业的酒店营销人才

学前提示

在线教育的发展壮大趋势已经成为一种人人可见的现状，借助互联网的特点，在线教育将酒店教育模式带到了新高度。尤其是美团点评在酒店在线教育方面的积极布局下，培育出了越来越多的酒店营销人才，这些都对酒店市场的发展有很大的推动作用。

要点展示

>> 美酒学院打造酒店营销人才
>> 考试系统与人才认证

8.1 美酒学院打造酒店营销人才

美酒学院（"美酒"是"美团酒店"的简称）隶属于中国最大的O2O生活平台"美团点评"，专注于住宿行业的人才培养，结合行业先进有效的营销方法和策略，整合美团点评平台及行业内的优质资源，打造线上线下一体化的商家学习平台。

8.1.1 商家线上自主学习基地

线上学院是酒店商家在线学习分享交流的平台，酒店商家可以通过PC端和移动APP端进行线上学习。

1．PC端：美酒学院

美酒学院PC端主要分为"美酒课程"和"营销师报名"两个部分，如图8-1所示。酒店商家可结合实际业务情况，选择感兴趣的课程进行针对性学习，培养专业的营销人才。

▲ 图8-1　美酒学院PC端

美酒课程主要分为线上课程和平台业务两个板块。另外，在美酒课程顶部，有一个"聊聊OTA的那些事儿"视频课程栏目，每周都会有更新，单击该区域即可进入"美酒直播"页面，如图8-2所示。在该页面右侧，用户可以发表评论，与其他用户进行实时交流，同时也可以通过弹幕的形式发表评论。

▲ 图 8-2　"美酒直播"页面

　　单击视频中的播放按钮图标，即可开始播放视频教程，如图 8-3 所示。将鼠标移至"手机观看"图标上方，将出弹出一个二维码小窗口，如图 8-4 所示，用户可以使用手机扫描二维码，通过手机观看视频教程。

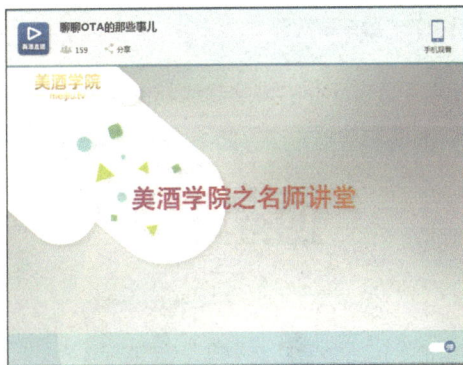

▲ 图 8-3　播放视频教程

▲ 图 8-4　手机观看二维码链接

　　线上课程主要包括"名师讲堂""直播预告"和"品牌故事"3 个专题。

* "名师讲堂"：主要集合了各类国际国内酒店集团总裁、酒店人力资源总监、酒店总经理、运营总监、营销总监、高校专家学者、互联网酒旅业代表等专业的行业人士，共同探索互联网 + 渗透融合下的酒店运营和管理之道。图 8-5 所示为名师讲堂中的一篇文章案例——美团点评郭庆揭秘如何助力酒店下半场。

美团点评郭庆揭秘如何助力酒店下半场

2016-12-15 美酒学院

12月15日，美团点评住宿事业部总经理、中国饭店协会副会长郭庆在某会议上发表了主题为《大数据推动酒店产品迭代》的演讲，为到场嘉宾展示在全新大数据技术驱动下，如何让将客户行为和需求形成量化指标，从而更有效地帮助酒店有参考依据的进行服务升级。

美团点评住宿事业部总经理郭庆

据郭庆介绍，美团点评大数据平台的定位，把握20-35岁主力消费人群，这也和美团点评的核心6亿用户群体定位接近。其中年消费用户数量超过2.2亿，美团点评平台覆盖多样消费场景，包含美食、电影、休闲娱乐、外卖等属于综合性服务平台，并且能够积累整个消费闭环，从浏览、消费、评论、复购等重要环节中的大量数据。

从数据规模来讲，美团点评的大数据覆盖2800个城市和县区，每日订单数产生1200万。而在美团点评住宿过去一年的成绩单来看，今年8月和10月均超过1300万入住间夜，其中十一的日间夜量超80万，预订比例达到90%，合作酒店商家超过32万。目前美团点评住宿业务正在高速发展，其中高星酒店单日消费间夜增长超过300%。

在如此巨大的数据量级下，美团点评通过独有分析手段，结合美团点评平台的优势，将自有的大数据与酒店商家共享，其中包括用户画像、商圈画像等，力求帮助住宿企业，更懂用户需求，获得收入增量，最终实现住宿与酒店商家的利益共享。

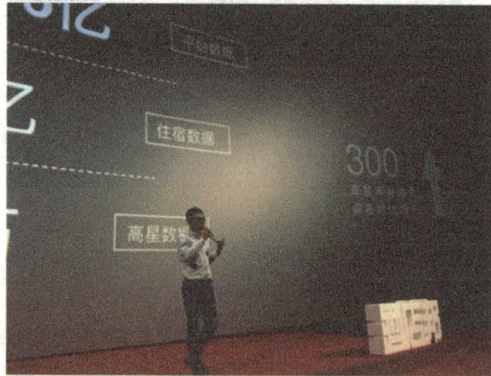

▲ 图 8-5　名师讲堂中的一篇文章案例

- “直播预告”：由美酒学院负责人直播讲授酒店行业的发展趋势与商家成长关键点，该频道主要用来通告直播的演讲者、时间和参与方法，如图 8-6 所示。

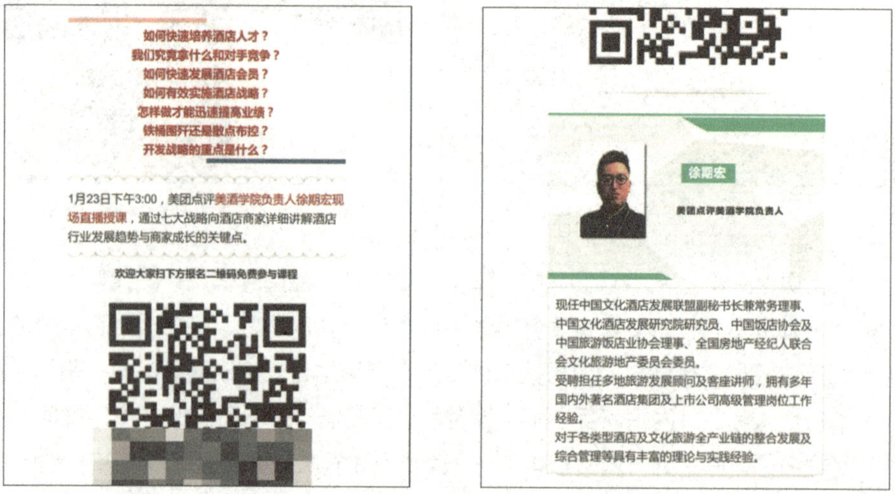

▲ 图 8-6　“直播预告”的主要内容

- "品牌故事"：主要讲述了美团点评的品牌历史和发展动态等信息，如图 8-7 所示。

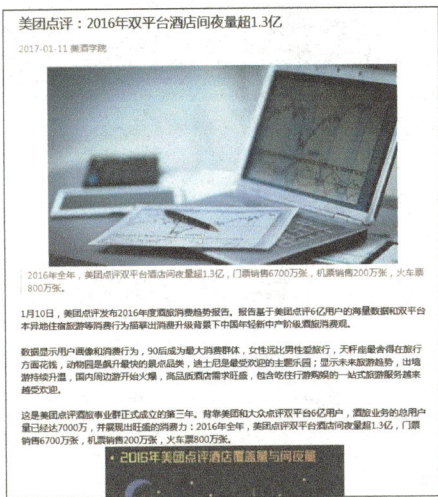

▲ 图 8-7 "品牌故事"的主要内容

平台业务主要包括"商家故事""经营分享"和"精彩会议"3 个专题。

- "商家故事"：讲述了优秀酒店商家的创业历程、装修心得以及运营经验等实用内容，值得大家学习和借鉴，如图 8-8 所示。

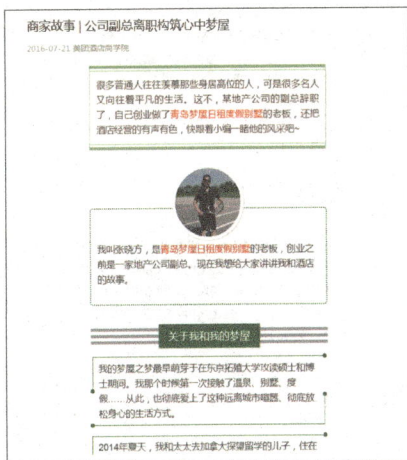

▲ 图 8-8 "商家故事"案例

- "经营分享"：重点提炼了一些酒店经营的干货教程，帮助酒店商家快速解决运营过程中最常遇到的问题，如图 8-9 所示。

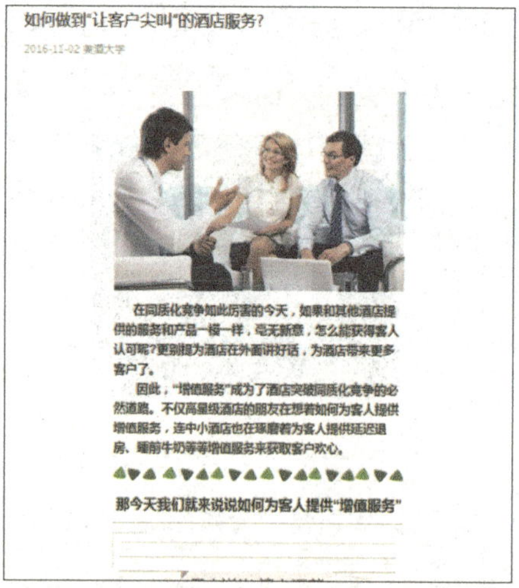

如何做到"让客户尖叫"的酒店服务?

2016-11-02 美酒大学

在同质化竞争如此厉害的今天，如果和其他酒店提供的服务和产品一模一样，毫无新意，怎么能获得客人认可呢?更别提为酒店在外面讲好话，为酒店带来更多客户了。

因此，"增值服务"成为了酒店突破同质化竞争的必然道路。不仅高星级酒店的朋友在想着如何为客人提供增值服务，连中小酒店也在琢磨着为客人提供延迟退房、睡前牛奶等等增值服务来获取客户欢心。

那今天我们就来说说如何为客人提供"增值服务"

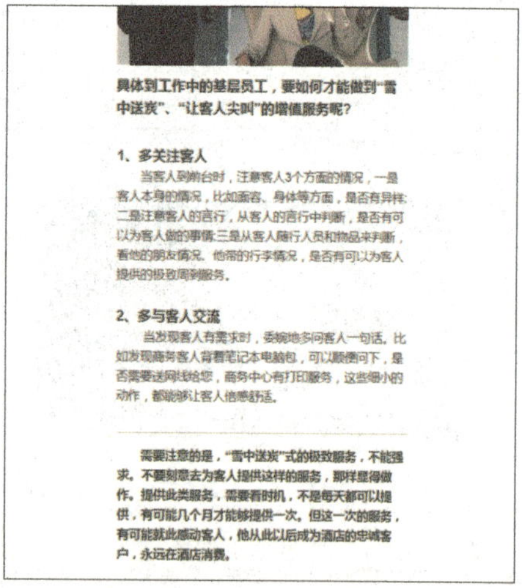

具体到工作中的基层员工，要如何才能做到"雪中送炭"、"让客人尖叫"的增值服务呢?

1、多关注客人

当客人到前台时，注意客人3个方面的情况，一是客人本身的情况，比如面容、身体等方面，是否有异样;二是注意客人的言行，从客人的言行中判断，是否有可以为客人做的事情;三是从客人随行人员和物品来判断，看他的朋友情况、他带的行李情况，是否有可以为客人提供的极致周到服务。

2、多与客人交流

当发现客人有需求时，委婉地多问客人一句话。比如发现商务客人背着笔记本电脑包，可以顺便问下，是否需要送网线给您，商务中心有打印服务，这些细小的动作，都能够让客人倍感舒适。

需要注意的是，"雪中送炭"式的极致服务，不能强求。不要刻意去为客人提供这样的服务，那样显得做作。提供此类服务，需要看时机，不是每天都可以提供，有可能几个月才能够提供一次。但这一次的服务，有可能就此感动客人，他从此以后成为酒店的忠诚客户，永远在酒店消费。

▲ 图 8-9 “经营分享”案例

- “精彩会议”：美团点评平台经常会举行一些酒店品牌会议，与行业专家、酒店高管等共同分析酒店市场的发展方向，助力酒店行业良性发展，如图 8-10 所示。

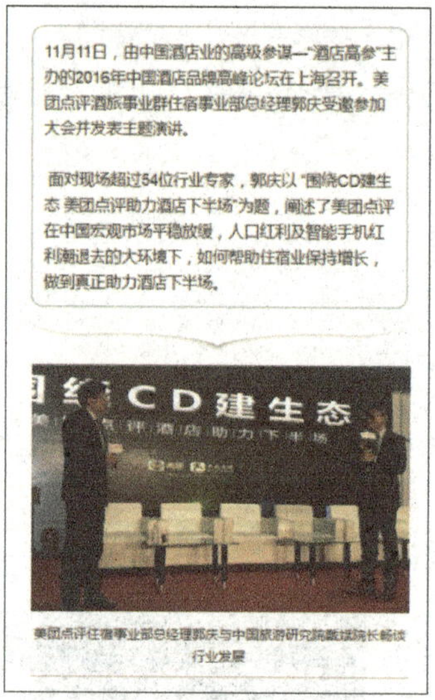

11月11日，由中国酒店业的高级参谋—"酒店高参"主办的2016年中国酒店品牌高峰论坛在上海召开。美团点评酒旅事业群住宿事业部总经理郭庆受邀参加大会并发表主题演讲。

面对现场超过54位行业专家，郭庆以"围绕CD建生态 美团点评助力酒店下半场"为题，阐述了美团点评在中国宏观市场平稳放缓，人口红利及智能手机红利潮退去的大环境下，如何帮助住宿业保持增长，做到真正助力酒店下半场。

美团点评住宿事业部总经理郭庆与中国旅游研究院戴斌院长畅谈行业发展

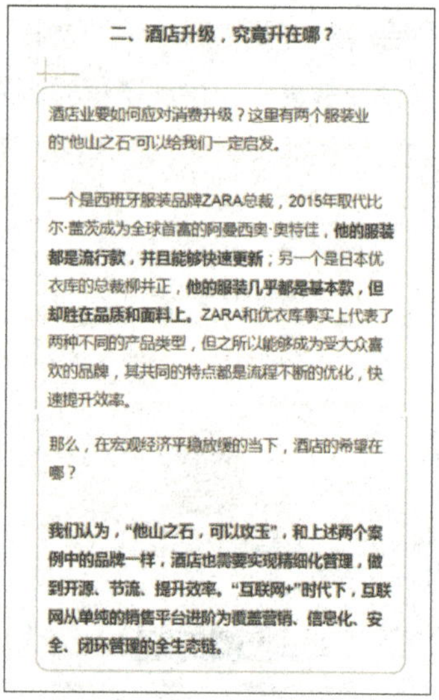

二、酒店升级，究竟升在哪?

酒店业要如何应对消费升级?这里有两个服装业的"他山之石"可以给我们一定启发。

一个是西班牙服装品牌ZARA总裁，2015年取代比尔·盖茨成为全球首富的阿曼西奥·奥特佳，**他的服装都是流行款，并且能够快速更新**；另一个是日本优衣库的总裁柳井正，**他的服装几乎都是基本款，但却胜在品质和面料上。**ZARA和优衣库事实上代表了两种不同的产品类型，但之所以能够成为受大众喜欢的品牌，其共同的特点都是流程不断的优化，快速提升效率。

那么，在宏观经济平稳放缓的当下，酒店的希望在哪?

我们认为，"他山之石，可以攻玉"，和上述两个案例中的品牌一样，酒店也需要实现精细化管理，做到开源、节流、提升效率。"互联网+"时代下，互联网从单纯的销售平台进阶为覆盖营销、信息化、安全、闭环管理的全生态链。

▲ 图 8-10 “精彩会议”案例

2. APP 端：美酒大学

酒店商家可以登录美团酒店商家 APP，在首页点击“美酒大学”按钮进入“营销大学”界面，如图 8-11 所示。

▲ 图 8-11　进入"营销大学"界面

　　"美酒大学"由首页、新手必看、营销推广、产品学堂 4 个部分构成，如图 8-12 所示。平台提供了酒店移动互联网完整的教程体系，涵盖新手必看、日常运营、营销推广、平台规则、商家经营等方面。图 8-13 所示为首页推荐的文章列表，包括各种酒店方面的最新动态和聚焦热点。

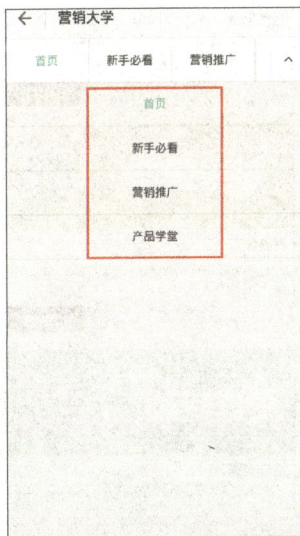

▲ 图 8-12　"美酒大学" 4 个部分

▲ 图 8-13　首页推荐的文章列表

　　点击相应的文章标题，即可查看具体的内容，如图 8-14 所示。在文章下方，用户也可以进行评论和回复等互动，如图 8-15 所示。

▲ 图 8-14　查看具体的文章内容

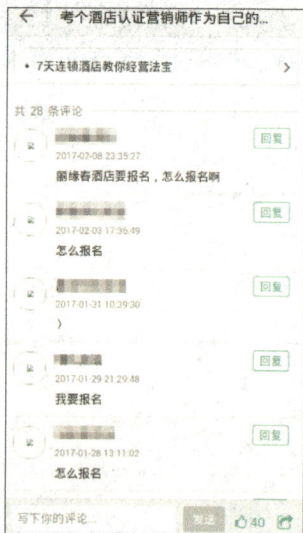

▲ 图 8-15　评论和回复

"新手必看"板块包括各种酒店营销管理相关的专题课程，帮助用户进行定向学习，如图 8-16 所示。

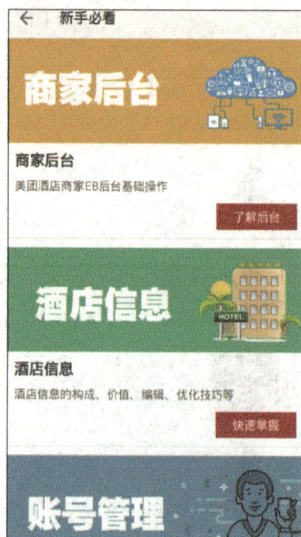

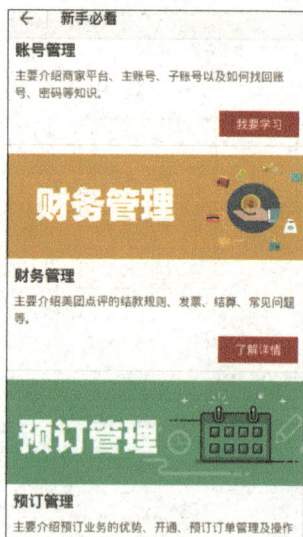

▲ 图 8-16　"新手必看"板块

例如，点击"账号管理"下方的"我要学习"按钮，即可进入"账号管理课程列表"界面，如图 8-17 所示。在课程列表中选择相应的课程，点击"点击学习"按钮，即可查看具体的学习内容，如图 8-18 所示。

▲ 图 8-17 "账号管理课程列表"界面

▲ 图 8-18 查看具体的学习内容

"营销推广"板块包含各种酒店营销和分享渠道，帮助酒店人才实现更方便的交流互帮，如图 8-19 所示。点击相应的文章标题，即可查看具体的营销推广内容，如图 8-20 所示。

▲ 图 8-19 营销推广板块

▲ 图 8-20 查看具体的营销推广内容

"产品学堂"板块包括"美酒大学"的动态信息以及讲师运营的相关知识，如图

8-21 所示。

▲ 图 8-21 "产品学堂"板块及相应内容

8.1.2 美酒学院线下公开课

美酒学院公开课是美团酒店学院开展的线下活动，以公开课的形式直接连接平台与商家，集中解决商家问题，重点推广平台业务，培养商家拥抱平台、互利共赢的意识，如图 8-22 所示。

▲ 图 8-22 美酒学院公开课

1. 美酒学院公开课宗旨

美酒学院公开课重点服务于酒店商家，希望能通过线下课程、沙龙等形式有效地影响和帮助酒店商家提升互联网酒店的经营效率，提高综合收益。

图 8-23 所示为"美酒学院 爱分享共成长·阳朔"线下活动。

图 8-24 所示为"美酒公开课 维也纳专场"线下活动。

▲ 图 8-23 "美酒学院 爱分享共成长·阳朔"线下活动

▲ 图 8-24 "美酒公开课 维也纳专场"线下活动

图 8-25 所示为"美酒学院"在海滨城市山东威海的现场盛况。

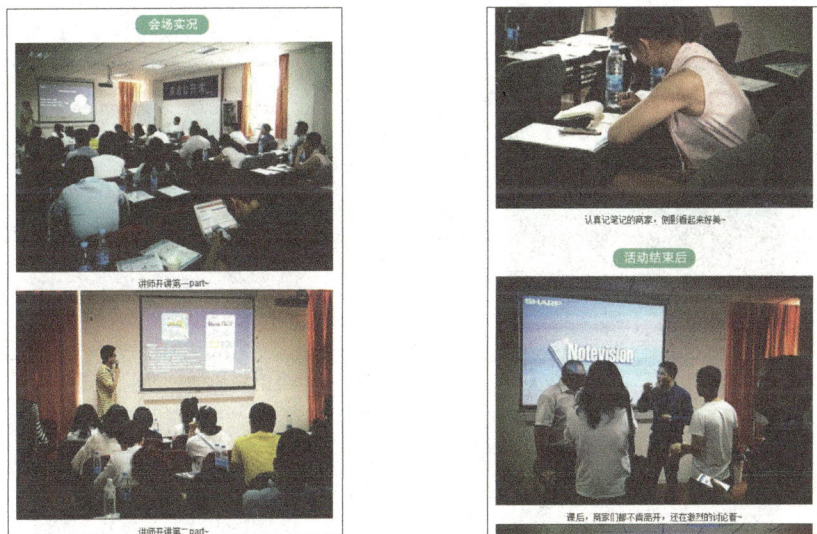

▲ 图 8-25 "美酒学院"在海滨城市山东威海的现场盛况

在线下公开课中，美团点评总部也会准备一些精美礼品赠送给积极互动的课上商家，如图 8-26 所示。在活动过程中，主持人还会带领到场的商家一起玩一些互动小游戏，让商家有更好的积极性进行各种课程互动，如图 8-27 所示。

课程内容包括"教你玩转 HOS 指数""积分商城""便捷的支付方式——房

惠""智能门锁"等内容，如图 8-28 所示。

▲ 图 8-26　精美礼品赠送

▲ 图 8-27　互动小游戏

▲ 图 8-28　"美酒学院公开课"课程内容

　　在公开课过程中，通过课间商家问题解答等环节，商家可以与讲师互动交流，获得更多商家目前最为关注的问题答案，提升团队的综合能力，如图 8-29 所示。

　　在公开课的最后环节，主要是讲师与商家的合影留恋，促进商家之间的交流沟通，如图 8-30 所示。

▲ 图 8-29　课间的互动交流

▲ 图 8-30　合影留恋

　　美酒学院公开课截至 2016 年共培养了 138 名优秀讲师，77 个城市团队的落地支持，以及 159 节公开课的经验沉淀。

　　同时，美团点评也会邀请业内优秀的酒店商家进行经验分享，从酒店经营、营销推广、装修选址、人员管理等多方位的实战经验中汲取精华，从而培养实战型人才。

2. 美酒学院公开课取得的效果

　　线下重点解决核心及潜力商家在线上营销中遇到的问题，获得了 5133 位酒店商家朋友 81.43% 的满意度，与会酒店获得了有关 HOS 指数、好评率、排序等方面的综合提升。

另外，通过线下面对面教学指导，商家差评数降低了 22%，拒单量降低 58%。

8.1.3 美团内部 / 商家讲师库

美酒学院讲师成长营表示，美酒学院旨在打造一支精通酒店移动互联网营销的优秀讲师队伍，通过授权讲师的培训传播，让更多的人不仅了解酒店移动互联网营销，更能灵活地应用酒店移动互联网营销，从而为整个产业的发展培育更多的人才。

商家讲师，是美酒学院以培养酒店营销人才为目的，面向商家开放的酒店移动互联网营销认证项目，如图 8-31 所示。

美酒学院讲师主要分为内部讲师和外部讲师两类。

▲ 图 8-31　美酒学院讲师

（1）美酒学院内部讲师：除了会获得星级讲师的认证外，还能参加沟通表达、逻辑思维、授课技巧等方面的专业特训，提升个人综合能力。

（2）美酒学院外部讲师：除了获得学院星级讲师证书外，还将获得积分奖励（积分可用于礼品兑换）。

8.2　考试系统与人才认证

人才的推动力和储备是酒店行业大力发展的基础，为此，美团点评基于在该领域营销的经验，重点打造了"美酒学院"这个平台，给酒店人才提供了更多学习和提升的空间。美团点评平台具有完备的考试系统和人才认证方式，有利于提升酒店工作人员的技能和知识，为酒店输出更多优秀的专业人才。

8.2.1 考试系统

"美酒学院"结合集团内外及行业内优势资源建立课程体系、讲师体系、培训体系以及考试系统等，以帮助商家成长为己任，打造线上线下一体化的酒店移动互联网营销教育平台。下面主要介绍"美酒学院"的考试系统。

1. 考试范围

考试范围包括手机端"美酒大学"中的"新手必看"版块内的所有课程，主要包含以下几个课程。

（1）商家后台：包括基本信息区介绍、导航详情区及服务区、左侧功能导航栏介绍等课程，如图 8-32 所示。

▲ 图 8-32 商家后台相关课程及视频学习内容

（2）酒店信息：介绍酒店信息的构成、价值、编辑、优化技巧等，相关课程及内容如图 8-33 所示。

▲ 图 8-33 酒店信息相关课程及学习内容

（3）账号管理：主要介绍商家平台、主账号、子账号以及如何找回账号、密码等知识。

（4）财务管理：主要介绍美团点评的结款规则、发票、结算、常见问题等，相关
课程及内容如图 8-34 所示。

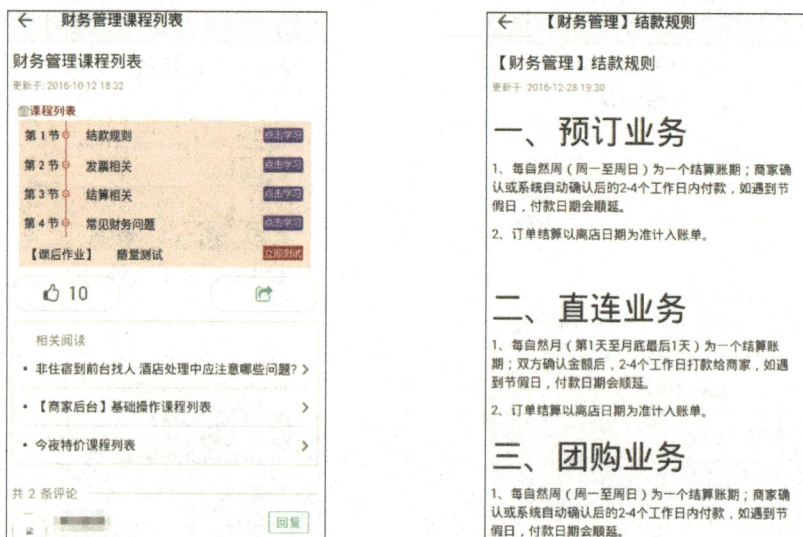

▲ 图 8-34　账号管理相关课程及学习内容

（5）预订管理：主要介绍预定业务的优势及开通、预订订单管理及操作等知识，
相关课程及内容如图 8-35 所示。

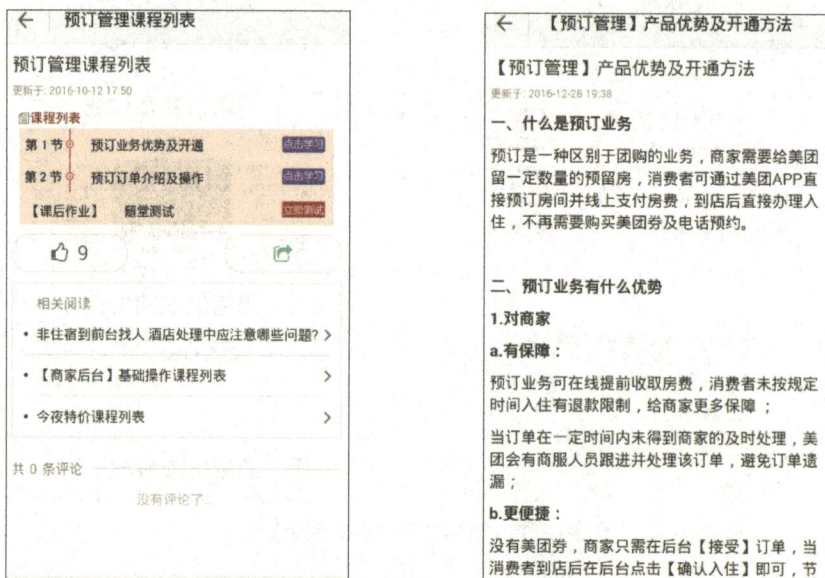

▲ 图 8-35　预订管理相关课程及学习内容

（6）团购管理：主要介绍团购产品功能、操作、常见问题等知识，相关课程及内
容如图 8-36 所示。

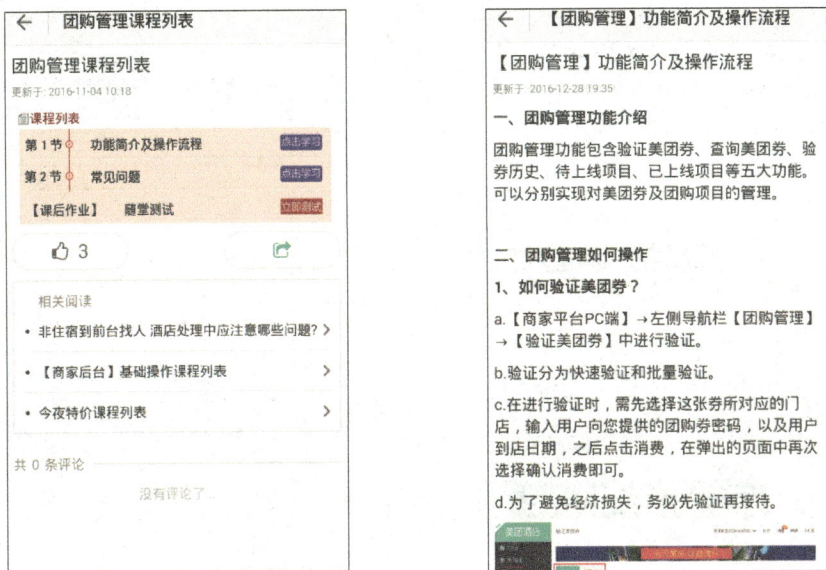

▲ 图 8-36　团购管理相关课程及学习内容

💡 专家提醒

　　另外，很多课程后面还带有一个"课后作业－随堂测试"环节，点击"立即
测试"按钮，即可参与测试，了解自己的学习效果，如图 8-37 所示。

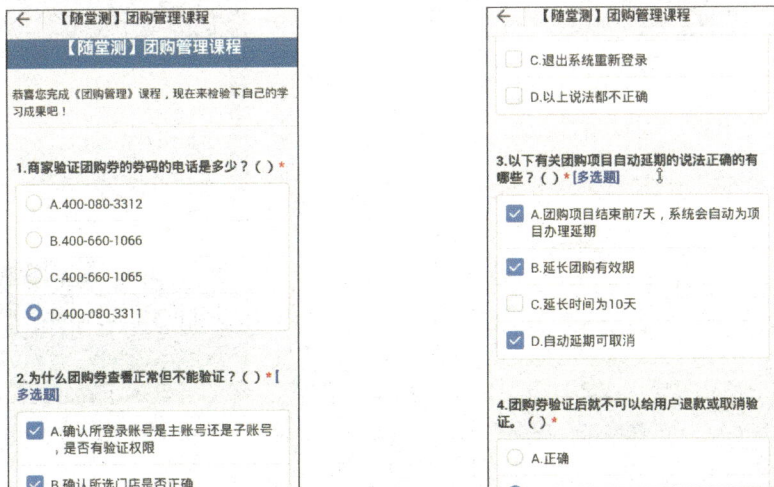

▲ 图 8-37　课后作业—随堂测试

完成测试后，输入相关的验证码，点击"提交"按钮，即可看到相关成绩，如图 8-38 所示。

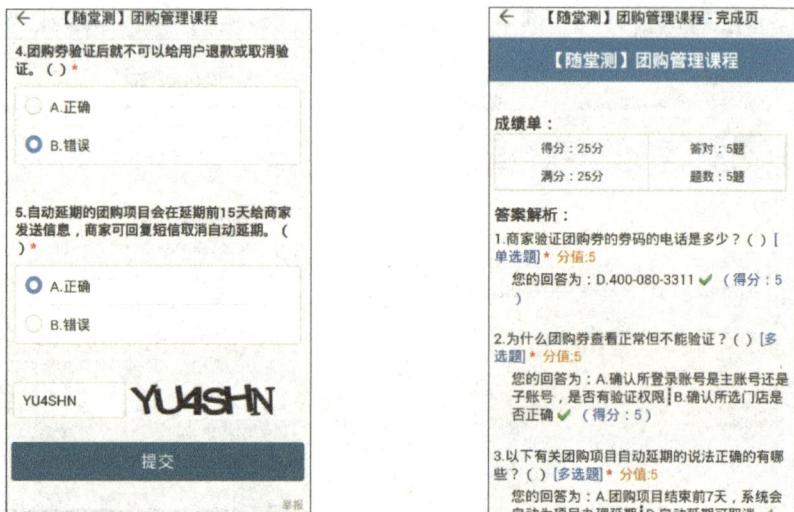

▲ 图 8-38　查看测试成绩

另外，参与测试的用户还可以获得一次抽奖机会，如图 8-39 所示。点击"开始抽奖"按钮即可抽奖，中奖结果如图 8-40 所示。

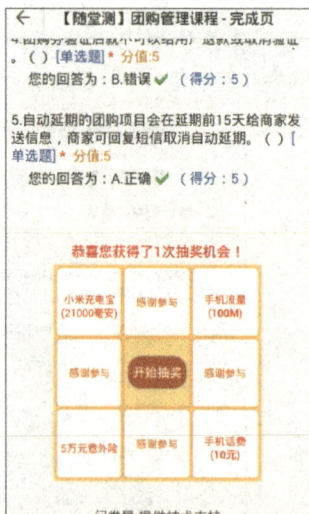

▲ 图 8-39　抽奖活动

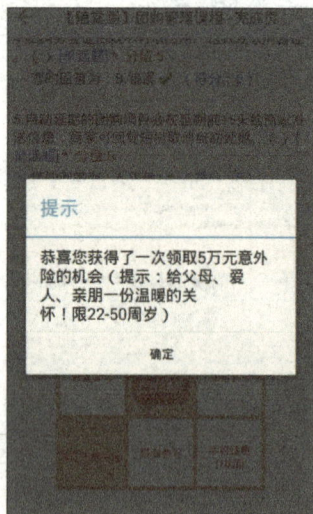

▲ 图 8-40　中奖结果

在显示中奖结果的"提示"对话框中，点击"确定"按钮，即可查看奖品详情，如图 8-41 所示。

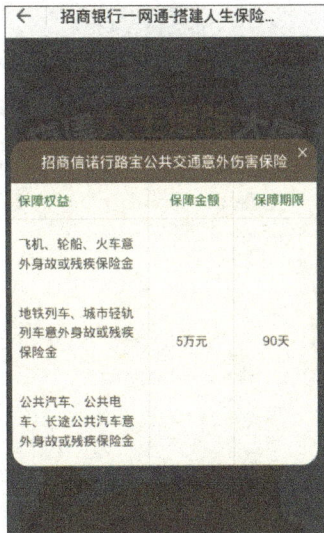

▲ 图 8-41　查看奖品详情

（7）价格管理：主要讲解价格管理的定义、功能、策略方法、操作流程等知识，相关课程及内容如图 8-42 所示。

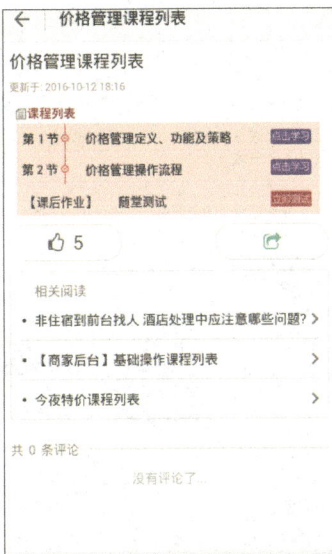

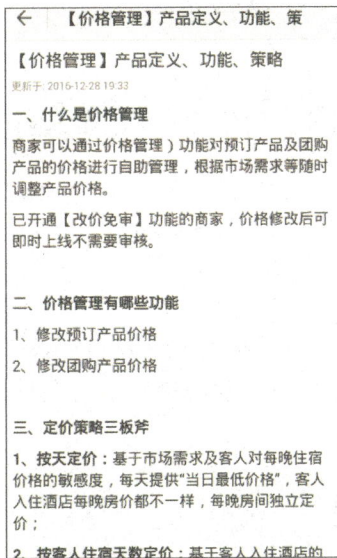

▲ 图 8-42　价格管理相关课程及学习内容

（8）房态管理：主要介绍房态管理产品知识及操作、预留房业务合作流程、获得资源以及常见问题等，相关课程及内容如图 8-43 所示。

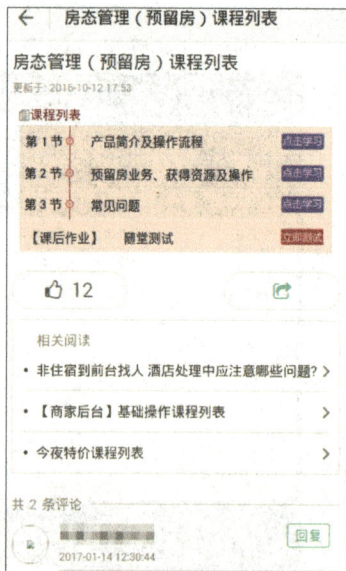

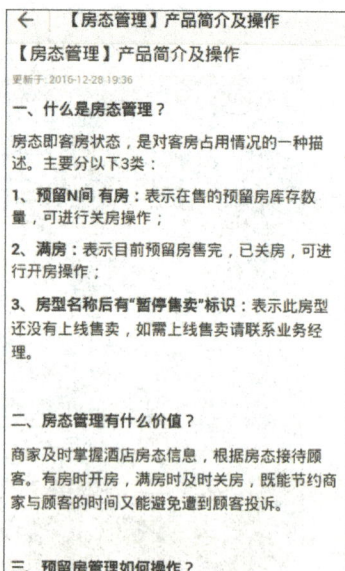

▲ 图 8-43　房态管理相关课程及学习内容

（9）房惠管理：主要介绍房惠所具功能、价值、操作流程及常见问题等知识，相关课程及内容如图 8-44 所示。

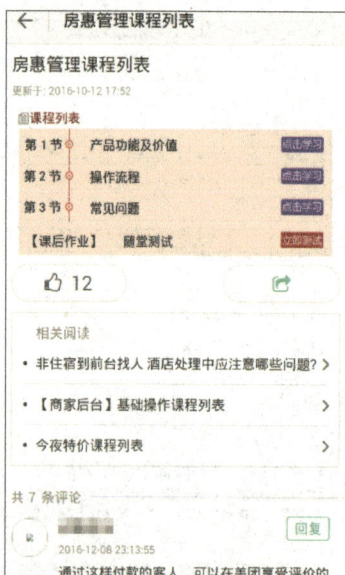

▲ 图 8-44　房惠管理相关课程及学习内容

（10）排序手册：主要介绍美团点评的排序规则、重要性，以及提升排序的 5 大方法，相关课程及内容如图 8-45 所示。

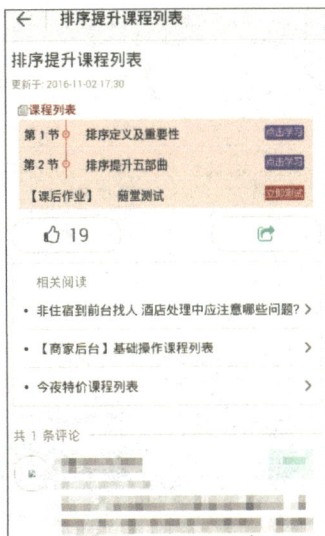

▲ 图 8-45　排序手册相关课程及学习内容

（11）图片管理：主要讲解图片管理的价值及标准、操作流程、优化方法、常见
　　　问题等知识，相关课程及内容如图 8-46 所示。

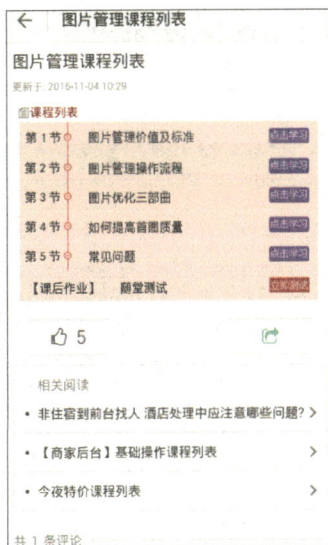

▲ 图 8-46　图片管理相关课程及学习内容

（12）评价评分：主要介绍产品定义、价值、评论管理技巧、如何评分、恶意差
　　　评如何应对以及常见问题等知识，如图 8-47 所示。在"相关阅读"栏目
　　　中，商家还可以查看与评价、评分相关的知识内容，如图 8-48 所示。

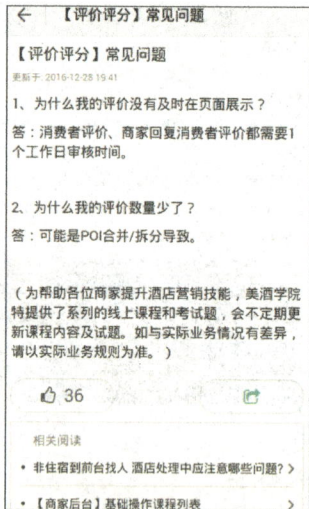

▲ 图 8-47　评价评分常见问题

▲ 图 8-48　相关学习内容

（13）HOS 指数：主要介绍 HOS 指数的定义、价值、可享权益、9 大指标优化
　　　方法以及常见问题，相关课程及内容如图 8-49 所示。

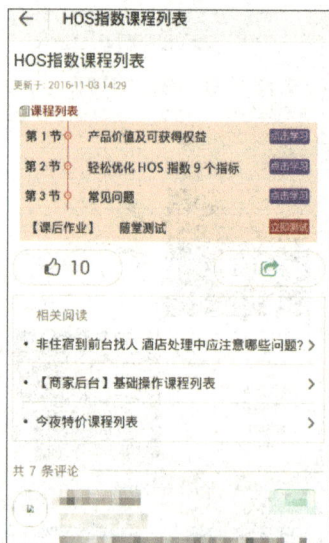

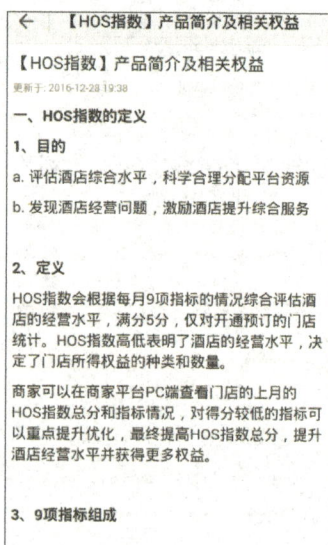

▲ 图 8-49　HOS 指数相关课程及学习内容

（14）今夜特价：主要介绍今夜特价业务、可获得资源、招商报名规则及流程、活动
　　　效果、优秀商家案例以及常见问题等知识，相关课程及内容如图 8-50 所示。

（15）违规规约：主要介绍虚假交易定义及行为、违规处罚、处理流程等知识，
　　　相关课程及内容如图 8-51 所示。

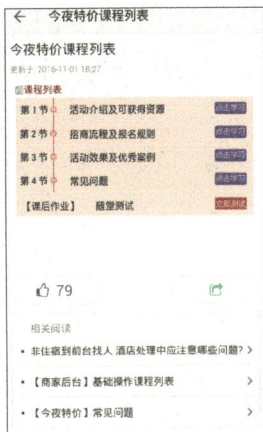

▲ 图 8-50　今夜特价相关课程及学习内容

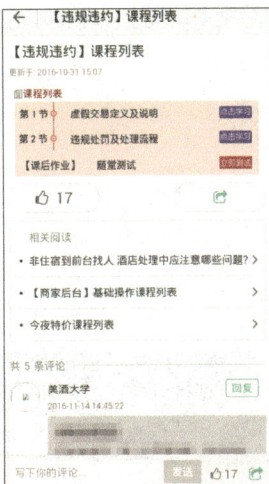

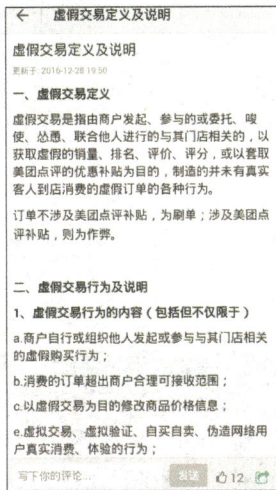

▲ 图 8-51　违规规约相关课程及学习内容

2. 考试题型

试卷为系统随机组卷，满分 100 分，80 分为认证通过合格线；共有 50 题，答题时间 90 分钟，如表 8-1 所示。

表 8-1　考试题型

题型	题数（道）	每题分数（分）	总分数（分）
单选题	20	2	40
多选题	15	3	45
判断题	15	1	15
合计	50	—	100

3. 考试方式

考试采用闭卷、在线化考试方式，即在计算机 / 手机端获取试题、作答并提交答题结果。

（1）计算机端浏览器要求：建议使用 Google 浏览器、IE 浏览器 8.0 以上版本，如图 8-52 所示。

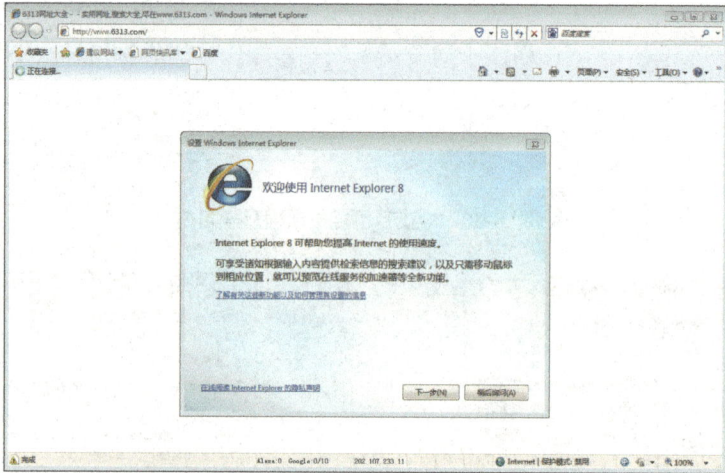

▲ 图 8-52　IE 浏览器 8.0

（2）手机端：必须确保网络正常，建议在 Wi-Fi 环境下考试，如图 8-53 所示。

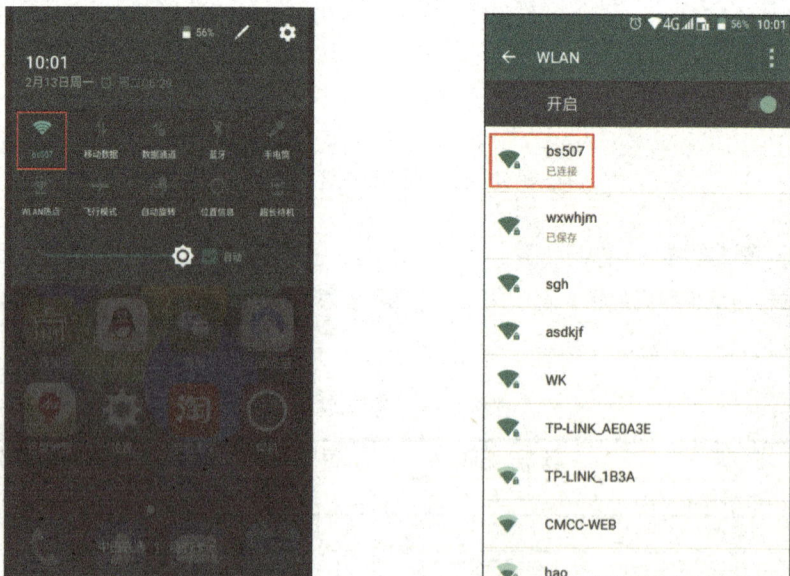

▲ 图 8-53　开启手机 Wi-Fi 网络

4．试卷评阅和成绩认定

试卷评阅和成绩认定的相关规则如下。

- 考生答卷由系统自动评阅，考试成绩交卷后自动发布。考生可登录考试账号查询成绩单。
- 考试实行百分制，满分 100 分，80 分为认证通过分数线。
- 对通过认证考试的考生，颁发美团点评酒店移动互联网营销师认证证书，证书有效期 1 年。
- 对通过认证考试的考生所在酒店，颁发美团点评"优质合作酒店"奖牌。

通过认证人员名单、酒店将统一在美酒学院内公布，证书、奖牌将统一由美酒学院颁发及派送。

8.2.2 人才认证

美团点评酒店互联网人才认证是由中国最大的 O2O 生活平台"美团点评"旗下住宿事业部推出的个人从业资格认证。

1．报名方法

在美团酒店商家 PC 平台，选择左侧导航栏中的"美酒学院"→"营销师报名"选项进入其页面，即可看到营销师认证考试的相关信息，如图 8-54 所示。

▲ 图 8-54 "营销师报名"页面

单击"立即报名"按钮，弹出"报名信息"对话框，输入报名人的姓名和手机号码，单击"保存"按钮即可，如图 8-55 所示。

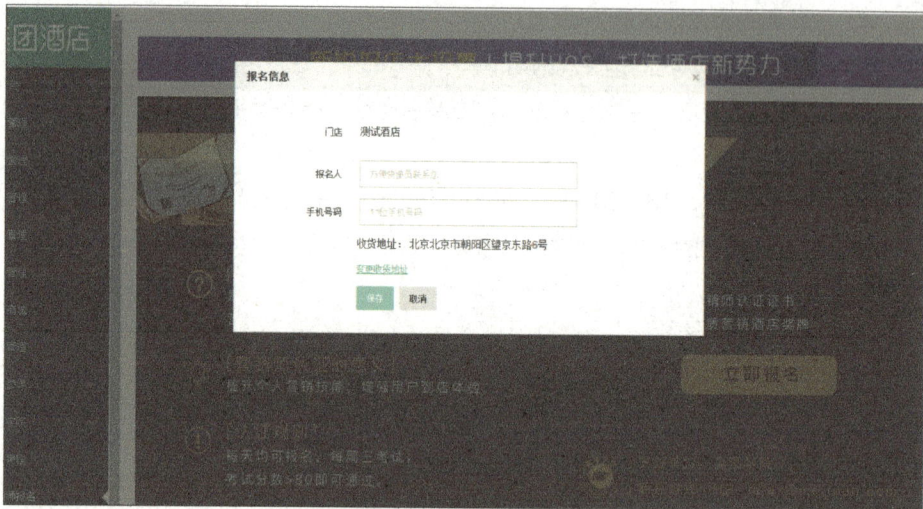

▲ 图 8-55　"报名信息"对话框

在"报名信息"对话框中，单击"变更收货地址"链接，弹出"请确认收货地址"对话框，商家可以在此重新选择收获地址，如图 8-56 所示。如果商家要新增收货地址或变更收货地址信息，可以进入"积分商城"→"兑换记录"菜单进行相关的操作。

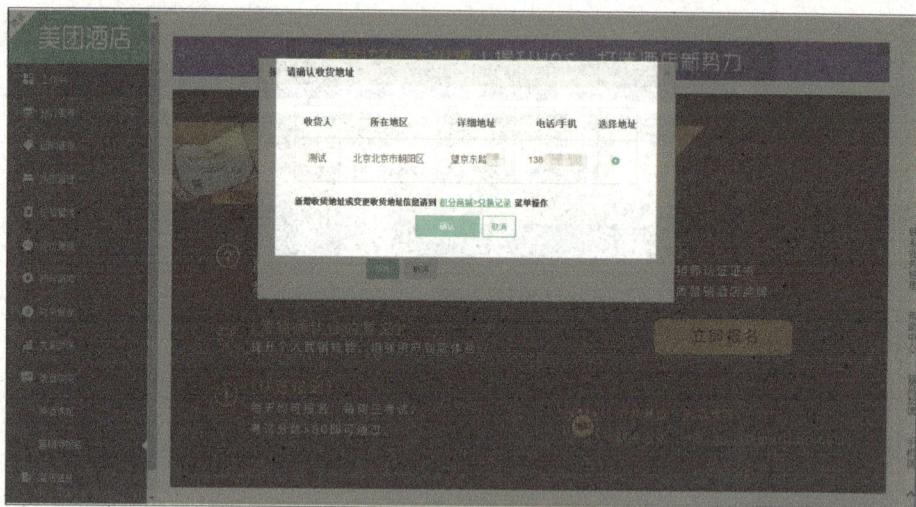

▲ 图 8-56　变更收货地址

认证人的身份多为酒店决策者，集中在中层管理者，包括店长、主管、销售经理等，对于酒店行业的人才储备和发展打下了良好的开端。图 8-57 所示为美团点评酒店营销师认证 7 期的相关信息。

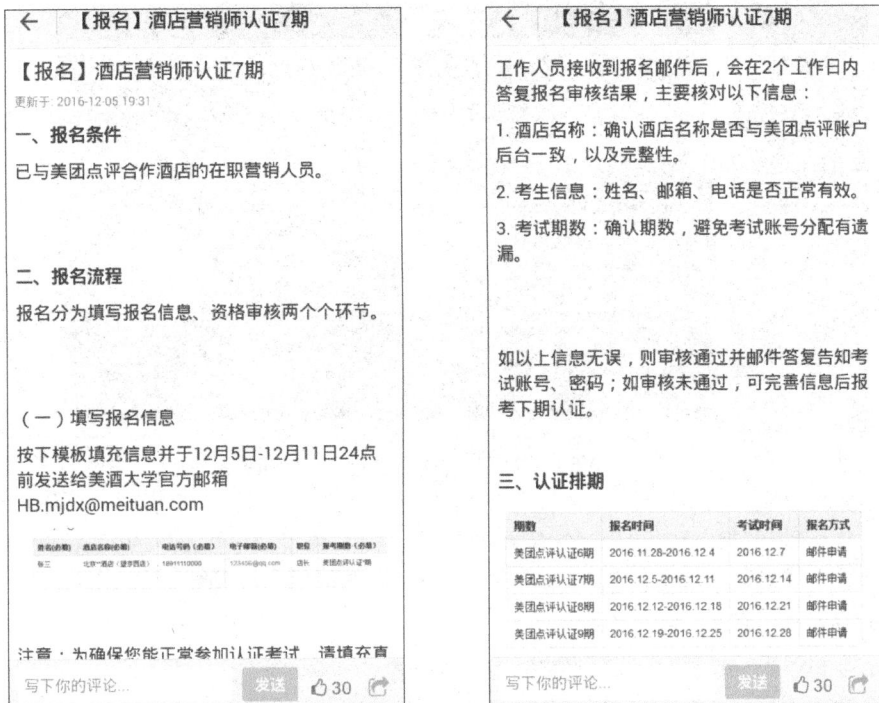

▲ 图 8-57　美团点评酒店营销师认证 7 期的相关信息

2. 认证奖励

认证奖励如下。

- 获得美团点评颁发营销师证书，提升个人营销价值及社会地位。
- 为所在酒店获得"优质合作酒店"奖牌。
- 树立酒店品牌形象。
- 有机会成为商家讲师，获得讲师培训资源。

3. 报名规则

（1）报名条件

已与美团点评合作酒店的在职营销人员，包括店长、店助、经理、主管、销售、前台均可。

（2）报名程序

直接在酒店商家平台 PC 端美酒学院页面报名即可，如图 8-58 所示。

▲ 图 8-58　PC 端美酒学院页面即可快速报名

（3）注意事项

为确保报名人员能正常参加认证考试，应填写真实信息，如图 8-59 所示。

- 报名人：必须为真实姓名。
- 手机号码：必须为正在使用中的电话号码。
- 报名人身份：店长、总监、经理、前台、其他等选项中进行勾选。

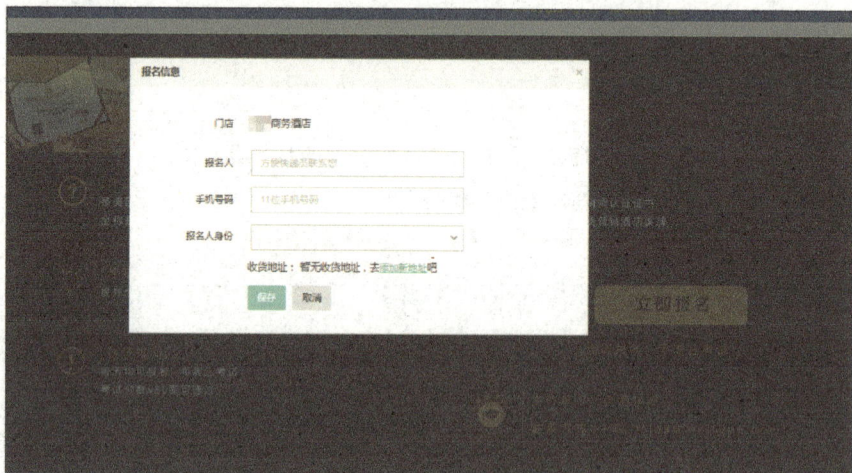

▲ 图 8-59　填写相关信息